MonLab | L'apprentissage optimisé

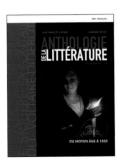

MonLab, c'est l'environnement numérique de votre manuel. Il vous connecte aux exercices interactifs ainsi qu'aux documents complémentaires de l'ouvrage. De plus, il vous permet de suivre la progression de vos résultats ainsi que le calendrier des activités à venir. **MonLab** vous accompagne vers l'atteinte de vos objectifs, tout simplement!

Vous avez également accès à l'**Édition en ligne**.

INSCRIPTION de l'étudiant

❶ Rendez-vous à l'adresse de connexion **mabiblio.pearsonerpi.com**

❷ Suivez les instructions à l'écran. Lorsqu'on vous demandera votre code d'accès, utilisez le code fourni sous l'étiquette bleue.

❸ Vous pouvez retourner en tout temps à l'adresse de connexion pour consulter MonLab et l'Édition en ligne.

L'accès est valide pendant 12 MOIS à compter de la date de votre inscription.

D0840179

AVERTISSEMENT: Ce livre NE PEUT ÊTRE RETOURNÉ si la case ci-dessus est découverte.

ACCÈS de l'enseignant

Du matériel complémentaire à l'usage exclusif de l'enseignant est offert sur adoption de l'ouvrage. Certaines conditions s'appliquent. **Demandez votre code d'accès à information@pearsonerpi.com**

I 800 263-3678 option 2
pearsonerpi.com/aide

W20685 (A37268)

DEUXIÈME ÉDITION

ANTHOLOGIE
DE LA LITTÉRATURE
DU MOYEN ÂGE À 1850

ERPI FRANÇAIS

DEUXIÈME ÉDITION

ANTHOLOGIE DE LA LITTÉRATURE

DU MOYEN ÂGE À 1850

CAROLINE PROULX

JEAN-FRANÇOIS CHÉNIER

Enseignants au Collège Ahuntsic

PEARSON

Montréal Toronto Boston Columbus Indianapolis New York San Francisco Upper Saddle River
Amsterdam Le Cap Dubaï Londres Madrid Milan Munich Paris
Delhi México São Paulo Sydney Hong-Kong Séoul Singapour Taipei Tōkyō

Développement de produits
Pierre Desautels

Supervision éditoriale
Jacqueline Leroux

Révision linguistique et correction d'épreuves
Hélène Lecaudey

Recherche iconographique
Chantal Bordeleau

Direction artistique
Hélène Cousineau

Coordination de la production
Estelle Cuillerier

Conception graphique et couverture
Martin Tremblay

Édition électronique
Isabel Lafleur

Photographie de la couverture

Godfried Schalcken (1643-1706). *Jeune femme avec une bougie* (sans date). Palais Pitti, Florence, Italie. Bridgeman Images.

© ÉDITIONS DU RENOUVEAU PÉDAGOGIQUE INC. (ERPI), 2015
Membre du groupe Pearson Education depuis 1989

1611, boulevard Crémazie Est, 10e étage
Montréal (Québec) H2M 2P2
Canada
Téléphone : 514 334-2690
Télécopieur : 514 334-4720
information@pearsonerpi.com
pearsonerpi.com

Dépôt légal – Bibliothèque et Archives nationales du Québec, 2015
Dépôt légal – Bibliothèque et Archives Canada, 2015

Imprimé au Canada   567890   SO   23 22 21 20
ISBN 978-2-7613-5510-0   20685 ABCD   SA12

AVANT-PROPOS

«Tout texte est toujours réécriture d'autres textes avec lesquels il dialogue», a écrit Julia Kristeva. Rien n'est plus vrai à propos de cette deuxième édition de l'anthologie, qui place à l'avant-plan certains textes incontournables de la littérature française du Moyen Âge à l'époque romantique. Sans évacuer le contexte dans lequel s'inscrivent les œuvres que nous avons choisi de présenter, c'est le dialogue avec la littérature qui est ici d'abord et avant tout privilégié. Notre objectif était de faire ressortir l'essence et la particularité de l'œuvre littéraire afin d'amener l'étudiant à comprendre le rôle de la littérature dans la transmission des connaissances se rattachant à la pensée et à l'Histoire qui ont vu naître la langue française. Dans cette optique, nous avons intégré des questions à la suite de chaque extrait pour qu'il développe sa capacité à analyser le texte et avons ajouté certains outils (dont un guide méthodologique) qui l'aideront dans son parcours.

Nous sommes convaincus que les nombreuses modifications apportées à cet ouvrage, qui conserve les avantages du petit format, en font une anthologie des plus complètes que les étudiants — et sans doute leurs enseignants — consulteront avec plaisir.

Remerciements

Les auteurs tiennent à remercier tous ceux et celles qui ont participé au projet de cet ouvrage, à commencer par toute l'équipe des Éditions du Renouveau Pédagogique (ERPI), en particulier Jacqueline Leroux, Hélène Lecaudey, Sylvie Chapleau et Pierre Desautels. Nous sommes aussi reconnaissants envers tous nos collègues du Département de français et de lettres du Collège Ahuntsic, lesquels ont contribué à leur façon à notre travail par leurs réponses à certaines questions impromptues. Les auteurs tiennent aussi à exprimer leur gratitude envers Jean-Marc Côté pour sa lecture méticuleuse et ses nombreux commentaires.

GUIDE VISUEL

Chaque chapitre de l'anthologie comprend trois parties distinctes mais interreliées : le contexte sociohistorique, l'introduction générale à la littérature de la période et la présentation des œuvres.

Le **contexte sociohistorique** est présenté sur une ou deux doubles pages, en ouverture de chapitre. L'information est succincte et permet de situer les grands événements historiques dans lesquels s'inscrivent les différentes œuvres présentées.

Le **contexte sociohistorique** (1453-1610)

En 1453, l'Empire ottoman s'empare de Constantinople (autrefois nommée Byzance et aujourd'hui Istanbul) où se concentre une grande partie du savoir hérité de l'ancien Empire romain. Cet événement constitue la chute de l'Empire romain d'Orient (près d'un millénaire après la fin de l'Empire romain d'Occident) et a des effets immédiats puisque ses savants — les Byzantins — fuient vers l'Italie, emportant leurs biens les plus précieux, parmi lesquels leurs livres. L'arrivée massive de ces intellectuels est favorablement accueillie par les monarques de la péninsule, qui font preuve d'une grande ouverture d'esprit. On s'accorde à penser que cet événement, ainsi que l'invention de l'imprimerie, marque la fin de la période médiévale.

Dans ce contexte propice naît un intérêt pour la redécouverte des textes anciens, notamment à Florence, considérée comme le berceau de la Renaissance. Par ailleurs, la prise de Constantinople oblige l'Europe à trouver une nouvelle route vers les épices de l'Orient, ce qui mènera à la découverte du continent américain par le Génois Christophe Colomb (1492) : c'est le début des grandes explorations.

La France attendra près d'un siècle avant de connaître une renaissance intellectuelle et artistique comparable à celle de l'Italie. Ironiquement, c'est lors des guerres qui, de 1492 à 1559, opposent les deux pays que l'influence italienne se fait le plus sentir en France. Durant cette période, plusieurs rois de France effectuent des voyages en Italie (Charles VIII en 1494, Louis XII en 1498 et François Ier en 1515). Tous sont séduits par ce qu'ils voient : les habits, la vie à la cour, les jardins et châteaux, la peinture, la sculpture, l'architecture, etc. François Ier invite des artistes tels que Léonard de Vinci à venir séjourner en France et rapporte d'Italie un modèle de costume pour en faire copier

le style. C'est ce même roi qui, en 1534, mandatera Jacques Cartier pour aller explorer l'Amérique du Nord, territoire qui deviendra la Nouvelle-France.

Pendant cette période, la société française change, évolue, notamment à cause de la redécouverte du savoir de l'Antiquité et d'une nouvelle confiance dans les capacités de l'homme à appréhender le monde qui l'entoure (par les sciences naturelles et la pensée). Sur le plan social, la bourgeoisie poursuit son ascension, surtout grâce aux colonies qui favorisent le commerce. Les villes deviennent donc de plus en plus importantes. Déjà en déclin depuis deux siècles, le système féodal s'affaiblit et se métamorphose (avec le règne de François Ier en particulier) à cause de la centralisation des pouvoirs autrefois réservés aux seigneurs. Le roi s'octroie ainsi le monopole de certains champs d'action, dont l'armée, la taxation, la monnaie, la justice. On assiste parallèlement à l'émergence d'un sentiment d'appartenance nationale. L'unification du territoire ainsi que la reconnaissance du français se poursuit grandement. Par l'ordonnance de Villers-Cotterêts, François Ier fait du français la langue officielle du pays.

Le vent de changement qui souffle sur la France ne balaie pas pour autant les contradictions dont est marquée la Renaissance. Si le début du XVIe siècle est caractérisé par l'ouverture d'esprit et les innovations artistiques, scientifiques et philosophiques qui permettent un certain progrès social, cela n'empêche pas des conflits religieux qui divisent l'Église. Ainsi, après la Réforme protestante qui entraînera la Contre-Réforme de l'Église catholique romaine, le siècle s'achève sur un fond d'intolérance et de guerres de Religion (longue guerre civile) qui culminent avec le massacre de la Saint-Barthélemy (1572), au cours duquel plusieurs milliers de protestants sont tués. L'arrivée

d'Henri IV sur le trône de France se fait toutefois sous le signe de la réconciliation puisque ce dernier reconnaît par l'édit de Nantes (1598) la liberté de culte. Henri IV sera assassiné en 1610 par un fanatique catholique, ce qui laisse croire que la France demeure divisée.

De son côté, la littérature de la Renaissance est marquée par plusieurs changements radicaux qui viennent transformer l'imaginaire littéraire : les grandes explorations confirment que la planète est ronde ; l'imprimerie est inventée par Gutenberg ;

les grands conflits divisent la religion chrétienne à la suite de la **Réforme** et de la **Contre-Réforme** (voir p. 48) ; la langue française s'impose en France ; des œuvres antiques sont redécouvertes, etc. Ces changements trouvent écho dans un mouvement intellectuel qui cherche à réévaluer le rôle et la place de l'humain dans le monde : l'**humanisme** (voir p. 40). Ce courant se transpose dans l'écriture par une thématique qui illustre un engouement pour la culture et les langues antiques et par une soif de connaissances.

▸ D'après Bernard Rode (1725-1797).
▸ *Gutenberg découvre l'art de l'imprimerie à Strasbourg* (1779).

L'IMPRIMERIE EN FRANCE

L'invention de l'imprimerie par Gutenberg, ou plutôt l'innovation de cette technique par l'ajout de caractères mobiles et par la modification de l'encre utilisé, révolutionne la transmission des idées à la Renaissance. En France, la première presse est installée en 1470, à l'université de la Sorbonne, où elle sert à des fins didactiques. La presse d'imprimerie va toutefois rapidement sortir du contexte universitaire et se répandre dans toutes les grandes villes, notamment à Lyon qui, par sa situation géographique entre la capitale française et l'Italie, devient un important centre d'édition. Instrument de diffusion intellectuelle et politique, l'imprimerie agit comme un levier dans l'évolution des mentalités et provoque de grands changements. En plus de rendre le livre plus accessible et de promouvoir la lecture individuelle, l'imprimerie contribue à l'uniformisation des textes en rendant inutiles les nombreuses copies manuscrites qui, trop souvent, constituent autant de versions d'un même texte. Enfin, grâce à l'imprimerie, rois et bourgeois nantis peuvent se bâtir des bibliothèques qui rivalisent avec celles des universités, ce qui a pour effet d'ébranler le prestige de celles-ci, jusqu'alors considérées comme seules garantes de la transmission du savoir.

L'**introduction générale à la littérature de la période** donne un aperçu des différents courants qui la déterminent.

LA **LITTÉRATURE BAROQUE**
(1570-1660)

Le baroque, courant qui concerne la littérature, mais aussi tous les domaines artistiques, rayonne durant la première moitié du Grand Siècle et établit un pont entre l'humanisme et le classicisme. Le terme «baroque» vient du portugais *barocco*, qui désigne des perles irrégulières, et est utilisé par la suite pour parler de cette période. Il désigne une esthétique caractérisée par la démesure, l'irrégularité des formes, l'exagération du mouvement ainsi que par une grande liberté d'expression où l'émotion domine. Cette esthétique s'inspire notamment de l'art et des discours de la Contre-Réforme catholique qui cherche à séduire et à éblouir jusqu'au vertige par l'expression passionnée et excessive des sermons (chez un jésuite comme Bossuet, par exemple), ainsi que par la surcharge décorative et l'artifice sur le plan architectural. Dans cet univers d'apparences et de débordements, la réalité semble toujours fuyante.

Marqués par une fin de siècle difficile où sévissent les guerres de religion et l'instabilité politique, les écrivains baroques perçoivent le monde comme un lieu illusoire, un théâtre dans lequel l'humain joue un rôle et où la seule certitude reste la mort. Plutôt que de rechercher la stabilité dans l'imitation des Anciens, ils optent donc pour une écriture polyvalente qui est la représentation d'un monde en perpétuel changement. Les écrivains sentent ainsi le besoin d'exprimer à la fois la fragilité de l'existence et le mouvement incessant de la vie. Tantôt libertin, tantôt galant, le baroque se définit dans et par la pluralité de ses approches.

Georges de La Tour (1593-1652), *La Madeleine pénitente* (Madeleine Wrightsman) (1640). Metropolitan Museum of Art, New York, États-Unis.

Nicolas Poussin (1594-1665), *L'enlèvement des Sabines* (probablement 1633-1634). Metropolitan Museum of Art, New York, États-Unis.

L'ÉCRITURE BAROQUE

Le style baroque, aux multiples accents, est souvent dominé par de grandes envolées et une abondance d'images (métaphores, allégories, comparaisons) et d'hyperboles qui rendent bien le mouvement et l'instabilité ainsi que la fantaisie et l'imagination. Il s'agit d'une écriture qui refuse les règles, privilégie les excès et la liberté plutôt que la forme harmonieuse, symétrique et figée qu'imposera le classicisme sous Louis XIV.

Souvent longues de plusieurs milliers de pages, les œuvres narratives sont riches en rebondissements, décrivent des situations extrêmes et mettent en scène une profusion de personnages. Au théâtre, les auteurs jouent avec l'illusion et la multiplication des intrigues, préférant l'émotion à la raison. La poésie, d'abord épique, sera de plus en plus marquée par une tonalité lyrique.

Thèmes dominants

- L'inconstance, le provisoire, la métamorphose (le changement)
- L'imaginaire, l'illusion et le rêve dans leur rapport à la réalité
- La religion
- La fragilité de la vie et la mort
- La vie émotionnelle, la passion et la folie
- La nuit et l'obscurité

Cette section est accompagnée d'un encadré qui présente les enjeux stylistiques et thématiques.

La **présentation des œuvres** est l'occasion de préciser certains éléments contextuels reliés à l'extrait qui n'apparaissent pas nécessairement dans la partie sociohistorique et culturelle au début du chapitre. Ainsi, chaque extrait illustre une caractéristique propre à son époque.

LE MOYEN ÂGE
Les œuvres courtoises

LA COURTOISIE

La notion de courtoisie est au cœur de la littérature médiévale. Les croisades entraînent de nombreux seigneurs — et leurs chevaliers à leur suite — loin de leur château pour de longues périodes, ce qui laisse à la femme un plus grand rôle social. Ce nouveau contexte favorise l'émergence d'un système de valeurs fondé sur l'honneur, l'art d'aimer et les manières de la cour. Ainsi, la chanson de geste et ses valeurs essentiellement masculines sont peu à peu remplacées par la poésie lyrique courtoise[1], qui se définit par sa thématique amoureuse.

Guillaume IX, duc d'Aquitaine (1071-1127)

Les troubadours et les trouvères, auteurs de cette nouvelle forme d'expression artistique qu'est la poésie lyrique courtoise, commencent bientôt à s'intéresser de plus près à la structure de leurs œuvres et aux procédés de versification. Peu à peu, la rime remplace l'assonance et on voit apparaître différentes formes, tels les rondeaux et les motets. Le plus célèbre des troubadours est Guillaume IX, duc d'Aquitaine, que beaucoup considèrent comme le créateur de la poésie lyrique courtoise.

La « Chanson » de Guillaume IX, ci-dessous, est une célébration de l'amour courtois dans laquelle le thème de l'amour chaste se mêle à la religion chrétienne à travers les procédés de comparaison et de personnification.

EXTRAIT *CHANSON* *(date inconnue)*

En français actuel

Je vais faire une chansonnette neuve
Avant qu'il vente et gèle et pleuve ;
Ma dame me sonde et m'éprouve
Sur ma manière de l'aimer ;
5 Jamais, quelles que soient les querelles,
Je n'irais m'acquitter de son lien.

Plutôt je me rends et me livre à elle :
Dans sa charte elle peut m'inscrire.
Et ne me tenez pas pour ivre
10 Si j'aime ma parfaite dame,
Car sans elle je ne peux pas vivre,
Tellement j'ai grand-faim de son amour.

Elle est plus blanche que l'ivoire,
Aussi nulle autre je n'adore.
15 Si je n'obtiens sous peu de l'aide,
L'amour de ma parfaite dame,
Je meurs, par la tête de saint Grégoire,
Sans baisers d'elle en chambre ou sous la branche.

En langue d'oc

Farai chansoneta nueva
Ans que vent ni gel ni plueva ;
Ma dona m'assai' e.m prueva,
Quossi de qual guiza l'am ;
5 E ja per plag que m'en mueva
No.m solvera de son liam.

20 Quel profit y aurez-vous, dame
Jolie, si votre amour m'éloigne ?
Vous voulez, il semble, être nonne !
Sachez-le, tellement je vous aime :
Je crains que la douleur m'étreigne
Si vous ne réparez les torts dont je me plains.

25 Quel gain pour vous, si je me cloître,
Et si vous ne me retenez pas ?
Toute la joie du monde est nôtre,
Dame, à tous deux nous aimer.
Là-bas, à mon ami Daurostre,
30 Je fais savoir qu'il chante sans crier.

Pour elle je frissonne et tremble,
Tant je l'aime d'un amour intense ;
Je ne crois pas qu'il en soit de semblable
En physionomie, du grand lignage d'Adam.

Les Chansons de Guillaume IX, duc d'Aquitaine
(avec traduction infrapaginale), éditées par Alfred
Jeanroy, 2ᵉ édition revue, Paris, Champion, 1927.

1. À l'origine, l'expression « poésie lyrique » désigne une poésie chantée, accompagnée à la lyre.

QUESTIONS DE COMPRÉHENSION ET D'ANALYSE

1. Dans le deuxième vers, « Avant qu'il vente et gèle et pleuve », qu'est-ce qui permet de repérer une assonance ?
2. Les vers « Ma dame me sonde et m'éprouve/Sur ma manière de l'aimer » représentent bien l'esprit courtois. Pourquoi ?
3. Comment est qualifiée la dame quand le poète écrit « Elle est plus blanche que l'ivoire » ? Quelle est la figure de style qu'il emploie ?
4. Trouvez au moins deux vers où l'amour se mêle à la religion chrétienne et expliquez leur effet.
5. En quoi le fait que le poète dise qu'il « frissonne et tremble » montre-t-il l'intensité de son amour ?

Sujet d'analyse : Comment le poète ressent-il son amour pour sa dame ?

Toute l'information nécessaire à la compréhension de l'extrait est facilement repérable et accessible lors du travail sur une œuvre. L'attention portée à la **contextualisation** des textes, les **présentations** des auteurs et des œuvres offrent la possibilité d'utiliser cet ouvrage de façon autonome.

Pour faciliter le travail, des **questions de compréhension et d'analyse** accompagnent chaque extrait.

Enfin, pour faciliter le travail de l'étudiant, nous avons ajouté des **annexes** dans lesquelles il peut trouver tous les éléments nécessaires à l'analyse littéraire – comme l'explication des différents **procédés d'écriture** ou encore un **guide méthodologique**.

Dans le cadre du cours 101, vous devez produire ce qu'on appelle une **analyse littéraire**. Il s'agit d'une dissertation – comportant une **introduction**, deux ou trois **paragraphes de développement** et une **conclusion** – dans laquelle vous analysez un texte qui est à l'étude.

A. QU'EST-CE QUE L'ANALYSE LITTÉRAIRE ?

Analyser un texte suppose d'abord de le **comprendre** pour l'**interpréter** (l'**expliquer**) ensuite. Par conséquent, avant de pouvoir rédiger un plan détaillé qui mènera à une dissertation, il faut réaliser deux étapes essentielles.

1) Vous devez commencer par lire une première fois le texte à l'étude et vous assurer que vous saisissez de quoi parle ce texte. Pour vérifier que vous avez bien compris, faites l'exercice de résumer ce qui s'y passe. Si certains mots vous échappent, cherchez-les dans le dictionnaire (c'est un réflexe à acquérir dès maintenant !).

2) Vous devez ensuite relire le texte afin d'expliquer ce qui s'y passe et de dégager le sens que lui donnent tant son contenu que sa forme.

> **À NOTER**
> La littérature est un domaine qui accorde autant d'importance au contenu (ce qui est dit : l'histoire, les propos des personnages, les idées, les thèmes, etc.) qu'à la forme (la manière dont c'est dit, raconté, représenté : style, ton, structure, etc.). La difficulté est donc de saisir comment la forme et le contenu fonctionnent ensemble et permettent de saisir le sens et la particularité d'un texte.
>
> Ainsi, dans l'extrait « Le philtre d'amour » de *Tristan et Iseut*, le thème (élément de contenu) de la passion se révèle, chez le personnage Iseut, comme un état à la fois enivrant et douloureux exprimé par l'antithèse (élément formel) suivante : « Elle voulait le haïr, et ne pouvait, irritée en son cœur de **cette tendresse plus douloureuse que la haine.** » (*Tristan et Iseut*)

Pour expliquer le texte à l'étude, vous devez repérer plusieurs éléments.

- Le **genre** : le texte est-il un poème, une pièce de théâtre ou un texte narratif (roman, récit, essai) ? Selon le genre, les aspects susceptibles de servir à l'analyse peuvent varier.
- Les **thèmes** importants : par exemple, la mort, l'amour, la trahison, la foi, etc.
- Le **narrateur** : qui parle ? Un personnage ? Un narrateur en dehors de l'histoire ? Un « je » anonyme, comme on le voit souvent en poésie ?
- La **connotation** : le texte est-il neutre ou laisse-t-il transparaître un certain ton (tragique, colérique, épique, moraliste, etc.) ou certaines traces de subjectivité ?
- Les **procédés stylistiques** : par exemple, une phrase qui se répète souvent, ou encore une image ou une expression qui vise à représenter un sentiment, une chose ou une action comme « prendre ses jambes à son cou », etc.
- Tout autre effet ou particularité qui vous semble important(e).

> **À NOTER**
> Une analyse n'est pas un texte d'opinion. L'analyse littéraire exige l'emploi d'un style neutre et objectif. Le rédacteur de l'analyse littéraire doit adopter un point de vue objectif devant le texte étudié. On évitera donc de recourir aux pronoms personnels qui désignent le rédacteur (je, nous), mais aussi à ceux qui désignent le lecteur (vous, tu).
> À éviter : « Je vais tenter de vous le montrer par »
> À retenir : « On le verra par »
>
> On évitera l'utilisation du passé simple comme temps de base de l'analyse littéraire.
> À éviter : « Chateaubriand fut l'un des seuls écrivains du 19ᵉ siècle à »
> À retenir : « Chateaubriand a été l'un des seuls écrivains du 19ᵉ siècle à » ou « Chateaubriand est l'un des seuls écrivains du 19ᵉ siècle à »

B. L'EXPLICATION DE TEXTE ET L'ANALYSE : COMMENT FAIRE ?

Une fois les deux premières étapes réalisées, vous pouvez passer à une troisième étape qui est la rédaction du **plan détaillé**. Pour vous éviter d'avoir à faire un brouillon et de perdre du temps dans une étape supplémentaire, nous vous conseillons d'écrire des phrases complètes dans votre plan et de l'étoffer le plus possible. Si votre plan est suffisamment détaillé, vous pourrez passer directement au propre en ajoutant les marqueurs de relation (comme illustré p. 217) qui permettront d'assurer une certaine logique entre vos idées et les différentes parties de votre dissertation/analyse.

> **À NOTER**
> Pour définir les différentes parties d'un paragraphe de développement, nous avons utilisé une terminologie et une structure dont se sert une majorité de professeurs. Un professeur peut utiliser une autre terminologie ou structurer différemment le paragraphe. Dans ce cas, il faut suivre ce que ce dernier vous demande.

Pour la rédaction du plan, nous vous conseillons de commencer par développer les paragraphes de votre dissertation/analyse (vous rédigerez l'introduction générale ultérieurement, voir plus loin). Voici donc les différentes étapes à suivre pour construire ces paragraphes.

Les paragraphes de développement

Les paragraphes de développement constituent le lieu où vous analysez le texte.

a) Le sujet de l'analyse

Afin de savoir par où commencer, il faut d'abord prendre connaissance du sujet imposé (la consigne) à partir duquel vous devez travailler, s'il y en a un.

Exemple de sujet

> Dans l'extrait de *La Chanson de Roland* (laisses 173 à 175), montrez que le personnage de Roland correspond à l'idéal du héros épique.

GUIDE VISUEL

Que me réserve le volet numérique de mon anthologie ?

L'ÉDITION EN LIGNE

L'**Édition en ligne** vous permet une consultation numérique où vous le voulez et quand vous le voulez !

L'**Édition en ligne** vous permet de consulter le livre sur un ordinateur ou une tablette numérique et de trouver rapidement une information grâce à un puissant moteur de recherche.

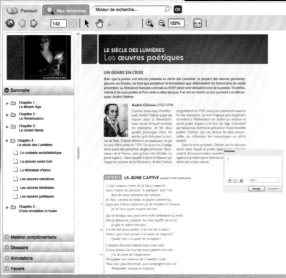

Version numérique de l'édition imprimée, l'**Édition en ligne** propose des outils interactifs afin de personnaliser la lecture :

• la fonction **annotation** ;
• la fonction **surligneur** ;
• la fonction **zoom**.

Divers outils visent à faciliter l'étude, notamment :

• la possibilité d'insérer des commentaires personnalisés (avec l'outil annotation) ;
• un accès rapide à la **plateforme MonLab**.

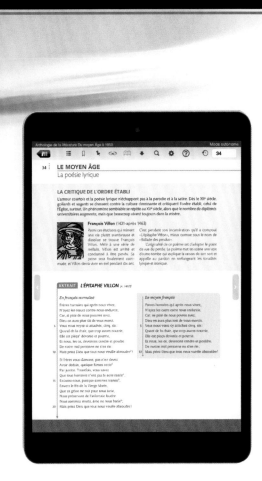

CONSULTEZ L'ÉDITION EN LIGNE SUR TABLETTE NUMÉRIQUE!

Téléchargez gratuitement l'application Pearson eText (à votre boutique en ligne favorite) et accédez à la version mobile de l'Édition en ligne de votre anthologie. Vous y trouverez toutes les fonctionnalités de la version classique (annotation, surligneur, zoom…) en plus de pouvoir télécharger les chapitres pour y accéder hors ligne.

La plateforme MonLab, l'apprentissage optimisé

Découvrez notre plateforme MonLab, un environnement numérique conçu sur mesure pour l'enseignement et l'apprentissage. La plateforme comporte deux volets – **MonLab | documents** et **MonLab | exercices** – dont l'utilisation est simple et intuitive.

MonLab | exercices, c'est quoi?

Étudiants

- Des exercices formatifs interactifs pour chaque chapitre et les annexes;
- Une correction en ligne de vos exercices.

Enseignants

- Une banque de questions supplémentaires;
- La compilation des résultats des étudiants dans le *Carnet de notes*;
- La visualisation graphique des moyennes de groupes dans le *Tableau de bord*.

MonLab | documents, c'est quoi?

Enseignants

- Des présentations PowerPoint réunissant les faits saillants du livre;
- Le corrigé des questions de compréhension et d'analyse du manuel.

CHAPITRE 3 : LE GRAND SIÈCLE   **69**

CHAPITRE 4 ⋮ LE SIÈCLE DES LUMIÈRES   **113**

CHAPITRE 5 : D'UNE RÉVOLUTION À L'AUTRE   **145**

CHAPITRE **1**

LE MOYEN ÂGE

Les frères Limbourg (v. 1370-1416).
*Les très riches heures du duc de Berry :
le mois de septembre* (v. 1416).
Musée de Condé, Chantilly, France.

Le **contexte sociohistorique** (476 à 1453)

Pour organiser le monde et l'interpréter, les historiens jugent plus commode de diviser la trame chronologique en époques, ou périodes. Cependant, si la plupart d'entre eux s'entendent pour dire que la chute de l'Empire romain d'Occident (476) marque le début du Moyen Âge, en dater la fin s'avère plus problématique. Alors que certains historiens font coïncider celle-ci avec l'invention de l'imprimerie par Gutenberg (1438 à 1450), d'autres l'associent à l'arrivée de Christophe Colomb en Amérique (1492). Nous considérons ici que la chute de l'Empire romain d'Orient (1453) est le point de démarcation entre le Moyen Âge et la Renaissance.

Le Moyen Âge s'étend du Ve au XVe siècle et il est divisé en trois périodes : le Haut Moyen Âge du Ve au Xe siècle, l'Âge féodal du XIe au XIIIe siècle, le Bas Moyen Âge du XIVe au XVe siècle. Au cours de ces périodes, plusieurs dynasties se succèderont : les Mérovingiens (448 à 750 environ), qui instaurent la *vassalité*[1], et dont le premier roi, Clovis, se convertira au catholicisme ; les Carolingiens (750 à 987), dont le fondateur, Charlemagne[2], étend considérablement les limites du royaume des Francs ; enfin, les Capétiens (987 à 1328), première lignée à diriger le nouveau royaume de France[3]. Sous le règne des Capétiens, la France voit la consolidation du système féodal, l'établissement du principe d'hérédité du pouvoir royal et l'amorce des croisades.

Les croisades (1095 à 1270) auront une grande influence sur l'histoire littéraire, entre autres parce que ces expéditions militaires et religieuses — qui s'étendent sur près de deux siècles — permettent de ramener et de faire connaître en Europe certaines inventions, notamment une façon plus économique de fabriquer le papier, laquelle permettra dès le XIe siècle d'immortaliser sur ce support de nombreuses œuvres issues de la tradition orale. Parmi les autres innovations, citons l'algèbre, l'astrolabe et la boussole ; mentionnons également la découverte des épices, qui révolutionnent l'alimentation en modifiant le goût de la viande avariée, ce qui s'avère très utile à cette époque. C'est justement la recherche des épices qui poussera plus tard Christophe Colomb sur les mers et l'amènera à découvrir l'Amérique.

Durant la période des croisades, l'Église réussit à assoir son pouvoir en s'associant de plus en plus étroitement avec les monarques. Ce pouvoir sur les âmes s'étend progressivement aux individus et se manifeste éloquemment par l'Inquisition[4]. Par ailleurs, les guerres saintes entreprises à la fin du XIe siècle vont peu à peu ruiner la France. À cette situation économique désastreuse vient s'ajouter, en 1347 et 1348, une terrible épidémie de peste qui causera la mort de 40 millions de personnes en Europe, soit le tiers de la population. Ce contexte pour le moins défavorable est aggravé par une querelle de succession au trône de France entre les prétendants français et anglais. Cette querelle est à l'origine de la guerre de Cent Ans, qui va durer de 1337 à 1453.

---

1. Condition de dépendance d'un homme, le vassal, envers son seigneur.
2. Charlemagne favorise aussi l'éducation. L'activité de recopiage de manuscrits qui découle de cette politique va notamment stimuler le domaine artistique.
3. Jusqu'aux Capétiens, les rois régnaient sur le royaume des Francs, qui inclut les Belges, les Néerlandais et les Allemands.
4. Il s'agit avant tout d'un tribunal ecclésiastique dont l'objet est la répression des hérésies, souvent importées en Occident par les chevaliers de retour des croisades.

Époque décisive pour la France, tant par sa durée que par les enjeux culturels en cause, le Moyen Âge a souvent été boudé par les générations qui ont suivi. Considéré à tort, au moment de la Renaissance, comme une période archaïque et sombre, le Moyen Âge gagne à être redécouvert. Sur le plan social, on assiste à cette époque à la mise en place de la féodalité, aux débuts de la chevalerie et de la vie à la cour. Sur le plan culturel, le Moyen Âge se caractérise par des croyances bien enracinées ; il voit aussi se développer la langue française et inaugure une nouvelle ère de divertissements populaires.

La cathédrale Notre-Dame-de-Paris, dont la construction a duré de 1163 à 1245, est un parfait exemple de l'architecture gothique, caractérisée entre autres par l'abondance de la lumière que laissent pénétrer les nombreuses fenêtres et l'élévation verticale de la structure.

LE MOYEN ÂGE
Le contexte sociohistorique

LES ORIGINES DE LA LANGUE FRANÇAISE

Au Ve siècle, la Gaule, qui deviendra plus tard la France, est une province de l'Empire romain d'Occident. Les Gaulois délaissent peu à peu leur langue celtique pour communiquer en latin, la langue officielle de l'administration, de la justice et de la religion, statut que le latin va conserver jusqu'au XVIe siècle. Toutefois, le latin des Gaulois n'est pas le latin classique de l'aristocratie romaine. Au fil du temps, ceux-ci déforment le vocabulaire et la structure du latin, auquel ils ajoutent des mots et des sons de leur propre langue.

Après la chute de l'Empire romain (476), la Gaule est partagée entre les tribus germaniques victorieuses : les Wisigoths, les Burgondes et les Francs, ces derniers dominant la partie nord, qui deviendra plus tard la France. Le latin gaulois, mêlé de dialectes locaux et d'un accent germanique, poursuit son évolution et se transforme en une langue autonome et distincte, appelée gallo-roman*, ou *roman* (c'est-à-dire relatif à Rome). Ainsi, cinq siècles après la chute de l'Empire romain d'Occident, deux langues coexistent sur le territoire français : le latin – la langue officielle – et le roman – la langue du peuple. Les autorités religieuses décident d'agir afin de réduire cet écart entre la langue parlée et la langue officielle. En 813, lors du concile de Tours, il est convenu que les sermons se feront dorénavant en roman.

Le plus ancien document écrit en langue romane est probablement *Les serments de Strasbourg*, qui date de 842. Ce document juridique bilingue – en roman et en germanique – définit le partage de l'Empire entre les petits-fils de Charlemagne** et constitue en quelque sorte l'acte de naissance du français.

LES SERMENTS DE STRASBOURG

En roman

Pro Deo amur et pro christian poblo et nostro commun salvament, d'ist di in avant, in quant Deus savir et podir me dunat, si salvarai eo cist meon fradre Karlo et in adiudha et in cadhuna cosa, si cum om per dreit son fadra salvar dift, in o quid il mi altresi fazet et ab Ludher nul plaid nunquam prindal, qui, meon vol, cist meon fradre Karle in damno sit.

En français actuel

Pour l'amour de Dieu et pour le peuple chrétien et notre salut commun, à partir d'aujourd'hui, et tant que Dieu me donnera savoir et pouvoir, je secourrai ce mien frère Charles par mon aide et en toute chose, comme on doit secourir son frère, selon l'équité, à condition qu'il fasse de même pour moi, et je ne tiendrai jamais avec Lothaire aucun plaid qui, de ma volonté, puisse être dommageable à mon frère Charles.

Autour de l'an 1000, le territoire français se retrouve morcelé, replié sur lui-même. Dans chaque région, le gallo-roman poursuit son évolution et se transforme en une multitude de dialectes. Ceux-ci appartiennent à deux groupes linguistiques bien distincts : l'appellation *langue d'oc*** regroupe l'ensemble des dialectes parlés dans le sud du territoire (comme le gascon ou le provençal, qui a survécu jusqu'à nous), tandis que la *langue d'oïl* rassemble les dialectes du nord (comme le francien, le picard, l'anglo-normand, etc.). Après une lente évolution s'étendant sur plusieurs siècles, le dialecte qui va s'imposer au détriment de tous les autres est le *francien*, le parler de la région de Paris, d'où viennent les rois de France.

Lorsqu'ils commencent à écrire en roman, les clercs empruntent les caractères latins pour transcrire les sons de leur langue. La période dite de l'*ancien français* s'étend du VIIIe au XIVe siècle. Dès le début du XIVe siècle, la syntaxe et l'orthographe subissent d'importantes modifications alors que le vocabulaire s'enrichit, notamment par des emprunts au latin et au grec : c'est la période du *moyen français*. Les derniers changements majeurs sont apportés au cours du XVIIe siècle : on parle alors de *français moderne*, car le français de la fin du Grand Siècle ressemble davantage à celui que nous utilisons aujourd'hui. Il convient par ailleurs de souligner que ce n'est qu'en 1539, avec l'ordonnance de Villers-Cotterêts, que le français devient enfin la langue officielle de la France.

Évolution de la langue française

Latin : à l'origine du gallo-roman, de l'ibéro-roman, de l'italo-roman et du roumain.

Gallo-roman (VIe-VIIe siècle) : issu de la transformation du latin parlé en Gaule, du fonds celtique et du contact avec les dialectes des envahisseurs germaniques.

Ancien français (VIIIe-XIVe siècle) : désigne tous les dialectes parlés sur le territoire français (voir la carte ci-dessous).

Moyen français (XIVe-XVIe siècle) : enrichissement de la langue et modifications (syntaxe, orthographe).

Français moderne (XVIIe siècle) : écriture semblable à la langue d'aujourd'hui.

ANGLAIS　FLAMAND　NÉERLANDAIS
Wallon
Picard
Champenois　FRANCIQUE
Normand　Francien
Lorrain
BRETON　Gallo　Orléanais
ALSACIEN
LANGUE D'OÏL
Angevin
Tourangeau　Franc-comtois
Poitevin　Berrichon　Bourguignon
Saintongeais　Croissant
FRANCO-PROVENÇAL
Limousin
Auvergnat
Vivaro-alpin
LANGUE D'OC
Gascon
Languedocien　Provençal
BASQUE
ESPAGNOL　CATALAN　CORSE

—— Frontière linguistique

⋮ Les langues parlées
⋮ sur le territoire français

---

* Ailleurs dans l'ancien empire, le latin a donné l'italo-roman (italien), l'ibéro-roman (espagnol et portugais) et le roumain.

** Par ce traité, Louis le Germanique et Charles le Chauve cherchent à se protéger de leur frère aîné, Lothaire.

*** Les deux groupes linguistiques sont désignés d'après la façon de dire « oui » dans chacun : « oc » dans le sud et « oïl » dans le nord.

LA **LITTÉRATURE MÉDIÉVALE**

Durant la majeure partie du Moyen Âge, la littérature est essentiellement orale. Cela a comme conséquence de donner l'impression que la plupart des textes appartiennent au genre poétique en raison de leur disposition et de la présence de rimes. À cette époque, le fait d'être versifié ne fait pas nécessairement d'un texte une œuvre poétique. Il convient alors de départager les différents genres littéraires en fonction de la forme et du style propres à chacun et du courant auquel il appartient. Cette appartenance est surtout identifiable par le sujet de l'œuvre.

Ainsi, les œuvres du **courant épique** racontent principalement de hauts faits historiques en les magnifiant; ils célèbrent les vertus des chevaliers qui deviennent ainsi des héros légendaires. Ces chevaliers obéissent à des règles guerrières où priment la loyauté envers le seigneur, la piété, la largesse et le courage. Au tournant du XIIe siècle, le courant épique laissera place au **courant courtois** dont les œuvres dépeignent une vision idéalisée de l'amour, au centre de laquelle se trouve la Dame inaccessible, pour qui le chevalier accomplit des exploits fabuleux afin de prouver son amour et sa loyauté. Parallèlement à ces courants issus de l'élite de la cour, on note le **courant bourgeois**, lequel reflète les valeurs d'une classe de marchands qui cherchent à se divertir et qui préfèrent des œuvres plus humoristiques comme les fabliaux, les farces et les sotties. Ces genres qu'on peut qualifier de «populaires» sont à l'opposé du

Maître de la Bible de Jean de Sy (actif v. 1350-1380). *Moine copiant un manuscrit,* **enluminure du manuscrit de l'*Histoire romaine* de Tite-Live traduite par Pierre Bersuire (v. 1370). Ms. 777. Bibliothèque Sainte-Geneviève. Paris. France.**

style courtois, dont par ailleurs ils n'hésitent pas à se moquer. Ils privilégient la satire et les situations cocasses et mettent en scène des personnages qui ne font pas nécessairement partie de la noblesse. À partir de la moitié du XIIIe siècle, on note que la voix de certains poètes se fait plus lyrique et amène le genre à évoluer de manière indépendante des courants courtois et bourgeois. Cela annonce déjà, en un sens, le ton plus personnel qui caractérisera l'écriture à partir de la Renaissance.

Outre ces différents courants, ou tendances, on peut considérer que les premiers textes littéraires en ancien français rassemblent sous l'appellation d'hagiographie[1] des écrits liturgiques, spirituels ou relatant la vie des saints : *Séquence de sainte Eulalie* (v. 865), *Vie de saint Léger* (v. 900) ou encore *Vie de saint Alexis* (v. 940). Il faut dire qu'à cette époque l'étude de la vie des saints est envisagée à la fois comme une science et comme un acte de vénération. Les hagiographies proposent une morale et un enseignement religieux et s'accompagnent souvent d'un calendrier qui désigne aux fidèles leurs devoirs de piété. Présente dès le IXe siècle, la littérature hagiographique connaîtra un second souffle à l'ère des croisades. Cependant, au XIe siècle, une littérature plus profane commence à se profiler. Issue de l'épopée[2], dont la tradition remonte à Homère — avec l'*Iliade* et l'*Odyssée* (v. -800) —, la chanson de geste met en scène des personnages historiques dont elle raconte les hauts faits en les magnifiant.

L'ÉCRITURE MÉDIÉVALE

Qu'il s'agisse de chansons de geste, de poésie lyrique, de fabliaux ou de romans, toutes les œuvres médiévales sont destinées à être lues, chantées ou jouées devant un public. De plus, le papier et les manuscrits étant rares et coûteux, tant les clercs et les étudiants que les jongleurs doivent mémoriser une quantité phénoménale d'information. Tous ces récitants doivent alors recourir à des techniques mnémoniques afin de ne rien oublier. C'est sans doute l'une des origines des nombreux procédés fondés sur le rythme ou la répétition qui caractérisent la plupart des œuvres médiévales.

Thèmes dominants

Le courant épique :

- Le courage
- La loyauté
- La piété
- La largesse

Le courant courtois (après le XIIe siècle) :

- L'amour idéalisé et chaste
- L'inaccessibilité de la Dame
- La loyauté envers la Dame
- La valeur du chevalier

Le courant bourgeois :

- La tromperie
- L'adultère
- La courtoisie

---

1. Du grec *agiografa*, qui signifie « écrits sacrés ».
2. Ce mot issu du grec désigne l'acte de composer soit des récits en vers, soit des récits d'aventures fondateurs.

LE MOYEN ÂGE
Les **œuvres épiques**

CHEVALIERS ET SEIGNEURS

Le territoire de la France médiévale est riche et convoité. Il subit nombre d'invasions, de massacres et de pillages. Devant cette constante insécurité, les gens quittent les villes pour aller trouver protection auprès des seigneurs, qui possèdent des châteaux fortifiés. Dans cette organisation sociale constituée d'un ensemble de fiefs et de seigneuries qu'on a appelée société féodale, l'économie est essentiellement agricole. Les paysans paient des taxes et des redevances à leur seigneur et lui donnent une partie de leur récolte en échange de sa protection. Pour garantir cette protection, le seigneur réunit autour de lui des chevaliers, c'est-à-dire des guerriers pourvus de montures, et leur donne un fief (une terre). Le chevalier devient alors le vassal d'un seigneur à qui il doit obéissance et loyauté. Au fil du temps, plusieurs règles, ou vertus, vont définir cette nouvelle institution qu'est la chevalerie : la *prouesse* (le chevalier doit démontrer son adresse militaire, sa bravoure et son courage), la *loyauté* (il doit tenir parole et respecter ses engagements envers son seigneur, Dieu et — plus tard — envers sa Dame), la *piété* (il a aussi pour mission de sauvegarder la chrétienté) et la *largesse* (il doit faire preuve d'une générosité exemplaire).

Les chansons de geste[1] dépeignent à merveille cet univers qu'un poète a appelé la « Matière de France ». Elles sont écrites en vers de dix syllabes et divisées en couplets autonomes nommés laisses. L'unité de la laisse se traduit à la fois par son contenu narratif, par les assonances (répétition en fin de vers de la même voyelle accentuée) et par la cadence (une phrase musicale signale la fin de la laisse). Les chansons de geste se caractérisent aussi par la répétition de certaines formules. L'usage de ces procédés de répétition peut s'expliquer par la nécessité — les jongleurs ayant de longs textes à mémoriser —, mais on peut aussi penser qu'ils sont partie intégrante du genre. Ainsi, le public est invité à participer à une sorte de rituel dans lequel chacun se reconnaît dans les valeurs véhiculées par le récit. Cette dernière interprétation met en lumière l'important rôle social associé à la littérature médiévale.

La chanson de Roland (XIIe siècle)

La plus ancienne chanson de geste est *La chanson de Roland*, consignée dans sept manuscrits qui sont autant de versions différentes. Cette chanson datant du tout début du XIIe siècle s'inspire d'un événement historique, la bataille de Roncevaux (778), qu'elle transforme largement en l'idéalisant. Après sept ans de guerre contre les Sarrasins[2] (dans les faits, cette expédition n'a duré que quelques semaines), Charlemagne a pris toute l'Espagne, sauf Saragosse, où règne le roi Marsile. Roland est dans l'arrière-garde lorsque celle-ci est attaquée par les Sarrasins[3] qui les dépassent en nombre. Son ami Olivier lui demande de sonner le cor pour avertir l'armée de Charlemagne de l'attaque. En preux chevalier, Roland préfère se battre plutôt que demander de l'aide.

Dans l'extrait qui suit, Roland vient d'être blessé dans la bataille. Dans un ultime geste de bravoure, il réussit à faire sonner son cor pour avertir le roi avant de mourir et il tente de briser son épée Durendal pour qu'elle ne soit pas utilisée par un ennemi.

---

1. Les chansons de *geste* (désignant une action qui mérite d'être racontée, un exploit) relatent des récits épiques. Elles exaltent les vertus et les exploits des chevaliers — notamment ceux de l'empereur Charlemagne et de ses preux — et transforment des personnages historiques en héros légendaires. Ce faisant, elles servent aussi de propagande pour l'Église lors des croisades.
2. Au Moyen Âge, musulmans d'Orient, d'Afrique ou d'Espagne.
3. En réalité, il s'agissait de Basques, alliés aux Sarrasins contre les Francs.

EXTRAIT LA CHANSON DE ROLAND *(XIIᵉ siècle)*

En français actuel

173

Roland frappe sur une pierre grise. Il en détache plus que je ne peux vous en dire. L'épée grince mais elle ne se plie ni ne se rompt. Elle rebondit haut vers le ciel. Quand
5 Roland comprend qu'il ne la brisera pas, il la plaint tendrement en lui-même : « Ah ! Durendal comme tu es belle et sainte ! Dans ton pommeau doré il y a bien des reliques : une dent de saint Pierre, du sang de saint
10 Basile, des cheveux de monseigneur saint Denis, un morceau du vêtement de sainte Marie. Ce serait injuste que des païens te possèdent. C'est par des chrétiens que vous devez être servie. Ne tombez pas aux mains
15 d'un lâche ! J'aurai, grâce à vous, conquis de vastes territoires que possède maintenant Charles dont la barbe est toute blanche et qui font sa gloire et sa puissance. »

En ancien français

173

Rollant ferit en une perre bise.
Plus en abat que jo ne vos sai dire.
L'espee cruist, ne fruisset
    ne ne brise,
5 Cuntre ciel amunt est resortie.
Quant veit li quens que ne
    la freindrat mie,
Mult dulcement la pleinst a sei
    meïsme :
« E Durendal, cum es bel
    e seintisme !
En l'oriet punt asez i ad reliques,
La dent seint Perre e del sanc seint
    Basilie
15 E des chevels mun seignor
    seint Denise ;
Del vestement i ad seinte Marie :
Il nen est dreiz que paiens
    te baillisent ;
20 De chrestiens devez estre servie.
Ne vos ait hume ki facet cuardie !
Mult larges teres de vus avrai
    cunquises,
Que Carles tent, ki la barbe ad fleurie
25 E li empereres en est ber e riches. »

174

Roland sent que la mort le pénètre et que de la
20 tête elle descend jusqu'au cœur. Il est allé en
courant au pied d'un pin et il s'est couché face
contre terre sur l'herbe verte. Il place sous lui
son épée et son cor et tourne la tête du côté de
la race des païens. Il le fait car il veut vraiment
25 que Charles et tous les siens disent que le noble
comte est mort en conquérant. À petits coups
répétés il fait son mea culpa. Pour faire pardonner ses péchés il tend son gant vers Dieu.

175

Roland sent qu'il n'a plus longtemps à vivre.
30 Tourné vers l'Espagne, il est allongé sur un
sommet escarpé, d'une main il se frappe la
poitrine : «Mon Dieu, au nom de ta bonté
divine, pardon pour tous les péchés grands et
petits que j'ai commis depuis l'heure de ma
35 naissance jusqu'à ce jour où me voici terrassé !»
Il tend vers Dieu son gant droit et les anges du
ciel descendent jusqu'à lui.

Traduit par Pierre Jonin *in La chanson de Roland*,
Paris, Gallimard, coll. «Folio classique», 1979.

174

Ço sent Rollant que la mort
    le tresprent,
Devers la teste sur le quer
    li descent.
30 Desuz un pin i est alet curant,
Sur l'erbe verte s'i est culchet adenz,
Desuz lui met s'espee e l'olifan,
Turnat se teste vers la paiene gent :
Pur ço l'at fait que il voelt veirement
35 Que Carles diet e trestute sa gent,
Li gentilz quens, qu'il fut mort
    cunquerant.
Cleimet sa culpe e menut e suvent,
Pur ses pecchez Deu en puroffrid
40   li guant. AOI.

175

Ço sent Rollant de sun tens
    n'i ad plus :
Devers Espaigne est en un
    pui agut,
45 A l'une main si ad sun piz batud :
«Deus, meie culpe vers les tues
    vertuz
De mes pecchez, des granz e
    des menuz,
50 Que jo ai fait dès l'ure que nez fui
Tresqu'a cest jur que ci sui
    consoüt !»
Sun destre guant en ad vers
    Deu tendut.
55 Angles del ciel i descendent a lui. AOI.

Jean Fouquet (v. 1410-v. 1470). *Les grandes chroniques des rois de France : La mort de Roland à la bataille de Roncevaux* (v. 1450). Bibliothèque nationale de France (Manuscrits occidentaux, Français 6465, fol. 113), Paris, France.

QUESTIONS DE COMPRÉHENSION ET D'ANALYSE

1. Relevez le champ lexical de la chrétienté.

2. Comment les Sarrasins sont-ils considérés ? Quel vocabulaire est employé ?

3. Pourquoi Roland cherche-t-il à briser son épée ?

4. Comment Roland se place-t-il pour mourir ? Pourquoi ?

Sujet d'analyse : En quoi Roland est-il un chevalier hors de l'ordinaire ?

LA COURTOISIE

La notion de courtoisie est au cœur de la littérature médiévale. Les croisades entraînent de nombreux seigneurs – et leurs chevaliers à leur suite – loin de leur château pour de longues périodes, ce qui laisse à la femme un plus grand rôle social. Ce nouveau contexte favorise l'émergence d'un système de valeurs fondé sur l'honneur, l'art d'aimer et les manières de la cour. Ainsi, la chanson de geste et ses valeurs essentiellement masculines sont peu à peu remplacées par la poésie lyrique courtoise[1], qui se définit par sa thématique amoureuse.

Guillaume IX, duc d'Aquitaine (1071-1127)

Les troubadours et les trouvères, auteurs de cette nouvelle forme d'expression artistique qu'est la poésie lyrique courtoise, commencent bientôt à s'intéresser de plus près à la structure de leurs œuvres et aux procédés de versification. Peu à peu, la rime remplace l'assonance et on voit apparaître différentes formes, tels les rondeaux et les motets. Le plus célèbre des troubadours est Guillaume IX, duc d'Aquitaine, que beaucoup considèrent comme le créateur de la poésie lyrique courtoise.

La «Chanson» de Guillaume IX, ci-dessous, est une célébration de l'amour courtois dans laquelle le thème de l'amour chaste se mêle à la religion chrétienne à travers les procédés de comparaison et de personnification.

EXTRAIT *CHANSON* (date inconnue)

En français actuel

    Je vais faire une chansonnette neuve
    Avant qu'il vente et gèle et pleuve ;
    Ma dame me sonde et m'éprouve
    Sur ma manière de l'aimer ;
5   Jamais, quelles que soient les querelles,
Je n'irais m'acquitter de son lien.

    Plutôt je me rends et me livre à elle :
    Dans sa charte elle peut m'inscrire.
    Et ne me tenez pas pour ivre
10   Si j'aime ma parfaite dame,
    Car sans elle je ne peux pas vivre,
Tellement j'ai grand-faim de son amour.

    Elle est plus blanche que l'ivoire,
    Aussi nulle autre je n'adore.
15   Si je n'obtiens sous peu de l'aide,
    L'amour de ma parfaite dame,
    Je meurs, par la tête de saint Grégoire,
Sans baisers d'elle en chambre ou sous la branche.

En langue d'oc

Farai chansoneta nueva
Ans que vent ni gel ni plueva ;
Ma dona m'assai' e.m prueva,
Quossi de qual guiza l'am ;
5   E ja per plag que m'en mueva
No.m solvera de son liam.

20 Quel profit y aurez-vous, dame
Jolie, si votre amour m'éloigne?
Vous voulez, il semble, être nonne!
Sachez-le, tellement je vous aime:
Je crains que la douleur m'étreigne
Si vous ne réparez les torts dont je me plains.

25 Quel gain pour vous, si je me cloître,
Et si vous ne me retenez pas?
Toute la joie du monde est nôtre,
Dame, à tous deux nous aimer.
Là-bas, à mon ami Daurostre,
30 Je fais savoir qu'il chante sans crier.

Pour elle je frissonne et tremble,
Tant je l'aime d'un amour intense;
Je ne crois pas qu'il en soit de semblable
En physionomie, du grand lignage d'Adam.

Les Chansons de Guillaume IX, duc d'Aquitaine
(avec traduction infrapaginale), éditées par Alfred
Jeanroy, 2ᵉ édition revue, Paris, Champion, 1927.

---

1. À l'origine, l'expression «poésie lyrique» désigne une poésie chantée, accompagnée à la lyre.

QUESTIONS DE COMPRÉHENSION ET D'ANALYSE

1. Dans le deuxième vers, «Avant qu'il vente et gèle et pleuve», qu'est-ce qui permet de repérer une assonance?

2. Les vers «Ma dame me sonde et m'éprouve/Sur ma manière de l'aimer» représentent bien l'esprit courtois. Pourquoi?

3. Comment est qualifiée la dame quand le poète écrit «Elle est plus blanche que l'ivoire»? Quelle est la figure de style qu'il emploie?

4. Trouvez au moins deux vers où l'amour se mêle à la religion chrétienne et expliquez leur effet.

5. En quoi le fait que le poète dise qu'il «frissonne et tremble» montre l'intensité de son amour?

Sujet d'analyse: Comment le poète ressent-il son amour pour sa dame?

LE MOYEN ÂGE
Les œuvres courtoises

LA FIN'AMOR

Sous l'influence de la *fin'amor*, la chanson de geste, qui valorisait la quête personnelle et guerrière du chevalier, est remplacée par la littérature courtoise, laquelle dépeint un rituel amoureux où la Dame tient le rôle principal. Il s'agit pour celui qui se distingue notamment par ses manières raffinées et sa belle prestance de prouver sa valeur en se dévouant totalement à sa Dame, inaccessible puisqu'elle est forcément mieux née que lui et, de surcroît, déjà mariée. En effet, l'amour courtois est le plus souvent chaste et le désir importe plus que sa réalisation. Ainsi, plus la Dame est inaccessible, plus le désir du chevalier est grand. En outre, dans le rituel courtois, cette dernière (habituellement reine ou princesse) multiplie les obstacles, ce qui force le chevalier à accomplir des exploits pour prouver son amour. Au cours de sa quête, il va devoir affronter des forces surnaturelles, des monstres et des félons[1]. Par ailleurs, il se retrouve souvent déchiré entre le devoir de fidélité à l'égard de son aimée et celui de loyauté à l'endroit de son seigneur. S'ensuit un rituel initiatique au cours duquel le chevalier, devant l'impossibilité d'une union avec sa Dame et les obstacles dressés par elle, erre en accomplissant des exploits fabuleux.

Tristan et Iseut (version écrite entre 1900 et 1905)

La légende de *Tristan et Iseut* raconte la destinée d'un chevalier, Tristan, qui est chargé de ramener la femme promise à son roi. Au cours du voyage, les deux jeunes gens boivent malencontreusement un philtre d'amour. Cette légende a connu un franc succès dans toute l'Europe. Malheureusement, aucun manuscrit de l'époque ne la présente dans son intégralité. L'histoire de Tristan et Iseut a été reconstituée plus tard à partir de fragments écrits par plusieurs auteurs anonymes, ce qui a donné lieu à plusieurs versions. C'est ce qui explique que, dans une version, les effets du philtre magique sont temporaires, alors que dans une autre ils sont permanents.

La version de *Tristan et Iseut* écrite par le philologue français Joseph Bédier (1864-1938) est créée à partir des fragments de l'œuvre de Thomas et de Béroul, poètes qui vécurent au XIIe siècle. Dans l'extrait présenté, l'écriture est plus complexe que dans les versions originales par le jeu avec les formes pronominales employées par les personnages, par l'utilisation de la métaphore, la répétition et le discours introspectif. L'amour est présenté de façon ambivalente, car il est à la fois douleur et bonheur, souffrance et joie, désir et mort.

EXTRAIT   ***TRISTAN ET ISEUT***
(version de Joseph Bédier écrite entre 1900 et 1905)

De nouveau, la nef[2] cinglait[3] vers Tintagel. Il semblait à Tristan qu'une ronce vivace, aux épines aiguës, aux fleurs odorantes, poussait ses racines dans le sang de son cœur et par de forts liens enlaçait au beau corps d'Iseut son corps et toute sa pensée, et tout son désir. Il songeait : «Andret, Denoalen, Guenelon et Godoïne,
5   félons qui m'accusiez de convoiter la terre du roi Marc, ah! je suis plus vil encore, et ce n'est pas sa terre que je convoite! Bel oncle, qui m'avez aimé orphelin avant même de reconnaître le sang de votre sœur Blanchefleur, vous qui me pleuriez tendrement, tandis que vos bras me portaient jusqu'à la barque sans rames ni

10 voile, bel oncle, que n'avez-vous, dès le premier jour, chassé l'enfant errant venu pour vous trahir? Ah! qu'ai-je pensé? Iseut est votre femme, et moi votre vassal. Iseut est votre femme, et moi votre fils. Iseut est votre femme, et ne peut pas m'aimer.»

Iseut l'aimait. Elle voulait le haïr, pourtant : ne l'avait-il pas vilement dédaignée? Elle voulait le haïr, et ne pouvait, irritée en son cœur de cette tendresse plus
15 douloureuse que la haine.

Brangien les observait avec angoisse, plus cruellement tourmentée encore, car seule elle savait quel mal elle avait causé. Deux jours elle les épia, les vit repousser toute la nourriture, tout breuvage et tout réconfort, se chercher comme des aveugles qui marchent à tâtons l'un vers l'autre, malheureux quand ils languis-
20 saient séparés, plus malheureux encore quand, réunis, ils tremblaient devant l'horreur du premier aveu.

Au troisième jour, comme Tristan venait vers la tente, dressée sur le pont de la nef, où Iseut était assise, Iseut le vit s'approcher et lui dit humblement :

«Entrez, seigneur.

25 — Reine, dit Tristan, pourquoi m'avoir appelé seigneur? Ne suis-je pas votre homme lige[4], au contraire, et votre vassal, pour vous révérer, vous servir et vous aimer comme ma reine et ma dame?»

Iseut répondit :

«Non, tu le sais, que tu es mon seigneur et mon maître! Tu le sais, que ta force
30 me domine et que je suis ta serve[5]! Ah! que n'ai-je avivé naguère les plaies du jongleur blessé! Que n'ai-je laissé périr le tueur du monstre dans les herbes du marécage! Que n'ai-je assené sur lui, quand il gisait dans le bain, le coup de l'épée déjà brandie! Hélas! je ne savais pas alors ce que je sais aujourd'hui!

— Iseut, que savez-vous donc aujourd'hui? Qu'est-ce donc qui vous tourmente?

35 — Ah! tout ce que je sais me tourmente, et tout ce que je vois. Ce ciel me tourmente, et cette mer, et mon corps, et ma vie!»

Elle posa son bras sur l'épaule de Tristan ; des larmes éteignirent le rayon de ses yeux, ses lèvres tremblèrent. Il répéta :

«Amie, qu'est-ce donc qui vous tourmente?»

---

1. Personne qui agit d'une manière déloyale envers son seigneur.
2. Bateau.
3. Naviguer.
4. Homme entièrement dévoué à une autre personne.
5. Féminin de serf, une personne qui n'a pas de liberté complète et qui est assujettie à un seigneur.

LE MOYEN ÂGE

Les œuvres courtoises

Enluminure (XVe siècle). *Tristan boit le philtre d'amour* (1470). Bibliothèque nationale de France (Manuscrits occidentaux, Français 112 (1), fol. 239), Paris, France.

40 | Elle répondit :

« L'amour de vous. »

Alors il posa ses lèvres sur les siennes.

Mais, comme pour la première fois tous deux goûtaient une joie d'amour, Brangien, qui les épiait, poussa un cri, et, les bras tendus, la face trempée de larmes,
45 | se jeta à leurs pieds :

« Malheureux ! arrêtez-vous, et retournez, si vous le pouvez encore ! Mais non, la voie est sans retour, déjà la force de l'amour vous entraîne et jamais plus vous n'aurez de joie sans douleur. C'est le vin herbé qui vous possède, le breuvage d'amour que votre mère, Iseut, m'avait confié. Seul, le roi Marc devait le boire
50 | avec vous ; mais l'Ennemi s'est joué de nous trois, et c'est vous qui avez vidé le hanap¹. Ami Tristan, Iseut amie, en châtiment de la male garde que j'ai faite, je vous abandonne mon corps, ma vie ; car, par mon crime, dans la coupe maudite, vous avez bu l'amour et la mort ! »

Les amants s'étreignirent ; dans leurs beaux corps frémissaient le désir et la vie.
55 | Tristan dit :

« Vienne donc la mort ! »

Et, quand le soir tomba, sur la nef qui bondissait plus rapide vers la terre du roi Marc, liés à jamais, ils s'abandonnèrent à l'amour.

---

1. Grand vase à boire en métal.

QUESTIONS DE COMPRÉHENSION ET D'ANALYSE

1. La deuxième phrase du texte explique comment le philtre agit d'abord sur Tristan. On peut y repérer au moins trois figures de style. Trouvez-les et expliquez leur effet.

2. Dans son discours rapporté par la suite, on retrouve des anaphores. Qu'est-ce que cela traduit de l'état du personnage ?

3. Du côté d'Iseut, on perçoit le tourment grâce à un procédé important. Relevez-le et expliquez ce qu'il indique. Dites quelle est l'origine de ce tourment.

4. Brangien, la servante, constate le malheur des deux personnages. Comment cela se traduit-il dans le texte ?

5. L'amour d'Iseut et Tristan est-il conforme aux valeurs chevaleresques et courtoises ? Expliquez.

Sujet d'analyse : Montrez en quoi consiste la nature ambivalente de cet amour fatal.

LE MOYEN ÂGE
Les œuvres courtoises

LES DÉBUTS DU « ROMAN » À L'ÉPOQUE MÉDIÉVALE

Le XIIe siècle produit déjà quelques romans. Le terme « roman » lui-même désigne tout simplement un texte écrit en langue romane, par opposition aux textes écrits en latin. Les premiers romans décrivent des aventures héroïques nimbées de merveilleux et leurs héros empruntent à la poésie lyrique une certaine caractérisation psychologique qui se traduit surtout par leur tempérament. Cependant, à la différence de la chanson de geste ou de la poésie lyrique, le roman n'est pas composé en fonction d'une quelconque *musicalité*, sa finalité étant d'être simplement récité. *Lancelot ou le Chevalier de la charrette* est un bon exemple de ces romans médiévaux.

Chrétien de Troyes (v. 1135-v. 1183)

Les premiers romans ont pour sujet de prédilection les grandes quêtes antiques ; ils empruntent leurs héros à la mythologie ou reprennent en les transformant les aventures des héros d'Homère. Avec Chrétien de Troyes, considéré comme le père du genre, le roman s'intègre peu à peu dans la tradition courtoise, à laquelle il mêle des légendes celtiques[1] ainsi qu'un goût pour la féerie et l'idéal chevaleresque. Au milieu du XIIe siècle, l'auteur des exploits du roi Arthur et des Chevaliers de la Table ronde parvient à réaliser la synthèse du folklore celtique et de l'idéal courtois. On lui doit, entre autres titres, *Lancelot ou le Chevalier de la charrette*, *Yvain ou le Chevalier au lion* et *Perceval ou Le conte du Graal* (inachevé).

Dans *Lancelot ou le Chevalier de la charrette*, après que la reine Guenièvre eut été enlevée par Méléagant puis enfermée dans le donjon de son château, Lancelot cherche à la libérer. Pour la sauver, il doit surmonter différents obstacles et vaincre Méléagant.

L'extrait suivant présente le combat entre le héros et Méléagant, et correspond aussi au moment où le lecteur apprend finalement le nom du chevalier. L'image de la reine prisonnière dans le donjon alors que le chevalier combat pour l'en libérer présente le stéréotype même du roman courtois : l'exploit à accomplir pour prouver son amour à une reine qui se veut inatteignable. La personnification de l'Amour ainsi que la position adoptée par le héros pour combattre ajoutent à cette représentation courtoise.

EXTRAIT *LANCELOT OU LE CHEVALIER DE LA CHARRETTE*
(écrit entre 1176 et 1181)

Mais, aux fenêtres du donjon, une demoiselle très sensée se disait en son cœur que le chevalier ne s'était pas déterminé à ce combat pour sa seule gloire ni pour le menu peuple accouru sur les lieux : jamais sans doute il ne s'y serait engagé si ce n'était pas pour la reine. Elle pense donc que s'il la savait à la fenêtre où elle était en train de le

5   regarder, il en reprendrait force et courage. Si elle avait connu son nom, elle lui aurait bien volontiers crié de regarder un peu autour de lui. Alors elle s'approcha de la reine et lui demanda :

« Dame, au nom de Dieu et dans votre intérêt et le nôtre, je vous supplie de me dire le nom de ce chevalier si vous le savez et cela à la seule fin de l'aider.

10 — Demoiselle, je ne vois dans votre demande aucune malveillance ni intention de nuire ; elle me paraît plutôt partir d'un bon sentiment. Ce chevalier, autant que je sache, s'appelle Lancelot du Lac.

— Dieu, comme j'en suis réjouie et rassurée ! » fait la demoiselle.

Alors, elle se pencha à la fenêtre et l'appela par son nom d'une voix si forte que
15 toute la foule l'entendit :

« Lancelot ! retourne-toi et regarde quelle est la personne qui a les yeux rivés sur toi ! »

En entendant son nom, Lancelot fut prompt à se retourner ; il fit volte-face et aperçut en haut, assise aux loges du donjon, celle qu'au monde il désirait le plus
20 contempler. Dès l'instant où il la vit, il ne put en détacher son regard et se défendit par-derrière. [...]

Alors il se retourne, fait demi-cercle et contraint Méléagant à se placer entre lui et le donjon bien que ce dernier fasse tous ses efforts pour revenir à sa position première. Lancelot se rue sur lui et, à coups de bouclier appuyés de tout son corps,
25 il le bouscule avec une telle violence dès qu'il fait mine de vouloir se retourner que, par deux ou trois fois, il le fait chanceler et le malmène sans ménagement. Sa force et son audace lui reviennent car Amour l'aide beaucoup ainsi que le fait de n'avoir jamais haï quelqu'un autant que celui qui se bat contre lui. Amour et une haine mortelle, que jamais auparavant il n'avait ressentie aussi violente en son cœur, le
30 rendent si décidé et si terrible que Méléagant ne prend plus ses attaques pour un jeu mais en éprouve une grande crainte car jamais il n'avait connu ni rencontré un chevalier aussi hardi et jamais aucun ne l'avait autant malmené et ne lui avait causé autant d'ennuis que celui-ci.

Traduit par Jean-Claude Aubailly *in* Chrétien de Troyes, *Lancelot ou le Chevalier de la charrette*, Paris, GF Flammarion, coll. « Étonnants classiques », 2003.

---

1. Les Celtes occupaient un vaste territoire qui comprenait alors la Gaule, la Grande-Bretagne, l'Espagne, les Balkans et l'Italie du Nord. Les Romains ont conquis une bonne partie de ces territoires, mais la culture celtique s'est maintenue en Bretagne, au pays de Galles, en Cornouailles, en Irlande et en Écosse.

QUESTIONS DE COMPRÉHENSION ET D'ANALYSE

1. Dès la première phrase de l'extrait, on sait que *Lancelot ou le Chevalier de la charrette* appartient au courant courtois plutôt qu'au courant épique. Pourquoi ?

2. La demoiselle « très sensée » qui est aux côtés de Guenièvre semble très croyante. Qu'est-ce qui permet de le dire ?

3. Lancelot est aimanté par sa Dame. Comment le perçoit-on ?

4. Qu'est-ce qui donne à Lancelot la force de combattre Méléagant avec autant de violence ? En quoi est-il habité par des sentiments contradictoires ?

5. Qui semble avoir finalement le dessus dans ce duel ?

Sujet d'analyse : Montrez comment cet extrait est représentatif de la *fin'amor*.

LE MOYEN ÂGE
Les œuvres courtoises

LA «QUERELLE DU *ROMAN DE LA ROSE*»

Sous la plume de Jean de Meun, le *Roman de la rose* cherche à transmettre un enseignement moral, éthique et philosophique; en ce sens, on peut dire qu'il marque les débuts de la littérature didactique, une nouvelle tendance qui conduira, deux siècles plus tard, au courant humaniste. Suivant le modèle antique de la discussion, l'œuvre présente une réflexion sur la valeur de l'amour et la conduite des amants. Cette œuvre unique en son genre va susciter un grand débat: certains la jugeront immorale, alors que d'autres célèbreront sa grande sagesse. Malgré la controverse suscitée par le *Roman de la rose*, de toutes les œuvres du Moyen Âge, c'est probablement une des seules que la Renaissance ne relèguera pas aux oubliettes.

Guillaume de Lorris (v. 1200-v. 1238)
Jean de Meun (v. 1240-v. 1305)

Écrit par Guillaume de Lorris et Jean de Meun, le *Roman de la rose* est le roman le plus lu au Moyen Âge. On peut dire qu'il inscrit une rupture au sein de la littérature du XIIIᵉ siècle. Commencé vers 1237 par Guillaume de Lorris, qui en compose 4000 vers, il est repris vers 1268 par Jean de Meun, qui en ajoute quelque 18 000.

Cette œuvre, dans laquelle l'allégorie et le symbolisme occupent une large place, constitue une transition entre l'idéal courtois (perpétué par Guillaume de Lorris) et le discours à tendance moraliste et philosophique (inauguré par Jean de Meun). L'extrait présenté est tiré de la partie signée par Jean de Meun. Il s'agit d'une satire de l'amour et du mariage dans laquelle l'auteur oppose la personnification de la nature et de l'amour à l'abstinence et au faux-semblant (l'apparence mensongère). La nature est présentée comme ce qui permet la perpétuation du «lignage» et met l'«âme en joie», tandis que l'abstinence et le faux-semblant sont des «félons orgueilleux» et de «dangereux hypocrites» qui nuisent à la perpétuation de l'espèce humaine.

EXTRAIT ***ROMAN DE LA ROSE***
(v. 1237 pour la partie de Lorris et v. 1268 pour celle de Meun)

**Nature demande réparation
pour les crimes commis contre elle.**

En français actuel

Assurément, en ce qui concerne les péchés auxquels l'homme est adonné, je les laisse à Dieu; il viendra bien à bout de l'en punir quand il lui plaira. Mais pour ceux dont Amour
5 se plaint, car j'ai bien ouï sa plainte, c'est à moi d'en demander réparation, puisque les hommes renient le tribut qu'ils m'ont toujours dû, me doivent et me devront toujours, tant qu'ils recevront mes outils./ Génius, le bien

En ancien français

Sanz faille, de touz les pechiés
Dont li chetis est entechiés.
A Dieu le laiz, bien s'en chevisse.
Quant li plera, si l'en punisse.
5 Mes por ceus dont Amors se plaint,
Car j'en ai bien oï le plaint,
Je meïmes, tant cum je puis,
M'en plains et m'en doi plaindre, puis
Qu'il me revient le treü
10 Que tretuit homme m'ont deü
Et touz jors doivent et devront
Tant cum [mes] ostis recevront.

10 emparlé, allez dans le camp, au dieu d'Amour, mon ami et zélé serviteur, dites-lui que je le salue ainsi que dame Vénus et toute la baronnie, hormis Faux Semblant, s'il est avec les félons[1] orgueilleux et les dangereux hypocrites dont l'Écriture dit qu'ils sont les pseudo-prophètes. Je soupçonne aussi Abstinence d'être orgueilleuse et semblable à Faux Semblant. Si l'on trouve encore avec ces traîtres avérés, Faux

15 Semblant et son amie Abstinence, qu'ils n'aient point part à mes saluts. Telles gens sont trop à craindre. Amour devrait bien les repousser hors de son ost[2], s'il ne savait qu'ils fussent utiles à ses desseins ; mais s'ils soutiennent la cause des parfaits amoureux et contribuent à soulager leurs maux, je leur pardonne leur fourberie.

Allez, ami, au dieu d'Amour, portez-lui mes plaintes et mes clameurs, non pas pour

20 qu'il m'en fasse justice, mais pour qu'il se console et réjouisse de l'agréable nouvelle, si pénible à nos ennemis, que je lui mande par votre bouche, et qu'il quitte le souci qui le ronge. Dites-lui que je vous envoie pour excommunier tous nos adversaires et pour absoudre les vaillants qui tâchent de bon cœur à suivre loyalement les règles qui sont écrites dans mon livre, et s'efforcent de multiplier leur lignage et pensent à

25 bien aimer, car je dois les appeler tous amis pour mettre leur âme en joie.

Traduit par André Mary *in* G. de Lorris et J. de Meun, *Le Roman de la Rose*,
Paris, Gallimard, coll. «Folio classique», 1949 et 1984.

---

1. Personne qui agit d'une manière déloyale envers son seigneur.
2. Armée médiévale.

QUESTIONS DE COMPRÉHENSION ET D'ANALYSE

1. Qui parle dans ce texte (quel est le point de vue adopté par le narrateur) ?

2. Relevez les personnifications et dites quel est leur effet.

3. À quoi fait allusion le narrateur en parlant du «tribut qu'ils m'ont toujours dû» (lignes 7-8) ?

4. Qui sont les ennemis du narrateur ? Pourquoi ?

5. Quelle phrase résume les demandes du narrateur ?

Question d'analyse : Montrez en quoi cet extrait du *Roman de la rose* est moraliste.

LE MOYEN ÂGE
Les œuvres courtoises

Christine de Pisan (1364-v. 1430)

Parmi les détracteurs du *Roman de la Rose* on compte Christine de Pisan (1364-v. 1430). Une des premières femmes à vivre de son art, reconnue pour son érudition, elle lance les premiers débats littéraires en écrivant *Épître au dieu d'amour* (1399) et le *Dit de la rose* (1402), dans lesquels elle souligne l'image négative des femmes dans la littérature. Dans l'extrait suivant, elle cherche à défendre le rôle de la femme en faisant appel à la compassion et à la raison.

EXTRAIT *ÉPÎTRE AU DIEU D'AMOUR* (1399)

Or, sont ainsi les femmes diffamées
Par moultes¹ gens et à grand tort blâmées
Tant par bouche que par plusieurs écrits ;
Oui, qu'il soit vrai ou non, tel est le cri !
5   Mais, moi, tout le grand mal qu'on en dit
Ne trouve en aucun livre ni récit
Qui de Jésus parlent, soit de sa vie,
Soit de son trépas pourchassé d'envie ;
[…]
10 Communément une ne fait pas rigle² ;
Et qui voudra par histoire ou par bible
Me quereller en me donnant exemple
D'une ou de deux ou de plusieurs ensemble
Qui ont été réprouvées³ et males
15 — Encore sont-elles fort anormales
Mais je parle selon le commun cours —
Bien rares sont qui usent de tels tours.
[…]
Je conclus que tout homme raisonnable
20 Doit les femmes priser, chérir, aimer ;
Qu'il ait souci de ne jamais blâmer
Celle de qui tout homme est descendu.
Ne lui soit le mal pour le bien rendu.
C'est sa mère, c'est sa sœur, c'est sa mie⁴,
25 Ne sied pas qu'il la traite en ennemie ;
De ce s'abstienne tout noble courage⁵
Car gain n'en peut venir, mais lourd dommage,
Honte, dépit et mainte vilenie ;
Qui tel vice a n'est pas de ma mesnie⁶.

Introduction, choix et adaptation par Jeanine Moulin, *Christine de Pisan*, Paris, Seghers, 1962.

Enluminure attrribuée au Maître de la Cité des Dames. *Christine de Pisan présente son livre à Isabeau de Bavière* (v. 1413), Harley 4431, tome 1, fol. 3. British Library, Londres, Royaume-Uni.

---

1. Beaucoup.
2. Règle.
3. Personne rejetée par les hommes ou la société.
4. Femme aimée.
5. Cœur.
6. Maisonnée.

QUESTIONS DE COMPRÉHENSION ET D'ANALYSE

1. Que veut signifier Christine de Pisan quand elle dit que les femmes sont «à grand tort blâmées/Tant par bouche que par plusieurs écrits»? Relevez la figure de style utilisée.

2. Expliquez le sens de la deuxième strophe.

3. Dans la dernière strophe, Pisan utilise une énumération de verbes qui dicte la conduite que les hommes devraient adopter. Laquelle?

4. Comment comprend-on que l'homme et la femme sont liés dans cette dernière partie du poème?

5. Dans les derniers vers, le ton devient particulièrement moralisateur. Dites de quelle manière.

Sujet d'analyse : Montrez comment, dans ce poème, Christine de Pisan se porte à la défense des femmes de son époque.

LA POPULARITÉ D'UNE ŒUVRE COLLECTIVE

À l'époque médiévale, la notion d'auteur en tant que seul signataire d'un texte ne s'est pas encore imposée. Il arrive, comme ce sera le cas de *Tristan et Iseut*, qu'un récit soit composé par plusieurs personnes à différentes époques. Ce que l'on appelle communément le *Roman de Renart* est un bon exemple d'œuvre collective, d'ailleurs constituée de plusieurs «branches» indépendantes les unes des autres. La branche la plus ancienne date de 1174-1177, et les ajouts se sont succédé jusqu'au XIVe siècle[1]. D'une branche à l'autre, on retrouve les mêmes personnages, et principalement le rusé Renart; c'est cette constance qui confère à l'œuvre son unité. Usant d'un procédé qui remonte à l'Antiquité, les auteurs se servent du déguisement animal pour raconter la vie des humains et, surtout, pour critiquer et parodier celle des nobles.

Le succès remporté par le *Roman de Renart* est tel que le mot «goupil», qui jusque-là désignait l'animal, est remplacé par le nom du personnage de Renart. Cette popularité cessera de croître à partir du XIIIe siècle; les récits perdent alors en originalité, car les différentes branches qui continuent de se greffer au roman ne proposent que des histoires ou des contes connus.

Roman de Renart (v.1174-1177)

Le *Roman de Renart* est caractérisé par l'anthropomorphisme, c'est-à-dire que tous les personnages sont des animaux auxquels des qualités humaines ont été attribuées. Ainsi Renart est rusé, le roi est un lion, etc. Comme on peut le voir dans l'extrait présenté ici, l'œuvre inscrit surtout un comique de situation et sert en même temps de leçon morale, qui sera une source d'inspiration pour les fables de La Fontaine près de 300 ans plus tard.

Dans l'extrait, Renart n'hésite pas à user de flatteries et de compliments pour amener Tiécelin à lâcher le fromage. Contrairement à la fable de La Fontaine, Renart ne veut pas seulement le fromage...

EXTRAIT ***ROMAN DE RENART*** *(v. 1174-1177)*

Renart et Tiécelin le corbeau — Branche II

En français actuel

Il se dresse pour mieux voir: il voit Tiécelin, perché là-haut, un de ses vieux compères, le bon fromage entre ses pattes. Familièrement, il l'interpelle:
«Par les saints de Dieu, que vois-je là? Est-ce vous,
5　sire compère? Bénie soit l'âme de votre père, sire Rohart, qui si bien sut chanter! Maintes fois je l'ai entendu se vanter d'en avoir le prix en France. Vous-même, en votre enfance, vous vous y exerciez. Ne savez-vous donc plus vocaliser? Chantez-
10　moi une rotrouenge[2]!»/ Tiécelin entend la flatterie, ouvre le bec, et jette un cri. Et Renard[3] dit: «Très

En ancien français

Il leve sus por mels veoir:
Tiecelin voit lasus seoir,
Qui ses comperes ert de viez,
Le bon formache entre ses piez.
5　Priveement l'en apela:
«Por les seins Deu, que voi ge la?
Estes vos ce, sire conpere?
Bien ait hui l'ame vostre pere
Dant Rohart qui si sot chanter!
10　Meinte fois l'en oï vanter
Qu'il en avoit le pris en France.
Vos meïsme en vostre enfance
Vos en solieez molt pener.
Savés vos mes point orguener?
15　Chantés moi une rotruenge!»

bien ! Vous chantez mieux qu'autrefois. Encore, si vous le vouliez, vous iriez un ton plus haut. » L'autre, qui se croit habile chanteur, se met derechef[4] à crier. « Dieu ! dit Renard, comme s'éclaire maintenant, comme s'épure votre voix ! Si vous vous priviez de noix, vous seriez le meilleur chanteur du monde. Chantez encore, une troisième fois ! »

L'autre crie à perdre haleine, sans se douter, pendant qu'il peine, que son pied droit se desserre ; et le fromage tombe à terre, tout droit devant les pieds de Renard.

Le glouton qui brûle et se consume de gourmandise n'en toucha pas une miette ; car, s'il le peut, il voudrait aussi tenir Tiécelin. Le fromage est à terre, devant lui. Il se lève, clopin-clopant : il avance le pied dont il cloche, et la peau, qui encore lui pend. Il veut que Tiécelin le voie bien : « Ah Dieu ! fait-il, comme Dieu m'a donné peu de joie en cette vie ! Que ferai-je, sainte Marie ! Ce fromage pue si fort et vous dégage une telle odeur que bientôt je suis mort. Et surtout, ce qui m'inquiète, c'est que le fromage n'est pas bon pour mes plaies ; je n'en ai nulle envie, car les médecins me l'interdisent. Ah ! Tiécelin, descendez donc ! Sauvez-moi de ce mal ! Certes, je ne vous en prierais pas, mais j'eus l'autre jour la jambe brisée dans un piège, par malheur. Alors m'advint cette disgrâce : je ne peux plus aller et venir ; je dois maintenant me reposer, mettre des emplâtres et me refaire, pour guérir. » Tiécelin croit qu'il dit vrai parce qu'il le prie en pleurant. Il descend de là-haut : quel saut malencontreux si messire Renard peut le tenir ! Tiécelin n'ose approcher. Renard voit sa couardise et commence à le rassurer : « Pour Dieu, fait-il, avancez-vous ! Quel mal vous peut faire un blessé ? » Renard se tourne vers lui. Le fou, qui trop s'abandonna, ne sut ce qu'il fit quand l'autre sauta. Renard crut le saisir et le manqua, mais quatre plumes lui restèrent entre les dents.

---

1. L'ensemble des branches totalise près de 100 000 vers écrits par plus de 20 auteurs.
2. Poème qui se termine par un refrain.
3. L'orthographe du mot a été normalisée.
4. De nouveau.

QUESTIONS DE COMPRÉHENSION ET D'ANALYSE

1. Comment Renard use-t-il de la flatterie ? Relevez les qualificatifs qu'il emploie.

2. De quelle manière Renard s'y prend-il pour avoir le fromage ?

3. Pourquoi Renard ne prend-il pas le fromage qui est devant lui ?

4. Quand Renard s'adresse à Tiécelin, son discours est ponctué de points d'exclamation. Quel effet cela crée-t-il ?

5. Globalement, qu'est-ce que le texte cherche à faire comprendre ?

Sujet d'analyse : Montrez en quoi les animaux incarnent deux types de personnalité.

Les œuvres bourgeoises

UNE MISE EN SCÈNE DES VALEURS BOURGEOISES

Pendant que les nobles sont retenus loin du pays par les croisades, une nouvelle classe se profile à la faveur de l'essor du commerce en Méditerranée. Les marchands qui habitent les bourgs (d'où le nom de bourgeois) n'ont que faire de l'idéal courtois et des valeurs rurales. Ils préfèrent les fabliaux, dans lesquels on se moque des vilains[1] et des prêtres.

Les fabliaux font leur apparition au XIIIe siècle. Le but premier de ces petits contes grivois écrits en vers est de faire rire, comme le suggèrent leurs titres : *Du chevalier qui fist les cons parler* ; *De Bérenger au long cul* ; *Des trois dames qui troverent un vit*[2] ; *Débat du con et du cul* ; *Le fouteur* ; *Du chevalier qui fist*. La majorité des fabliaux sont écrits en octosyllabes et sont assez courts. Ils se caractérisent aussi par leur plan simple et prévisible ainsi que par les situations et les personnages typés. Les thèmes les plus récurrents sont les histoires de maris trompés, les récits de vengeance et les plaisanteries sur le clergé. Leur intérêt tient surtout au fait que les personnages qu'ils décrivent sont issus de la bourgeoisie, de la paysannerie ou du bas clergé. Les fabliaux étant surtout destinés à être contés dans les fêtes et foires populaires, leurs auteurs n'hésitent pas à recourir à un style bas, voire très souvent obscène.

Le fouteur raconte l'histoire d'un homme de vingt-six ans qui se prostitue. Après avoir pris son repas dans une auberge, le jeune homme demande à l'hôte de lui indiquer la maison de la plus belle femme du village, lui disant que ce sera cette dernière qui paiera la note. L'extrait suivant présente le jeune homme au moment où il marchande ses services.

EXTRAIT   *LE FOUTEUR* *(XIIIe siècle)*

En français actuel

« Qui êtes-vous ? », dit la dame.

— Comment, madame, la jeune fille qui est venue à l'instant ne vous l'a-t-elle pas dit ? Vous voulez encore que je le dise ? Je suis un
5   fouteur à gages./ Si vous vouliez m'engager, je pense que je saurais bien vous servir et que vous m'en seriez reconnaissante.

— Allez-vous-en, monsieur, honte à vous ! Vous avez du culot de vous moquer des gens de la sorte !

10   — Par saint Gilles, madame, j'ai souvent été bien payé pour avoir rendu à des dames ce genre de service !

— Voire qu'à des dames sans honneur ! Dites-moi quand même : vous travaillez à la journée ou à la tâche ? Si vous vous occupez de ma servante, elle vous donnera quatre deniers de sa cassette[3] si elle est contente de vous. Vous aurez ça pour votre service,
15   mais il vous faut le mériter !

En ancien français

« Queus hom estes ? » Et il li dist :
« Dame, donc ne le vos aprist
la pucele qui ci fu ore ?
Volez que ge le die encore ?
5   Ge sui fouterres a loier.

— Madame, vous feriez bien de vous occuper de vous-même avant que je m'en aille, car je n'ai pas l'intention de rester ici davantage. »

Là-dessus, il s'éloigne sans plus attendre. La dame le rappelle :

«Ne partez pas ! Par ici ! Revenez ! Dites-moi honnêtement combien vous paie-t-on
20 pour la journée ?

— Selon ce qu'elle est, une dame me trouvera toujours prêt à la servir. La laide me remet d'avance cent sous avant que je lui fasse quoi que ce soit. La belle me donne moins.

— Ma foi, vous êtes un rustre ! Et à moi, combien me demanderiez-vous ?

25 — Madame, répond-il, bien sincèrement, si j'ai vingt sous et mon bain, et mon repas en plus, j'aurai à cœur de bien les mériter, car je sais y faire pour bien servir une dame quand je m'y mets ! »

La dame l'emmène alors sans chercher à marchander davantage.

[…]

30 Quant au jeune homme, qui ne se soucie de rien d'autre que de son profit et de son bien-être, il prend toutes ses aises, et la dame entre dans le bain avec lui. Tous deux mangèrent abondamment et burent force bon vin. La dame eut tout ce qu'elle voulait… sauf du plat ultime, car le jeune homme, qui était bien reposé, ne voulait pas la sauter avant d'avoir dans sa main les vingt sous de son salaire. Et quand il eut tout ce qu'il
35 voulait, il sortit de la cuve, se sécha le corps avec une serviette et se mit au lit avec la dame. Il fit consciencieusement l'amour avec elle une fois seulement. Après quoi il se releva et entra à nouveau dans le bain.

Que cela plaise ou non, voilà pourtant que le maître du logis est de retour. Je crains que ce ne soit pas le bon moment ! À peine l'entend-elle que Marion se rend dans la
40 chambre le plus vite possible. Elle s'approche de sa maîtresse pour la prévenir. En apprenant la nouvelle, la dame n'a pas envie de rire ; elle vient auprès du jeune homme qui est dans la cuve :

— Vite, pressons ! Mon seigneur arrive, cachez-vous !

— Ce n'est donc pas le cocu ?

45 — C'est mon mari.

— Alors, tout va bien !

— Quoi ? Tout va mal au contraire ! Je ne voudrais pour rien au monde qu'il puisse vous trouver ! Sortez vite !

---

1. Paysan libre, qui n'est pas serf.
2. L'organe mâle.
3. Petit coffre.

LE MOYEN ÂGE
Les œuvres bourgeoises

[…]

50 Là-dessus, le mari pénètre dans la chambre. La frayeur et l'angoisse font trembler la dame dans tous ses membres ; elle n'adresse pas un mot à son mari et préfère quitter la pièce. L'autre, sans bouger de son bain, dit au mari :

— Soyez le bienvenu, cher hôte !

Le mari ne souffle mot et ôte sa cape. La vue de cet étranger l'a rendu tout songeur :

55 — Qui êtes-vous, l'ami, demande-t-il, vous qui prenez un bain dans ma chambre ?

— Et vous donc, qui ne daignez répondre à mon salut ? Sachez que je suis un homme qui a rendu aux nobles dames de ce monde les services les plus précieux, car je suis un maître fouteur comme on n'en verra jamais de meilleur ! J'ai vingt sous à gagner ici aujourd'hui même, et la dame qui m'a engagé ne les aura pas gaspillés, car je suis

60 sûr qu'elle sera contente de mon service. Mais je n'ai pas encore couché avec elle ni touché mon salaire. Il est temps de commencer. Faites-la-moi coucher bien vite, je vais bien m'amuser !

Au bordel (maison des femmes). (XVe siècle). Gravure sur bois (coloration ultérieure). Allemagne.

— L'ami, je vais vous proposer tout autre chose. Puisque vous avez été engagé et que vous n'avez pas encore couché avec elle, il n'y a pas de raison que vous soyez lésé. Je vais vous payer ce qu'elle vous doit.

65

Alors le jeune homme est sorti du bain. Il a reçu vingt sous de plus, il s'est fait payer deux fois!

[…]

À dire vrai, tout s'est bien passé pour lui, mais des centaines d'autres, s'ils s'étaient avisés d'en faire autant, auraient pu finir lamentablement. Cependant, Fortune, qu'il avait toujours servie, lui donna en retour la récompense qu'il avait méritée.

70

Comme on a coutume de dire: Qui se démène se pourlèche[1] et qui paresse se dessèche.

Publiés, traduits, présentés et annotés par Jean-Luc Leclanche, *in Chevalerie et Grivoiserie. Fabliaux de chevalerie*, Paris, Honoré Champion, coll. «Champion Classiques», 2003.

----

1. Se régale, en profite.

QUESTIONS DE COMPRÉHENSION ET D'ANALYSE

1. À quoi fait référence le fouteur quand il dit ceci à la dame: «Si vous vouliez m'engager, je pense que je saurais bien vous servir et que vous m'en seriez reconnaissante»?

2. Qu'est-ce qui montre dans le fil du dialogue que la dame est finalement intéressée?

3. Dans le paragraphe où les deux personnages passent à l'acte, qu'est-ce qui permet de comprendre que le fouteur abuse de la situation?

4. Dans le paragraphe suivant, on voit apparaître le narrateur. Dites comment.

5. Quel est le sens de la personnification à la fin?

Sujet d'analyse: Montrez comment, dans cet extrait du *Fouteur*, c'est la ruse qui l'emporte sur l'honnêteté.

Les œuvres bourgeoises

LE THÉÂTRE ET LES FÊTES POPULAIRES

L'essor des villes entraîne celui du théâtre, qui peut alors s'appuyer sur des infrastructures adéquates et un large public pour couvrir ses frais. Soutenu par la bourgeoisie, c'est dans les villes que le théâtre évolue et s'épanouit. Les spectacles théâtraux sont organisés surtout par des confréries, des corporations ou des associations, et sont présentés à l'occasion de fêtes populaires. C'est le début de la farce et de la sottie, les deux principaux genres comiques.

La sottie est une pièce satirique, parfois inspirée de l'actualité. Certaines sont composées par des étudiants qui s'amusent aux dépens des institutions juridiques, religieuses ou politiques. La farce, quant à elle, s'inspire de la tradition des jongleurs et met en scène des personnages fortement typés. Quelque 200 de ces farces sont parvenues jusqu'à nous. La plupart comptent de 200 à 500 vers et font interagir de 3 à 5 personnages. On y exploite les travers des gens et les abus de toutes sortes. Dans ces comédies de situation, l'effet comique repose en partie sur les retournements de situation, comme dans *La farce de Maître Pathelin*.

De toutes les pièces médiévales, *La farce de Maître Pathelin* est la plus populaire. Composée entre 1461 et 1469, elle constitue le modèle du genre : après avoir dupé le drapier, l'avocat Pathelin conseille à son client le berger qui, lui, a mangé les moutons du drapier, de répondre « Bée » à toutes les questions du juge. Le berger passe alors pour fou et est renvoyé chez lui. Dans l'extrait qui suit, le berger use du même stratagème à l'endroit de Maître Pathelin quand celui-ci lui demande son dû après l'avoir si bien défendu : c'est le jeu du trompeur trompé.

Le texte original était versifié en octosyllabes. Dans l'extrait présenté, la répétition du « bée » sert d'élément comique. De plus, la farce recèle plusieurs expressions folkloriques telles que « me faire manger de l'oie », « les oisons mènent paître les oies », ou encore « revenons à nos moutons » (qui ne se retrouve pas dans cet extrait, mais qui a néanmoins survécu à travers les époques).

EXTRAIT   ***LA FARCE DE MAÎTRE PATHELIN*** (entre 1461 et 1469)

PATHELIN (*au berger*). — Dis, Agnelet !

LE BERGER. — Bée !

PATHELIN. — Viens ici, viens ! Ton procès a-t-il été bien mené ?

LE BERGER. — Bée !

5 PATHELIN. — Ta partie s'est retirée. Ne dis plus « bée », ce n'est pas nécessaire. Lui ai-je donné un beau croc-en-jambe ? Ne t'ai-je point conseillé comme il fallait ?

LE BERGER. — Bée !

PATHELIN. — Hé ! Diable ! On ne t'entendra point. Parle hardiment, ne te gêne pas.

LE BERGER. — Bée !

10 PATHELIN. — Il est temps que je m'en aille. Paye-moi !

Le berger. — Bée!

[…]

Pathelin. — Est-ce une blague? Est-ce tout ce que tu feras? Par mon serment, tu me paieras, comprends-tu? à moins que tu ne t'envoles! Allons! l'argent!

15   Le berger. — Bée!

Pathelin. — Tu t'amuses! Comment? N'en aurai-je autre chose?

Le berger. — Bée!

Pathelin. — Tu fais le rimeur en prose! À qui vends-tu tes coquilles? Sais-tu à qui tu as affaire? Ne me rebats plus les oreilles avec ton «bée», et paye-moi!

20   Le berger. — Bée!

Pathelin. — N'en aurai-je pas d'autre monnaie? De qui crois-tu te jouer? Je devais tant me louer de toi! Fais donc en sorte que je me loue de toi!

Le berger. — Bée!

Pathelin. — Me fais-tu manger de l'oie? Malgré Dieu! ai-je vécu si longtemps pour
25   qu'un berger, un mouton habillé, un vilain gueux, se paye ma tête?

Le berger. — Bée!

Pathelin. — N'en aurai-je pas une autre parole? Si tu le fais pour t'amuser, dis-le, ne me fais plus discuter! Viens t'en souper à ma maison.

Le berger. — Bée!

30   Pathelin. — Par saint Jean, tu as raison. Les oisons mènent paître les oies. (*À part*) Eh bien, je croyais l'emporter sur tous les trompeurs d'ici et d'ailleurs, sur les escrocs et les donneurs de paroles en paiement, à rendre au jour du jugement dernier; et voilà qu'un berger des Champs me surpasse! (*Au berger*) Par saint Jacques! si je trouvais un agent de police, je te ferais arrêter!

35   Le berger. — Bée!

Pathelin. — Hein! «bée»! Qu'on puisse me pendre, si je ne vais pas faire venir un bon agent! Puisse-t-il lui arriver malheur s'il ne t'emprisonne pas!

Le berger (*s'enfuyant*). — S'il me trouve, je lui pardonne!

QUESTIONS DE COMPRÉHENSION ET D'ANALYSE

1. Relevez les répétitions. Quel effet cela crée-t-il dans le texte?

2. De quelle façon Pathelin traite-t-il le berger? Quelle sorte de vocabulaire utilise-t-il?

3. Que veut dire Pathelin en parlant ainsi de la partie adverse: «Lui ai-je donné un beau croc-en-jambe?»

4. Pourquoi dit-il au berger «Tu fais le rimeur en prose»?

5. Par la suite, une énumération souligne le mépris de Pathelin à l'égard du berger. Laquelle?

Sujet d'analyse: Montrez comment le trompeur se retrouve trompé dans cet extrait.

LE MOYEN ÂGE
La **poésie lyrique**

LES VAGANTS

À partir du milieu du XIIIe siècle et jusqu'à la fin du Moyen Âge, la poésie lyrique se détache définitivement de la littérature courtoise et se distingue nettement du courant bourgeois. Pendant cette période marquée par la fin de la guerre de Cent Ans, la poésie se fait le miroir d'une société déchirée et désemparée. S'inspirant des vagants[1], elle épouse un style plus intimiste, qui exclut toute référence à la tradition courtoise. On y raconte le mal de vivre et la misère souvent de manière fataliste.

Rutebeuf (?-1290)

Le plus digne représentant de cette poésie en mutation est sans aucun doute Rutebeuf. Son œuvre, à la fois satirique, religieuse et morale, exprime un nouveau lyrisme et reflète déjà l'image du poète maudit — image qui s'appliquera aussi plus tard à François Villon et, jusqu'au XIXe siècle, à nombre de poètes.

Un de ses poèmes les plus connus, la «Complainte de Rutebeuf», peut être associé à un autre genre littéraire apparu vers la même époque : le dit. Les dits, humoristiques ou dramatiques, s'appuient souvent sur des expériences personnelles ou sont inspirés par l'entourage de l'auteur. Dans ce poème, Rutebeuf se sert de l'image du vent pour illustrer la volatilité de l'amitié, tout en ayant recours à la personnification.

EXTRAIT   **COMPLAINTE DE RUTEBEUF**
(date inconnue)

En français normalisé

Que sont mes amis devenus
Que j'avais de si près tenus
Et tant aimés ?
Je crois qu'ils étaient trop clairsemés[2] ;
5 Ils ne furent pas bien semés,
Et qu'ils sont perdus.
Ces amis m'ont bien failli,
Car jamais, tant que Dieu m'assaillit
De tous côtés,
10 Je n'en vis un seul à mes côtés.
Je crois que le vent les a ôtés,
L'amour est morte :
Ce sont amis que le vent emporte,
Et il ventait devant ma porte
15 Et il les emporta,
Car jamais aucun d'eux ne me réconforta

En moyen français

Que sont mi ami devenu
Que j'avoie si près tenu
Et tant amé ?
Je cuit qu'il sont trop cler semé :
5 Il ne furent pas bien semé
Si sont failli.

Ni de son bien ne m'apporta.
Ceci m'apprend
Que quiconque a des biens, ami les prend ;
20 | Mais celui qui trop tard se repent
D'avoir trop mis
De son avoir pour se faire des amis,
Il ne les trouve pas sincères, même à demi,
Pour le secourir.
25 | Je laisserai donc Fortune courir
Et je tenterai de me secourir
Si je puis le faire.

---

1. Étudiants, clercs ou moines « évadés » qui pratiquent le vagabondage intellectuel.
2. Éparpillés.

QUESTIONS DE COMPRÉHENSION ET D'ANALYSE

1. De quoi se plaint le poète ?

2. Dans les vers « Ils ne furent pas bien semés », « Je crois que le vent les a ôtés », « Ce sont amis que le vent emporte », le poète utilise les éléments naturels pour souligner une certaine vision de l'amitié. Expliquez.

3. Quelle leçon le poète tire-t-il de sa situation ?

4. Quels termes montrent que le poète vit des moments difficiles ?

5. Dans les trois derniers vers, il y a une personnification. Laquelle ? Qu'est-ce que cela signifie ?

Sujet d'analyse : De quelle manière peut-on dire que la vision de l'amitié de Rutebeuf est pessimiste dans sa complainte ?

LA CRITIQUE DE L'ORDRE ÉTABLI

L'amour courtois et la poésie lyrique n'échappent pas à la parodie et à la satire. Dès le XIIe siècle, goliards et vagants se dressent contre la culture dominante et critiquent l'ordre établi, celui de l'Église, surtout. Un phénomène semblable se répète au XVe siècle, alors que le nombre de diplômés universitaires augmente, mais que beaucoup vivent toujours dans la misère.

François Villon (1431-après 1463)

Parmi ces étudiants qui mènent une vie plutôt aventureuse et dissolue se trouve François Villon. Mêlé à une série de méfaits, Villon est arrêté et condamné à être pendu. Sa peine sera finalement commuée, et Villon devra vivre en exil pendant dix ans.

C'est pendant son incarcération qu'il a composé « L'épitaphe Villon », mieux connue sous le nom de « Ballade des pendus ».

L'originalité de ce poème est d'adopter le point de vue du pendu. Le poème met en scène une voix d'outre-tombe qui explique la raison de son sort et appelle au pardon en mélangeant les tonalités lyrique et ironique.

EXTRAIT **_L'ÉPITAPHE VILLON_** *(v. 1463)*

En français normalisé

Frères humains qui après nous vivez,
N'ayez les cœurs contre nous endurcis,
Car, si pitié de nous pauvres avez,
Dieu en aura plus tôt de vous merci.
5 Vous nous voyez ci attachés, cinq, six :
Quand de la chair, que trop avons nourrie,
Elle est pièça[1] dévorée et pourrie,
Et nous, les os, devenons cendre et poudre.
De notre mal personne ne s'en rie :
10 Mais priez Dieu que tous nous veuille absoudre[2] !

Si frères vous clamons, pas n'en devez
Avoir dédain, quoique fûmes occis[3]
Par justice. Toutefois, vous savez
Que tous hommes n'ont pas le sens rassis[4] ;
15 Excusez-nous, puisque sommes transis[5],
Envers le fils de la Vierge Marie,
Que sa grâce ne soit pour nous tarie,
Nous préservant de l'infernale foudre.
Nous sommes morts, âme ne nous harie[6] ;
20 Mais priez Dieu que tous nous veuille absoudre !

En moyen français

Freres humains qui après nous vivez,
N'ayez les cuers cotre nous endurcis,
Car, se pitié de nous povres avez,
Dieu en aura plus tost de vous mercis.
5 Vous nous voiez cy attachez cinq, six :
Quant de la chair, que trop avons nourrie,
Elle est pièça devorée et pourrie,
Et nous, les os, devenons cendre et pouldre.
De nostre mal personne ne s'en rie ;
10 Mais priez Dieu que tous nous vueille absouldre !

La pluie nous a débués[7] et lavés,
Et le soleil desséchés et noircis ;
Pies, corbeaux nous ont les yeux cavés[8]
Et arraché la barbe et les sourcils.
25 Jamais nul temps nous ne sommes assis ;
Puis çà, puis là, comme le vent varie,
À son plaisir sans cesser nous charrie[9],
Plus becquetés d'oiseaux que dés à coudre.
Ne soyez donc de notre confrérie ;
30 Mais priez Dieu que tous nous veuille absoudre !

Prince Jésus, qui sur tous a maîtrie[10],
Garde qu'Enfer n'ait sur nous seigneurie :
À lui n'avons que faire ni que soudre[11].
Hommes, ici n'a point de moquerie ;
35 Mais priez Dieu que tous nous veuille absoudre !

---

1. Depuis un certain temps.
2. Pardonner des péchés commis.
3. Du verbe occire qui signifie tuer.
4. Avoir le sens rassis, c'est être réfléchi.
5. Morts.
6. Que personne ne nous insulte.
7. Lessivés.
8. Creusés.
9. Balance.
10. Pouvoir.
11. De comptes à rendre.

QUESTIONS DE COMPRÉHENSION ET D'ANALYSE

1. Que sait-on de la situation du poète ? Appuyez votre réponse sur l'analyse de trois vers.

2. Relevez au moins deux passages qui font preuve d'ironie et expliquez-les.

3. Quel est le vers qui se répète ? Que veut-il dire ?

4. Avec quels vers comprend-on que c'est un cadavre qui parle ? Quelles figures de style le poète utilise-t-il ?

5. Pourquoi le poète dit-il « Garde qu'Enfer n'ait sur nous seigneurie » ?

Sujet d'analyse : En quoi ce poème est-il lyrique ?

Albrecht Dürer (1471-1528).
Autoportrait à l'âge de 28 ans ou
Autoportrait à la fourrure (1500).
Alte Pinakotech, Munich, Allemagne.

CHAPITRE 2

LA
RENAISSANCE

En 1453, l'Empire ottoman s'empare de Constantinople (autrefois nommée Byzance et aujourd'hui Istanbul) où se concentre une grande partie du savoir hérité de l'ancien Empire romain. Cet événement constitue la chute de l'Empire romain d'Orient (près d'un millénaire après la fin de l'Empire romain d'Occident) et a des effets immédiats puisque ses savants — les Byzantins — fuient vers l'Italie, emportant leurs biens les plus précieux, parmi lesquels leurs livres. L'arrivée massive de ces intellectuels est favorablement accueillie par les monarques de la péninsule, qui font preuve d'une grande ouverture d'esprit. On s'accorde à penser que cet événement, ainsi que l'invention de l'imprimerie, marque la fin de la période médiévale.

Dans ce contexte propice naît un intérêt pour la redécouverte des textes anciens, notamment à Florence, considérée comme le berceau de la Renaissance. Par ailleurs, la prise de Constantinople oblige l'Europe à trouver une nouvelle route vers les épices de l'Orient, ce qui mènera à la découverte du continent américain par le Génois Christophe Colomb (1492) : c'est le début des grandes explorations.

La France attendra près d'un siècle avant de connaître une renaissance intellectuelle et artistique comparable à celle de l'Italie. Ironiquement, c'est lors des guerres qui, de 1492 à 1559, opposent les deux pays que l'influence italienne se fait le plus sentir en France. Durant cette période, plusieurs rois de France effectuent des voyages en Italie (Charles VIII en 1494, Louis XII en 1498 et François Ier en 1515). Tous sont séduits par ce qu'ils voient : les habits, la vie à la cour, les jardins et châteaux, la peinture, la sculpture, l'architecture, etc. François Ier invite des artistes tels que Léonard de Vinci à venir séjourner en France et rapporte d'Italie un modèle de costume pour en faire copier le style. C'est ce même roi qui, en 1534, mandatera Jacques Cartier pour aller explorer l'Amérique du Nord, territoire qui deviendra la Nouvelle France.

Pendant cette période, la société française change, évolue, notamment à cause de la redécouverte du savoir de l'Antiquité et d'une nouvelle confiance dans les capacités de l'homme à appréhender le monde qui l'entoure (par les sciences naturelles et la pensée). Sur le plan social, la bourgeoisie poursuit son ascension, surtout grâce aux colonies qui favorisent le commerce. Les villes deviennent donc de plus en plus importantes. Déjà en déclin depuis deux siècles, le système féodal s'affaiblit et se métamorphose (avec le règne de François Ier en particulier) à cause de la centralisation des pouvoirs autrefois réservés aux seigneurs. Le roi s'octroie ainsi le monopole de certains champs d'action, dont l'armée, la taxation, la monnaie, la justice. On assiste parallèlement à l'émergence d'un sentiment d'appartenance nationale. L'unification du territoire ainsi que la reconnaissance du français y contribue grandement. Par l'ordonnance de Villers-Cotterêts, François Ier fait du français la langue officielle du pays.

Le vent de changement qui souffle sur la France ne balaie pas pour autant les contradictions dont est marquée la Renaissance. Si le début du XVIe siècle est caractérisé par l'ouverture d'esprit et les innovations artistiques, scientifiques et philosophiques qui permettent un certain progrès social, cela n'empêche pas les conflits religieux qui divisent l'Église. Ainsi, après la Réforme protestante qui entraînera la Contre-Réforme de l'Église catholique romaine, le siècle s'achève sur un fond d'intolérance et de guerres de Religion (longue guerre civile) qui culminent avec le massacre de la Saint-Barthélemy (1572), au cours duquel plusieurs milliers de protestants sont tués. L'arrivée d'Henri IV sur le trône de France se fait toutefois sous le signe de la réconciliation puisque ce dernier reconnaît par l'édit de Nantes (1598) la liberté de culte. Henri IV sera assassiné en 1610 par un fanatique catholique, ce qui laisse croire que la France demeure divisée.

De son côté, la littérature de la Renaissance est marquée par plusieurs changements radicaux qui viennent transformer l'imaginaire littéraire : les grandes explorations confirment que la planète est ronde ; l'imprimerie est inventée par Gutenberg ;

les grands conflits divisent la religion chrétienne à la suite de la **Réforme** et de la **Contre-Réforme** (voir p. 48) ; la langue française s'impose en France ; des œuvres antiques sont redécouvertes, etc. Ces changements trouvent écho dans un mouvement intellectuel qui cherche à réévaluer le rôle et la place de l'humain dans le monde : l'**humanisme** (voir p. 40). Ce courant se transpose dans l'écriture par une thématique qui illustre un engouement pour la culture et les langues antiques et par une soif de connaissances.

: D'après Bernard Rode (1725-1797).
: *Gutenberg découvre l'art de l'imprimerie à Strasbourg* (1779).

L'IMPRIMERIE EN FRANCE

L'invention de l'imprimerie par Gutenberg, ou plutôt l'innovation de cette technique par l'ajout de caractères mobiles et par la modification de l'encre utilisée, révolutionne la transmission des idées à la Renaissance. En France, la première presse est installée en 1470, à l'université de la Sorbonne, où elle sert à des fins didactiques. La presse d'imprimerie va toutefois rapidement sortir du contexte universitaire et se répandre dans toutes les grandes villes, notamment à Lyon qui, par sa situation géographique entre la capitale française et l'Italie, devient un important centre d'édition. Instrument de diffusion intellectuelle et politique, l'imprimerie agit comme un levier dans l'évolution des mentalités et provoque de grands changements. En plus de rendre le livre plus accessible et de promouvoir la lecture individuelle, l'imprimerie contribue à l'uniformisation des textes en rendant inutiles les nombreuses copies manuscrites qui, trop souvent, constituent autant de versions d'un même texte. Enfin, grâce à l'imprimerie, rois et bourgeois nantis peuvent se bâtir des bibliothèques qui rivalisent avec celles des universités, ce qui a pour effet d'ébranler le prestige de celles-ci, jusqu'alors considérées comme seules garantes de la transmission du savoir.

LA **LITTÉRATURE HUMANISTE**

L'humanisme est d'abord un mouvement intellectuel; il se définit comme un nouveau système de valeurs issu de la convergence de plusieurs événements qui ont contribué à transformer la perception que l'on avait du monde et à ébranler l'ensemble des certitudes; il traduit donc également un nouveau rapport de l'homme au monde. Ainsi, l'homme et les valeurs humaines se trouvent désormais au centre d'une vision où l'individu en tant que tel prend une importance qu'il n'avait pas auparavant.

Durant la Renaissance, les écrivains reçoivent pour la plupart une éducation humaniste et ils sont influencés par la re-découverte de l'Antiquité, comme en témoignent l'emprunt de formes poétiques, les citations, la présence de noms de personnages, et les allusions à des événements anciens ou à la mythologie gréco-latine. Or, même s'ils sont tournés vers la sagesse d'un passé révolu, les auteurs suivent l'évolution (positive comme négative) de leur époque, si bien que les textes mélangent souvent influences anciennes et actualité du moment. Par ailleurs, puisque le point de vue individuel et subjectif devient une donnée importante, les textes humanistes se caractérisent par leur diversité sur le plan des thèmes, des tons, des styles: c'est la naissance de la modernité littéraire.

Raphaël (1483-1520). *L'école d'Athènes* (1508-1511). Musées du Vatican, Cité du Vatican.

L'ÉCRITURE À LA RENAISSANCE

Sous l'influence de l'humanisme, les textes illustrent un engouement pour la culture antique gréco-latine, proposent une remise en question des certitudes, et adoptent une approche plus didactique. En outre, suivant l'invitation du roi François Ier qui voulait que les écrivains enrichissent la langue française, la plupart des auteurs puisent leur inspiration du côté de la langue grecque pour contrer la domination exercée alors par le latin*. Par son manifeste *Deffense et illustration de la langue françoyse*, rédigé par Du Bellay, et par la richesse de son œuvre poétique, le groupe de la Pléiade, qui réunit des poètes évoluant surtout à Paris, est le porte-étendard de ce mouvement.

De manière générale, l'écriture de la Renaissance connaît une transformation majeure grâce à l'imprimerie de Gutenberg (v. 1455). Premièrement, en remplaçant le travail du moine copiste, l'imprimerie laïcise la littérature, qui est alors investie par l'aristocratie et la bourgeoisie. Le sentiment d'appartenance qui unit la communauté des lettres transcende les différences de classes tout en assurant une plus grande variété poétique et une évolution rapide des formes narratives.

Deuxièmement, le livre étant devenu un objet personnel, la lecture publique – donc orale – est remplacée par la lecture privée et muette. Cette situation nouvelle transforme l'écriture; on délaisse la versification pour la prose. De nombreux récits sont ainsi modernisés, c'est-à-dire mis en prose et abrégés pour répondre au goût de l'époque (on enlève les longues descriptions de batailles, les procédés épiques, etc.). Par ailleurs, les auteurs accordent une attention particulière aux sentiments et aux réactions passionnelles; ils ont en outre le souci de plaire et d'éduquer en même temps. On note aussi, parallèlement, une plus grande rigueur logique ainsi qu'une amélioration dans les dialogues et le discours direct. C'est la mode des récits brefs, qui fera naître un nouveau genre littéraire: la nouvelle.

Thèmes dominants

- La culture antique
- La culture française
- L'éducation et la quête de connaissances
- Les voyages
- La fuite du temps
- Les grandes explorations

---

* Par exemple, Rabelais, qui a donné plus de 100 mots à la langue française, s'appuyait souvent sur les termes grecs pour créer ses néologismes. En voici quelques-uns: **mythologie**, formé à partir des mots grecs «muthos» (fable, récit) et «logos» (discours argumentatif); **titanique**, dont l'étymologie grecque «titanikos» fait référence aux Titans, ces divinités qui furent vaincues par Zeus et les dieux olympiens; **sympathie**, dérivé de «sym» (ensemble) et «pathos» (passion forte, être affecté).

LA LITTÉRATURE TRANSFORMÉE PAR LA MÉTHODE HUMANISTE

À travers leur quête de connaissances, les humanistes cherchent à déterminer quelles sont les versions originales des textes, car il arrive souvent que plusieurs versions d'un même livre coexistent, situation qui donne lieu à de véritables débats. On cherche à comprendre les raisons de ces écarts, à trouver les responsables, et les moines copistes sont souvent pointés du doigt parce qu'ils tendent à adapter selon leur goût les œuvres qu'ils transcrivent. Naît alors le désir de retourner aux sources pour redécouvrir les Anciens, grecs et latins. Par ailleurs, grâce à l'imprimerie, qui permet une plus grande accessibilité au savoir, les intellectuels du temps sont amenés à s'interroger sur la validité de certains textes. Dans leur quête d'authenticité et de vérité, ils vont se doter d'une méthodologie, la *philologie*, qui leur permet de retracer l'histoire des textes. L'expression *Traduttore, traditore* (c'est-à-dire « traducteur, traître ») illustre bien l'idée que se font les humanistes des différentes traductions existantes. Cette approche, qui nécessite la maîtrise des langues anciennes (hébreu, latin et grec), va engendrer un véritable engouement pour la culture de l'Antiquité alors que les savants cherchent à accumuler le plus de connaissances possible, comme s'ils voulaient rattraper le temps perdu au Moyen Âge, époque qu'ils jugent ignorante.

François Rabelais (v. 1484-1553)

Fortement inspiré par le folklore et la tradition associée à la littérature bourgeoise du Moyen Âge, François Rabelais est probablement l'auteur le plus sous-estimé de France. Pourtant, ce médecin de profession réussit à enrichir la langue française d'une centaine de nouveaux termes tout en racontant des histoires de géants, mêlant allègrement les registres grivois et scatologique. Mais au-delà de l'humour surgissent des préoccupations humanistes. C'est sous l'anagramme d'Alcofribas Nasier que paraît *Pantagruel*

(1532), le premier roman de Rabelais qui est aussi considéré comme le premier roman moderne de langue française. Cette œuvre, qui raconte les aventures d'un géant, parodie les romans de chevalerie. On peut y suivre le parcours typique du héros : sa naissance fabuleuse, son éducation, puis ses actes héroïques.

Dans l'extrait suivant de *Pantagruel* se trouve exposé l'idéal de l'enseignement humaniste et l'ensemble de ses caractéristiques, c'est-à-dire le nouveau rapport de l'homme au monde, la fascination pour les sciences, la méfiance à l'égard de tout texte traduit et le besoin d'apprendre les langues.

EXTRAIT *PANTAGRUEL* *(1532)*

Chapitre VIII

Très cher fils,

[...] C'est pourquoi, mon fils, je t'engage à employer ta jeunesse à bien profiter en savoir et en vertu. Tu es à Paris, tu as ton précepteur Épistémon[1] : l'un par un enseignement vivant et oral, l'autre par de louables exemples peuvent te former.
5 J'entends et je veux que tu apprennes parfaitement les langues : d'abord le grec, comme le veut Quintilien[2], en second lieu le latin, puis l'hébreu pour l'Écriture

sainte, le chaldéen et l'arabe pour la même raison, et que tu formes ton style sur celui de Platon pour le grec, de Cicéron[3] pour le latin. Qu'il n'y ait pas de faits historiques que tu ne gardes présents à la mémoire, ce à quoi t'aidera la description
10 de l'univers par les auteurs qui ont traité ce sujet.

Quant aux arts libéraux, géométrie, arithmétique et musique, je t'en ai donné le goût quand tu étais encore petit, à cinq ou six ans ; continue : de l'astronomie, apprends toutes les règles. Mais laisse-moi l'astrologie divinatoire et l'art de Lullius[4], qui ne sont qu'abus et futilités. Du droit civil, je veux que tu saches par cœur les
15 beaux textes et me les confères[5] avec philosophie.

Quant à la connaissance de la nature, je veux que tu t'y appliques avec soin : qu'il n'y ait mer, rivière, ni source dont tu ne connaisses les poissons ; tous les oiseaux de l'air, tous les arbres, arbustes, buissons des forêts, toutes les herbes de la terre, tous les métaux cachés au ventre des abîmes, les pierreries de toutes les contrées
20 d'Orient et du Midi, que rien ne te soit inconnu.

Puis, relis soigneusement les livres des médecins grecs, arabes et latins, sans mépriser les talmudistes et les cabalistes, et, par de fréquentes dissections[6], acquiers une parfaite connaissance de cet autre monde qu'est l'homme. Et quelques heures par jour, commence à lire l'Écriture sainte, d'abord en grec le
25 Nouveau Testament et les Épîtres des apôtres, puis en hébreu l'Ancien Testament. En somme, que je voie en toi un abîme de science, car maintenant que tu deviens homme et te fais grand, il te faudra quitter la tranquillité et le repos de l'étude et apprendre l'art de la chevalerie et les armes pour défendre ma maison et secourir nos amis dans toutes leurs difficultés contre les attaques des fauteurs de troubles.
30 Et je veux que bientôt tu mesures tes progrès : pour cela, tu ne pourras mieux faire que de te soutenir des discussions publiques sur tous les sujets, envers et contre tous, et de fréquenter les gens lettrés tant à Paris qu'ailleurs.

---

1. Rabelais a créé le nom de ce personnage en se basant sur un mot grec (*épistémé*) qui signifie « savoir, science ».
2. Philosophe latin du Ier siècle.
3. Ancien homme politique et auteur romain (–106 à –43).
4. Raymond Lulle est un alchimiste qui vécut au XIIIe siècle.
5. Ce verbe signifie « comparer », « rapprocher », « examiner pour faire ressortir un lien ».
6. La dissection était une pratique interdite, mais cela n'a pas empêché quelques humanistes et médecins de procéder secrètement à des recherches sur des cadavres.

LA RENAISSANCE
Les œuvres narratives

Tableau comparatif des disciplines traditionnelles et des disciplines suggérées
par Gargantua à son fils Pantagruel[1]

		DISCIPLINES	CONTENU TRADITIONNEL	PROGRAMME SUGGÉRÉ PAR GARGANTUA
ARTS LIBÉRAUX	Trivium	Grammaire	Apprentissage des rudiments du latin.	Gargantua propose que son fils apprenne le grec, le latin, l'hébreu, le chaldéen et l'arabe.
		Rhétorique	Enseignement de l'argumentation.	Gargantua souhaite plutôt que son fils maîtrise ou copie le style des auteurs de l'Antiquité.
		Dialectique	Enseignement de la logique et des syllogismes.	Gargantua veut que son fils s'intéresse à la connaissance du passé de l'homme (histoire) et qu'il entreprenne des études de géographie.
	Quadrivium	Géométrie		Peu de changement.
		Arithmétique		
		Musique		
		Astronomie		
UNIVERSITÉ	Droit		Enseignement du droit civil et canonique, ainsi que des gloses médiévales.	Gargantua ne propose que le droit civil.
	Médecine		Apprentissage des textes d'Hippocrate, de Galien, ainsi que des textes arabes traduits en latin et truffés d'erreurs.	Gargantua conseille à son fils la lecture des textes originaux en grec, en latin, en arabe et en hébreu, de même que la pratique de «fréquentes anatomies», c'est-à-dire de la dissection.
	Théologie		Enseignement de la doctrine, de la métaphysique et d'une forme d'ecclésiologie, c'est-à-dire l'étude de la vie et de la nature de l'Église.	Gargantua exige que son fils lise les évangiles dans la langue d'origine. Il souhaite aussi que son fils fasse des études quotidiennes et personnelles de ces évangiles.

1. D'après Edwin H. Duval. *Rabelais's Incomparable Book : Essays on his Art*, Kentucky. French Forum, 1986, p. 30-44.

Mais parce que, selon le sage Salomon[1], la sagesse n'entre pas dans une âme méchante et que science sans conscience n'est que ruine de l'âme, il te faut servir,
35 aimer et craindre Dieu et en lui mettre toutes tes pensées et tout ton espoir, et par une foi faite de charité, t'unir à lui de façon à n'en être jamais séparé par le péché. Méfie-toi des abus du monde. Ne t'adonne pas à des choses vaines, car cette vie est transitoire, mais la parole de Dieu demeure éternellement. Sois serviable à ton prochain et aime-le comme toi-même. Révère tes précepteurs, fuis la compagnie
40 de ceux auxquels tu ne veux point ressembler, et ne reçois pas en vain les grâces que Dieu t'a données. Et quand tu verras que tu as acquis tout le savoir qu'on acquiert là-bas, reviens vers moi afin que je te voie et que je te donne ma bénédiction avant de mourir.

Mon fils, que la paix et la grâce de Notre-Seigneur soient avec toi, amen. D'Utopie[2],
45 ce dix-sept mars.

Ton père,
Gargantua.

---

1. Roi d'Israël qui était réputé très sage. Dans la Bible, il est le fils du roi David.
2. Rabelais fait ici allusion à l'ouvrage *Utopie* de Thomas More (1478-1535), un humaniste anglais.

QUESTIONS DE COMPRÉHENSION ET D'ANALYSE

1. Quel est le premier savoir que Pantagruel, le fils de Gargantua, doit acquérir? Pourquoi?

2. Au deuxième paragraphe, Gargantua dénigre un certain domaine. Lequel? Quels sont les mots qu'il utilise pour le qualifier négativement?

3. Au quatrième paragraphe, Gargantua souhaite que son fils devienne «un abîme de science». Quelle est la figure de style dont il se sert ici et en quoi consiste ce souhait?

4. Dans le même paragraphe, relevez au moins deux autres aptitudes que Pantagruel doit développer et qui ne s'apprennent pas dans les livres. En quoi celles-ci sont-elles essentielles?

5. Que veut dire Gargantua quand il écrit «Mais parce que, selon le sage Salomon, la sagesse n'entre pas dans une âme méchante et que science sans conscience n'est que ruine de l'âme, il te faut servir, aimer et craindre Dieu»?

6. En quoi la fin de la lettre est-elle révélatrice d'une préoccupation héritée du Moyen Âge et qui se maintient durant la Renaissance?

Sujet d'analyse: En quoi cet extrait est-il exemplaire de l'humanisme et de l'époque de la Renaissance?

LA RENAISSANCE
Les œuvres narratives

LA MÉDECINE DE LA RENAISSANCE

Malgré des avancées dans l'ensemble des domaines scientifiques, la médecine de la Renaissance est encore tributaire de la théorie des humeurs selon laquelle tout diagnostic doit être effectué en fonction des liquides corporels (bile jaune, bile noire, lymphe et sang). Popularisée dans l'Antiquité par les écrits d'Hippocrate et de Galien, cette conception s'impose jusqu'à la fin du XVIIIe siècle. Au cours de la Renaissance, cependant, certains traités de médecine originaires du Moyen Orient, ainsi que la pratique de la dissection − quoique interdite −, apparaissent comme révolutionnaires. Médecin lui-même, Rabelais intègre dans ses récits plusieurs éléments issus de cette discipline.

François Rabelais (v. 1484-1553)

Pantagruel connaît un tel succès que plusieurs auteurs écrivent des histoires qui se veulent la suite du récit de Rabelais ou encore des histoires inspirées par ses héros. Rabelais lui-même publie une suite en 1534, *Gargantua*, l'histoire du père de Pantagruel. Le récit parodie le modèle traditionnel où il s'agit de raconter la naissance extraordinaire du héros, son érudition, puis, finalement, ses prouesses. Les personnages qui s'y ajoutent n'ont rien à envier au héros, comme en témoigne cet extrait où l'on fait la rencontre de Frère Jean des Entommeures, un religieux téméraire ayant un fort penchant pour le vin, ce qui n'est pas sans soulever une certaine polémique. Le ton utilisé par le narrateur témoigne d'un désir de mêler humour et didactique, qui est la marque de l'auteur.

EXTRAIT *GARGANTUA* (1534)

Chapitre XXVII

En l'abbaye était alors un moine cloîtré, nommé Frère Jean des Entommeures, jeune, gaillard, pimpant, enjoué, bien adroit, hardi, aventureux, délibéré, haut, maigre, bien fendu de gueule, bien avantagé en nez, beau dépêcheur d'heures[1], beau débrideur de messes[2], beau décrotteur de vigiles[3], pour tout dire sommairement un vrai moine si jamais il en fut depuis que le monde moinant moina de moinerie ; au reste clerc
5   jusqu'aux dents en matière de bréviaire[4].

Celui-ci, entendant le bruit que faisaient les ennemis par le clos de leur vigne, sortit pour voir ce qu'ils faisaient, et s'apercevant qu'ils vendangeaient leur clos sur lequel reposait leur boisson pour toute l'année, retourne au chœur de l'église, où étaient les autres moines, tous étonnés comme fondeurs de cloches, et quand il les vit chanter
10   *Ini nim, pe, ne, ne, ne, ne, ne, tum, ne, num, num, ini, i, mi, i, mi, co, o, ne, no, o, o, ne, no, ne, no, no, no, rum, ne, num, num* : « C'est, dit-il, bien chié chanté ! Vertus Dieu, que nous chantez-vous : Adieu paniers, vendanges sont faites ? Je me donne au diable s'ils ne sont en notre clos, et si bien coupent et ceps et raisins qu'il n'y aura, par le corps Dieu ! rien à grapiller[5] dedans pour quatre ans. Ventre saint Jacques ! que
15   boirons-nous cependant, nous autres pauvres diables ? Seigneur Dieu, *da mihi potum* ! » […]

« Écoutez, messieurs, vous autres qui aimez le vin, le corps Dieu, suivez-moi ! [...] »

20 Ce disant, il mit bas son grand habit et se saisit du bâton de la croix, qui était en cœur de cormier[6], long comme une lance, rond à plein poing, et quelque peu semé de fleurs de lys, toutes presque effacées. [...]

Aux uns il écrabouillait la cervelle, aux autres il rompait bras et jambes, aux autres il déboîtait les spondyles[7] du cou, aux autres il fracassait les reins, leur abattait le nez, pochait les yeux, fendait les mandibules[8], enfonçait les dents en la gueule, écroulait

25 les omoplates, meurtrissait les jambes, dégondait[9] les hanches, débezillait les faucilles.

Si quelqu'un voulait se cacher entre les ceps plus épais, il lui froissait toute l'arête du dos et l'éreintait comme un chien.

Si un autre voulait se sauver en fuyant, il lui faisait voler la tête en pièces par la commissure lambdoïde[10]. Si quelqu'un grimpait en un arbre, pensant y être en

30 sûreté, de son bâton il l'empalait par le fondement[11].

[...] Les uns mouraient sans parler, les autres parlaient sans mourir. Les uns mouraient en parlant, les autres parlaient en mourant. Les autres criaient à haute voix : « Confession ! Confession ! *Confiteor* ! *Miserere* ! *In manus* ![12] » [...]

35 Mais, quand ceux qui s'étaient confessés voulurent sortir par une brèche, le moine les assommait de coups, disant : « Ceux-ci sont confessés et repentants, et ont gagné les pardons ; ils s'en vont en paradis, aussi droit comme une faucille et comme est le chemin

40 de Faye. » Ainsi, par sa prouesse, furent déconfits tous ceux de l'armée qui étaient entrés dedans le clos, jusqu'au nombre de treize mille six cens vingt-deux, sans les femmes et les petits enfants, cela s'entend

45 toujours. [...]

---

1. Celui qui expédie à la hâte les heures de lecture du texte sacré.
2. Qui dit la messe à toute vitesse.
3. Qui se débarrasse des vigiles (la veille d'une fête importante, mais peut aussi signifier celui qui garde pendant la nuit).
4. Livre renfermant les formules de prières.
5. Prendre les grappes de raisin.
6. Sorte de bois très dur.
7. Vertèbres.
8. Mâchoires.
9. Enlever de leur gond, de ce qui les retient.
10. Par la suture occipito-pariétale, c'est-à-dire une des parties du crâne.
11. Le derrière, l'anus.
12. « Je confesse, ayez pitié, entre vos mains. »

QUESTIONS DE COMPRÉHENSION ET D'ANALYSE

1. Le premier paragraphe est consacré à la description du personnage qui est au centre de l'action. Quelle est la figure de style utilisée que l'on retrouve d'ailleurs tout au long de l'extrait ? En quoi cette description donne-t-elle une image non conventionnelle d'un membre du clergé ?

2. Quand le narrateur termine sa description en résumant « un vrai moine si jamais il en fut depuis que le monde moinant moina de moinerie », il fait un jeu de mots. Pourquoi ?

3. Dites en quelques lignes ce qui se passe par la suite, c'est-à-dire que constate Frère Jean et comment réagit-il devant ce qu'il voit ?

4. Au moment où Frère Jean passe à l'action, le narrateur utilise des termes savants. Quels sont-ils et à quel domaine font-ils référence ?

5. Quand le narrateur dit que « [l]es uns mouraient sans parler, les autres parlaient sans mourir » et que « [l]es uns mouraient en parlant, les autres parlaient en mourant », quelle figure de style utilise-t-il ? En quoi participe-t-elle du ton humoristique perceptible dans l'extrait ?

Sujet d'analyse : Montrez comment l'extrait mêle le registre sérieux et l'humour.

LA RÉFORME ET LA CONTRE-RÉFORME

Au moment où Rabelais rédige le *Tiers livre*, le *Quart livre* et le *Cinquième livre*, la France subit les contrecoups de l'opposition religieuse qui frappe toute l'Europe : Réforme et Contre-Réforme. Depuis l'Allemagne où elle prend son essor en 1517, la Réforme s'appuie sur la condamnation par Martin Luther, en « 95 thèses », de certaines pratiques de l'Église, dont les indulgences[1], puis, à la suite de son excommunication, sur le rejet de l'autorité papale. L'Église catholique, de son côté, réagit promptement avec une Contre-Réforme, en acceptant notamment la création de la Compagnie de Jésus par Ignace de Loyola (1537). Par ailleurs, l'Église n'hésite pas à se doter de moyens dissuasifs. On assiste ainsi à un retour de l'Inquisition, mandatée pour réprimer les crimes d'hérésie, et à l'instauration de l'Index, un catalogue dans lequel sont désormais recensés — après examen par un groupe chargé de vérifier leur conformité avec la doctrine catholique — tous les ouvrages dont la lecture est interdite par le Saint-Siège.

François Rabelais (v. 1484-1553)

Influencé par les événements religieux de son siècle, mais aussi par les récits de voyage, Rabelais change considérablement de ton après la publication de *Gargantua* en 1534. Dans le *Tiers livre*, le *Quart livre* et le *Cinquième livre*, les personnages cherchent à répondre à une question qui tient à cœur à Panurge, le fidèle compagnon de Pantagruel : doit-il se marier ? s'il se marie, sera-t-il cocu ? Ils entreprennent un voyage autour du monde pour rencontrer les plus grands penseurs susceptibles de les aider à trouver réponse à sa question. Cette quête improbable est l'occasion pour l'auteur non seulement de parodier les récits de voyage comme ceux de Jacques Cartier, mais aussi de présenter, sous les traits de différents peuples rencontrés au fil des aventures, certaines us et coutumes françaises, et de s'attaquer aux dissensions religieuses de son époque.

Dans l'extrait ci-après tiré du *Quart livre*, les personnages vont d'abord accoster sur l'Ile des Papefigues, dont les habitants ne reconnaissent pas l'autorité du pape, puis sur l'île des Papimanes, habitée par les adorateurs du pape. C'est par ces descriptions que Rabelais caricature l'opposition entre la Réforme et la Contre-Réforme. Il réussit ainsi à traiter un sujet polémique tout en adoptant un style comique. Par exemple, il dépeint les papimanes sous les traits de gens qui vouent un culte au pape plutôt qu'à Dieu, le désignant comme « l'Unique » ou encore le « Dieu sur terre ».

EXTRAIT ***LE QUART LIVRE DES FAICTS ET DICTS HÉROÏQUES DU BON PANTAGRUEL*** (1552)

Comment Pantagruel descendit en l'isle des Papimanes — Chapitre XLVIII

Laissant l'île désolée des Papefigues[2], nous naviguâmes par un jour en sérénité et tout plaisir, quand à notre vue s'offrit la bénite île des Papimanes[3]. Soudain que nos ancres furent au port jetées, avant que nous eussions encoché nos gumènes[4], vinrent vers nous en un esquif[5] quatre personnes diversement vêtues. L'un en moine enfro-
5   qué[6], crotté, botté. L'autre en fauconnier[7], avec un leurre et gant d'oiseau. L'autre en solliciteur de procès, ayant un grand sac plein d'informations, citations, chicaneries et ajournements en main. L'autre en vigneron d'Orléans, avec belles guêtres de toile,

une panouère[8] et une serpe à la ceinture. Incontinent qu'ils furent joints à notre nef, ils s'écrièrent à haute voix tous ensemble, demandant : « L'avez-vous vu, gens passa-
10 gers ? L'avez-vous vu ? — Qui ! demanda Pantagruel. — Celui-là, répondirent-ils. — Qui est-il ? demanda frère Jean. Par la mort bœuf, je l'assommerai de coups, » pensant qu'ils se guémentassent[9] de quelque larron, meurtrier ou sacrilège. « Comment, dirent-ils, gens pérégrins[10], ne connaissez-vous pas l'Unique ? — Seigneurs, dit Épis-témon, nous n'entendons tels termes. Mais exposez-nous, s'il vous plaît, de qui
15 entendez-vous, et nous vous en dirons la vérité sans dissimulation. — C'est, dirent-ils, celui qui est. L'avez-vous jamais vu ? — Celui qui est, répondit Pantagruel, par notre théologique doctrine, est Dieu. Et en tel mot se déclara à Moïse. Donc certes ne le vîmes, et n'est pas visible aux yeux corporels. — Nous ne parlons pas, dirent-ils, de celui haut Dieu qui domine par les cieux. Nous parlons du Dieu sur terre. L'avez-vous
20 donc vu ? — Ils entendent, dit Carpalin, du pape, sur mon honneur. — Oui, oui, répondit Panurge, oui dea, Messieurs, j'en ai vu trois, à la vue desquels je n'ai guère profité. — Comment ? dirent-ils ; nos sacrés Décrétales[11] chantent qu'il n'y en a jamais qu'un vivant. — J'entends, répondit Panurge, les uns successivement après les autres. Autrement n'en ai-je vu qu'à la fois. — O gens, dirent-ils, trois et quatre
25 fois heureux, soyez les bien et plus que très bienvenus ! »

Adonc ils s'agenouillèrent devant nous, et nous voulaient baiser les pieds, ce que ne leur voulûmes permettre, leur remontrant qu'au pape, si là de fortune en propre personne venait, ils ne sauraient faire davantage. « Si ferions, si, répondirent-ils. Cela est entre nous déjà résolu. Nous lui baiserions
30 le cul sans feuilles[12] et les couilles pareillement. Car il a couilles, le Père saint : nous le trouvons par nos belles Décrétales ; autrement ne serait-il pape. De sorte qu'en subtile philosophie décrétaline cette conséquence est nécessaire :
35 Il est pape, il a donc couilles. Et si couilles faisaient défaut au monde, le monde plus de pape n'aurait. »

(Texte normalisé par Jean-François Chénier)

---

1. En 1517, ayant besoin d'argent pour les travaux de la basilique Saint-Pierre, le pape Léon X organise la vente d'*indulgences* (indulgence : rémission de la peine qu'entraînent les péchés).
2. Désigne les hérétiques qui auraient fait la « figue », c'est-à-dire un signe de dérision et de contentement, au portrait du pape.
3. Désigne les adorateurs du pape.
4. Le câble d'une ancre.
5. Petite embarcation.
6. Portant une soutane.
7. Personne qui dresse les oiseaux de proie pour la chasse.
8. Petit panier.
9. Se lamenter, gémir.
10. Chez les Romains, étranger qui était un homme libre.
11. Lettre dans laquelle se retrouve une règle émise par le pape.
12. Expression commune en Auvergne exprimant la soumission.

QUESTIONS DE COMPRÉHENSION ET D'ANALYSE

1. Dès le départ, le terme « Papimanes » témoigne d'une certaine dérision à l'égard des croyants. Pourquoi ?

2. Qu'incarne le moine papimane qui se présente « en solliciteur de procès, ayant un grand sac plein d'informations, citations, chicaneries et ajournements en main » ?

3. Quelle différence y a-t-il entre la conception de « Celui qui est » pour les « Papimanes » et celle de Pantagruel et de ses compagnons de voyage ?

4. Qui représente alors la vision humaniste qui va mener au protestantisme ?

5. En quoi la fin de l'extrait est-elle vulgaire, voire scabreuse ? Quels sont les termes qui permettent de le dire ?

Sujet d'analyse : Montrez, à travers la rencontre entre les « Papimanes » et les voyageurs, les deux visions religieuses qui s'affrontent au sein de la chrétienté à cette époque.

LA RENAISSANCE
Les œuvres narratives

L'AMOUR PLATONIQUE

Parmi les œuvres antiques redécouvertes à la Renaissance, celle de Platon (-428 à -348), philosophe grec qui fut l'élève de Socrate, exerce une grande influence. Celle-ci se manifeste de deux façons, soit par la parution de nombreux commentaires et éditions ainsi que par les réflexions platoniciennes sur la beauté, l'amour et l'inspiration poétique. Puisque la thèse centrale du platonisme veut que la création terrestre ne soit que le reflet d'un monde supérieur (celui des Idées), on retient surtout que l'âme est emprisonnée dans le corps et que l'idéal à atteindre se trouve dans l'union des âmes et non des corps, trop impurs. Les adeptes du platonisme cherchent donc à dominer leurs passions et leurs instincts charnels, et aspirent à une union purement spirituelle. On parle alors d'«amour platonique».

Marguerite de Navarre (1492-1549)

En sa qualité de protectrice et de mécène, Marguerite de Navarre (sœur du roi François Ier) a contribué à faire connaître le platonisme, en adoptant notamment un nouveau genre narratif qui apparaît alors en France. Importée d'Italie, la nouvelle se rapproche du fabliau par sa thématique et se construit en suivant un protocole narratif dans lequel chacun des narrateurs rassemblés en un lieu raconte à tour de rôle une histoire. Le modèle dont Marguerite de Navarre s'inspire est le *Décaméron* de l'écrivain italien Boccace (1353). Ainsi, son œuvre, l'*Heptaméron*, écrite entre 1542 et 1549, est un recueil de 72 nouvelles. Il aurait dû contenir 100 nouvelles, mais Marguerite de Navarre n'a jamais pu l'achever, et le titre lui-même a été choisi par l'éditeur.

L'extrait qui suit illustre bien le thème de l'amour platonique: ne pouvant se marier, deux amants décident de se cloîtrer. Le texte dresse un parallèle entre l'amour et la religion pour faire ressortir les sentiments amoureux entre les deux personnages. L'entrée en religion y est présentée analogiquement comme un mariage.

EXTRAIT *HEPTAMÉRON*
(1558, publié à titre posthume)

Dix-neuvième nouvelle

Et en passant devant les Cordeliers, pria le gardien de lui faire venir son serviteur, qu'elle appelait son parent. Et quand elle le vit en une chapelle à part, lui dit: «Si mon honneur eût permis qu'aussitôt que vous je me fusse osée mettre en religion, je n'eusse tant attendu. Mais, ayant rompu par ma patience les opinions de ceux qui
5   plutôt jugent mal que bien, je suis délibérée de prendre l'état, la robe et la vie telle que je vois la vôtre, sans m'enquérir quel y fait. Car si vous y avez du bien, j'en aurai ma part, et si vous recevez du mal, je n'en veux être exempte. Car par tel chemin que vous irez en paradis je vous veux suivre, étant assurée que Celui qui est le vrai, parfait et digne d'être nommé Amour nous a tirés à son service, par une amitié
10   honnête et raisonnable, laquelle il convertira par son saint Esprit du tout en lui. Vous priant que vous et moi oublions le corps qui périt et tient du vieil Adam, pour recevoir

et revêtir celui de notre époux Jésus-Christ. » Ce serviteur religieux fut tant aise et tant content d'ouïr sa sainte volonté qu'en pleurant de joie lui fortifia son opinion le plus qu'il lui fut possible, lui disant que, puisqu'il ne pouvait plus avoir d'elle au monde
15   autre chose que la parole, il serait bien heureux d'être en lieu où il aurait toujours moyen de la recouvrer, et qu'elle serait telle que l'un et l'autre n'en pourrait que mieux valoir, vivant en un état d'un amour, d'un cœur et d'un esprit tirés et conduits de la bonté de Dieu, lequel il suppliait les tenir en sa main, en laquelle nul ne peut périr. Et en ce disant et pleurant d'amour et de joie, lui baisa les mains. Mais elle
20   abaissa son visage jusqu'à la main, et se donnèrent par vraie charité le saint baiser de dilection¹. Et en ce contentement se partit Poline, et entra en la religion de sainte Claire où elle fut reçue et voilée.

---

1. Dilection : désigne un grand amour, une forte inclination d'une personne pour une autre, mais qui demeure spirituel et platonique (non charnel).

QUESTIONS DE COMPRÉHENSION ET D'ANALYSE

1. Que signifie « prendre l'état, la robe et la vie telle que je vois la vôtre » au début du texte ? Quel procédé est utilisé ici ?

2. Un peu plus loin, pourquoi la dame parle-t-elle de l'Amour, avec une majuscule ? Quel effet cela a-t-il ? Servez-vous de la figure de style appropriée dans votre réponse.

3. Dans ce passage (la même phrase et la suivante), la dame amalgame l'amour et le religieux. Comment ? Expliquez.

4. Dans les dernières phrases, on sent que les personnages sont heureux de leur sort. Qu'est-ce qui permet de le comprendre ?

5. Pourquoi l'amoureux de la dame est-il nommé le « serviteur » ?

Sujet d'analyse : Cet extrait de l'*Heptaméron* illustre bien le concept de l'amour platonique. Expliquez.

LE BLASON

Après la période qui s'étend de 1450 à 1530, une nouvelle génération de poètes se démarque par les sujets auxquels elle s'intéresse et par la création de nouvelles formes issues des académies et des salons littéraires. C'est le cas du blason, ce jeu qui consiste à décrire un élément très précis tel qu'un objet ou une partie du corps. Socialement, le blason a une double mission : d'abord servir de pratique aux poètes employés par les rois et les hauts dignitaires, poètes que l'on nomme les grands rhétoriqueurs, puis offrir un divertissement, car le sujet du blason est traité avec humour. Souvent écrit en octosyllabes ou en décasyllabes à rimes plates ou suivies, le blason est construit comme si l'auteur s'adressait à l'objet en question (apostrophe). Ce jeu, lancé par Marot, trouve aussi son envers parodique avec le contre-blason qui se plaît à décrire la laideur du corps humain.

Clément Marot (1496-1544)

Fils d'un grand rhétoriqueur, Clément Marot s'inscrit dans cette évolution en composant une œuvre plus personnelle. Encouragé par Marguerite de Navarre, il innove par sa poésie à la fois belle et intelligente, et modernise la poésie médiévale en imitant la forme antique et le sonnet italien. Le blason qui suit se permet de traiter d'une partie du corps féminin en mélangeant les tonalités lyriques et comiques.

EXTRAIT *ÉPIGRAMMES* *(1637)*

Le beau tétin

Tétin refait, plus blanc qu'un œuf,
Tétin de satin blanc tout neuf,
Tétin qui fait honte à la rose,
Tétin plus beau que nulle chose
5 Tétin dur, non pas Tétin, voire,
Mais petite boule d'ivoire,
Au milieu duquel est assise
Une fraise, ou une cerise
Que nul ne voit, ni touche aussi,
10 Mais je gage qu'il est ainsi :
Tétin donc au petit bout rouge,
Tétin qui jamais ne se bouge,
Soit pour venir, soit pour aller,
Soit pour courir, soit pour baller[1] :
15 Tétin gauche, Tétin mignon,
Toujours loin de son compagnon,
Tétin qui portes témoignage
Du demeurant du personnage,
Quand on te voit, il vient à maint

20 | Une envie dedans les mains
De te tâter, de te tenir :
Mais il se faut bien contenir
D'en approcher, bon gré ma vie,
Car il viendrait une autre envie.
25 | Ô Tétin, ne[2] grand, ne petit,
Tétin meur[3], Tétin d'appétit,
Tétin qui nuit et jour criez :
Mariez-moi tôt, mariez !
Tétin qui s'enfles, et repousses
30 | Ton gorgias[4] de deux bons pouces,
À bon droit heureux on dira
Celui qui de lait t'emplira,
Faisant d'un Tétin de pucelle,
Tétin de femme entière et belle.

1. Danser (à l'occasion d'un bal).
2. Ni.
3. Mûr.
4. Chemisette.

Le Titien (v. 1488-1576). *Vénus d'Urbino* (1538). Galerie des Offices de Florence, Italie.

QUESTIONS DE COMPRÉHENSION ET D'ANALYSE

1. Au début du poème, comment perçoit-on que le blason s'adresse directement au sein de la femme ? Quelle est la figure d'insistance qui y contribue ?

2. Au troisième vers, que veut dire le poète par « Tétin qui fait honte à la rose » ?

3. Qu'est-ce qui permet de reconnaître une personnification dans l'extrait suivant : « Au milieu duquel est assise/Une fraise, ou une cerise » ?

4. Plus on avance dans le poème, plus on a le sentiment que le tétin n'est pas une partie du corps, mais un être à part entière qui existe séparément de ce corps. Comment ? Soulignez un passage et expliquez.

5. À la fin, le sein évoque deux moments de la vie d'une femme. En analysant les derniers vers, expliquez ce qui rend la femme « entière et belle » aux yeux du poète.

Sujet d'analyse : Montrez que le blason de Marot rend hommage à la beauté féminine.

LA RENAISSANCE
Les œuvres poétiques

L'ÉCOLE LYONNAISE ET L'INFLUENCE ITALIENNE

À la Renaissance, être poète est un métier et une affaire de cour. Ainsi, François Ier institue une politique de mécénat qui protège et favorise les artistes. Deux écoles se distinguent durant cette période, la Pléiade (voir p. 58) et l'école lyonnaise. Pour sa part, l'école lyonnaise rassemble un groupe de poètes habitant la ville de Lyon. Vers 1530, ces poètes, tels Maurice Scève (v. 1500- v. 1560), Pernette du Guillet (v. 1520-1545) et Louise Labé (avant 1524-1566), se démarquent par des œuvres dans lesquelles transparaît l'influence italienne et plus particulièrement celle de Pétrarque (1304-1374), considéré comme le premier grand humaniste italien. Dans son œuvre la plus connue, *Canzoniere*, Pétrarque célèbre son amour pour Laure, amour qu'il décrit comme une souffrance et une absence, alors que la beauté féminine apparaît comme le reflet terrestre d'un idéal divin. On retrouve chez les poètes de l'école lyonnaise les thèmes associés au pétrarquisme : regret, nostalgie, mélancolie, inquiétude et angoisse reliées à la fragilité de l'existence.

117.

Maurice Scève (v. 1500- v. 1560)

Parmi les pétrarquistes, Maurice Scève exerce un ascendant sur plusieurs poètes qui le côtoient. Sa poésie est complexe et hermétique, comme en fait foi le titre de son recueil principal, *Delie*, une anagramme de «l'Idée» (néoplatonicienne). L'œuvre de Maurice Scève est constituée d'une série de dizains en décasyllabe, ce qui lui a valu le nom de «carré scévien», et est illustrée de cinquante gravures accompagnées d'une devise qui annonce le sujet des poèmes suivants.

EXTRAIT ***DELIE, OBJECT DE PLUS HAULTE VERTU*** (1544)

CCCCXXXIX

Bien que raison soit nourrice de l'âme,
Alimenté est le sens du doux songe
De vain plaisir, qui en tous lieux m'entame,
Me pénétrant, comme l'eau en éponge,
5   Dedans lequel il m'abyme, et me plonge,
Me suffoquant toute vigueur intime.
Donc pour excuse, et cause légitime
Je ne me dois grandement ébahir,
Si ma très sainte, et sage Diotime
10   Toujours m'enseigne à aimer, et haïr¹.

(Texte normalisé par Jean-François Chénier)

---

1. Dans *Le Banquet* de Platon, Diotime est celle qui enseigne à Socrate la nature contradictoire de l'amour.

Raphaël (1483-1520). *Le mariage de la Vierge* (1504).
Pinacothèque de Brera, Milan, Italie.

LA RENAISSANCE
Les œuvres poétiques

Louise Labé (avant 1524-1566)

Surnommée la «Belle Cordière», Louise Labé se révèle comme l'un des poètes les plus connus de la Renaissance. Son œuvre, à la fois personnelle (avec ses descriptions du déchirement amoureux) et revendicatrice (elle refuse d'être perçue comme un être inférieur et invite les femmes à participer au mouvement humaniste), est publiée en 1555 sous le titre *Euvres de Louize Labé lionnoize*. On y trouve un texte en prose (*Le débat de Folie et d'Amour*), trois élégies, et surtout vingt-quatre sonnets.

Dans la poésie de Louise Labé, c'est au tour de l'homme d'être l'objet du désir, ce qui provoque un véritable scandale. D'aucuns, dont Calvin (un des meneurs de la Réforme protestante), voient plutôt dans cette œuvre, où s'expriment la joie de vivre et le malheur d'aimer, le reflet de la vie de la poétesse. En 2006, Mireille Huchon[1] soutient que Louise Labé serait une «créature de papier», c'est-à-dire une mystification orchestrée par Maurice Scève et ses amis. Cette interprétation crée une polémique qui divise le milieu littéraire.

EXTRAIT *EUVRES DE LOUIZE LABÉ LIONNOIZE* (1555)

Sonnet VIII

Je vis, je meurs ; je me brûle et me noie ;
J'ai chaud extrême en endurant froidure :
La vie[2] m'est et trop molle et trop dure.
J'ai grands ennuis entremêlés de joie.

5　Tout à un coup je ris et je larmoie,
Et en plaisir maint grief tourment j'endure ;
Mon bien s'en va, et à jamais il dure ;
Tout en un coup je sèche et je verdoie.

Ainsi Amour inconstamment me mène ;
10　Et, quand je pense avoir plus de douleur,
Sans y penser je me trouve hors de peine.

Puis, quand je crois ma joie être certaine,
Et être au haut de mon désiré heur[3],
Il me remet en mon premier malheur.

Sonnet XVIII

Baise m'encor, rebaise-moi et baise ;
Donne m'en un de tes plus savoureux,
Donne m'en un de tes plus amoureux :
Je t'en rendrai quatre plus chauds que braise.

5 | Las! te plains-tu? Çà, que ce mal j'apaise,
En t'en donnant dix autres doucereux.
Ainsi, mêlant nos baisers tant heureux,
Jouissons-nous l'un de l'autre à notre aise.

Lors double vie à chacun en suivra.
10 | Chacun en soi et son ami vivra[4].
Permets m'Amour penser quelque folie :

Toujours suis mal, vivant discrètement,
Et ne me puis donner contentement
Si hors de moi ne fais quelque saillie[5].

---

1. Mireille Huchon, *Louise Labé. Une créature de papier*, Paris, Droz, 2006.
2. *Vie* compte ici pour deux syllabes.
3. Bonheur, joie.
4. Louise Labé s'inscrit dans la tradition de Pétrarque pour lequel on vit dans la personne de l'autre.
5. Geste spontané (mais désigne aussi l'accouplement des animaux domestiques).

QUESTIONS DE COMPRÉHENSION ET D'ANALYSE

1. Quelle sorte de vers la poétesse emploie-t-elle dans les deux sonnets?

2. Comment appelle-t-on la disposition des rimes dans les quatrains des deux sonnets?

« Je vis, je meurs »

3. Dès le premier vers, «[j]e vis, je meurs; je me brûle et me noie», la poétesse utilise une figure de style qui revient tout au long du poème. Quelle est-elle et quel effet cela crée-t-il?

4. Quand elle dit «je verdoie», quel est le sens de la métaphore?

5. Les deux premiers quatrains font état de la situation. Quelle est-elle?

6. De façon générale, qu'est-ce que Louise Labé cherche à faire comprendre au lecteur à propos du sentiment amoureux? Expliquez en analysant les deux tercets.

« Baise m'encor »

7. Quel est le sens du verbe baiser au premier vers : «Baise m'encor, rebaise-moi et baise»?

8. Dans les deux quatrains, les vers qui se terminent par la rime «aise» convoquent un sens plus charnel que les vers finissant avec la rime «eux». Pourquoi? Quels termes permettent de le dire?

9. De quelle(s) manière(s) Louise Labé permet-elle de penser que le désir physique et l'Amour sont deux choses liées?

10. Pourquoi, selon vous, ce poème a-t-il pu choquer à l'époque?

Sujet d'analyse : Le sonnet «Baise m'encor» laisse une impression plus positive que le sonnet «Je vis, je meurs». Expliquez.

LA RENAISSANCE
Les œuvres poétiques

PARIS ET LA PLÉIADE

La deuxième école de poètes évolue dans la Ville Lumière (Paris) sous le nom de La Pléiade que s'est donné un groupe d'amis, composé de Pierre de Ronsard, Joachim du Bellay, Pontus de Tyard, Jean Antoine de Baïf, Jacques Peletier du Mans, Remy Belleau et Étienne Jodelle, qui s'était formé au collège de Coqueret. Le nom « Pléiade », qui tire son origine d'une constellation composée de sept étoiles, est utilisé par Ronsard à partir de 1556. Tout comme c'est le cas pour les poètes de Lyon, les membres de la Pléiade s'inspirent du pétrarquisme, ainsi que de l'humanisme et donc des thèmes et des formes (dont l'ode) de l'Antiquité. Contrairement aux genres narratifs, la poésie qui s'écrit durant la Renaissance n'innove pas. C'est le travail minutieux sur la forme qui prédomine, et on cherche à maîtriser les modèles existants. Cette poésie raffinée contribue donc à l'imitation des Anciens plutôt qu'à la modernité littéraire, mais elle constitue en même temps un âge d'or pour le genre poétique en France.

Joachim du Bellay (1522-1560)

Joachim du Bellay, à qui l'on doit le manifeste *Deffense et illustration de la langue françoyse*, est considéré comme le théoricien du groupe. Attiré par l'Italie et Rome, lieu mythique qui a vu naître tant de chefs-d'œuvre, Du Bellay y séjourne quatre longues années au cours desquelles il écrit *Les regrets* et décrit son exil et le mal du pays qui l'habite, ce qui lui vaudra ultérieurement d'être tenu pour un poète de l'exil. Mais, au-delà de ce thème, il faut aussi voir dans les poèmes présentés ci-dessous l'illustration du but que se fixe le groupe de la Pléiade, qui est d'égaler en prestige la culture antique en s'inspirant aussi de l'héritage français.

Les différents sonnets de Du Bellay illustrent l'engouement de la Renaissance pour les œuvres issues de l'Antiquité gréco-latine par les références directes comme la mention d'Ulysse et de « celui-là qui conquit la toison », de même que la soif de connaissances propre à l'humanisme qui sert de prémisse au sonnet XXXII « Je me ferai savant ».

EXTRAIT *LES REGRETS* (1558)

Sonnet XXXI

Heureux qui, comme Ulysse[1], a fait un beau voyage,
Ou comme celui-là qui conquit la toison[2],
Et puis est retourné, plein d'usage et raison,
Vivre entre ses parents le reste de son âge !

5   Quand reverrai-je, hélas, de mon petit village
Fumer la cheminée, et en quelle saison
Reverrai-je le clos de ma pauvre maison,
Qui m'est une province, et beaucoup davantage ?

Plus me plaît le séjour qu'ont bâti mes aïeux,
10 Que des palais romains le front audacieux,
Plus que le marbre dur me plaît l'ardoise fine,

Plus mon Loire gaulois, que le Tibre latin,
Plus mon petit Liré[3], que le mont Palatin[4],
Et plus que l'air marin la douceur angevine[5].

Sonnet XXXII

«Je me ferai savant en la philosophie,
En la mathématique et médecine aussi ;
Je me ferai légiste, et, d'un plus haut souci,
Apprendrai les secrets de la théologie ;

5 Du luth et du pinceau j'ébatterai ma vie,
De l'escrime et du bal. » Je discourais ainsi
Et me vantais en moi d'apprendre tout ceci,
Quand je changeai la France au séjour d'Italie.

Ô beaux discours humains ! Je suis venu si loin
10 Pour m'enrichir d'ennui, de vieillesse et de soin,
Et perdre en voyageant le meilleur de mon âge.

Ainsi le marinier souvent, pour tout trésor,
Rapporte des harengs en lieu de lingots d'or,
Ayant fait comme moi un malheureux voyage.

---

1. Personnage de l'*Odyssée* d'Homère (–IXe siècle). Ce dernier a erré plus de dix ans et a vu presque tous ses compagnons mourir.
2. Allusion à Jason dans la mythologie grecque. Après avoir conquis la toison, il vit ses fils assassinés par leur mère, Médée.
3. Village natal de Du Bellay.
4. Colline de Rome.
5. D'Angers, de l'Anjou (région française).

QUESTIONS DE COMPRÉHENSION ET D'ANALYSE

1. Quel nom donne-t-on à la forme de ces deux poèmes ?

2. Quels sentiments communs expriment les deux poèmes ?

«Heureux qui, comme Ulysse...»

3. Au premier vers, «Heureux qui, comme Ulysse, a fait un beau voyage», le poète se compare à un personnage illustre de la mythologie grecque. Pourquoi alors peut-on dire que Du Bellay est ironique dans la première strophe de son poème ? Quel est le vers qui permet de le comprendre ?

4. Dans le deuxième quatrain, on sent que le poète est nostalgique. Comment ?

5. Le premier tercet montre que le lieu de l'exil a un côté froid, alors que le lieu d'origine du poète lui évoque quelque chose de réconfortant. Quels termes permettent de le comprendre ?

6. Dans la dernière strophe, le poète met encore davantage en parallèle les deux lieux. Il se sert d'une figure d'instance. Laquelle ?

«Je me ferai savant...»

7. Nommez les diverses disciplines dans lesquelles Du Bellay veut se faire savant.

8. À la deuxième strophe, le poète passe du futur au passé. Pourquoi ? Qu'est-il arrivé entre les deux moments selon vous ? Quelle impression laissent les verbes «discourir» et «se vanter» ? Expliquez.

9. Quelles sont les conséquences de l'exil dont il parle à la troisième strophe ?

10. En quoi le dernier tercet montre-t-il que le voyage n'a pas eu sur le poète un effet bénéfique ? Qu'est-ce qui permet de le dire ?

Sujet d'analyse : Montrez comment les deux poèmes révèlent que, au-delà de sa fascination pour le pays des Anciens, Du Bellay ressent l'exil de manière négative.

LA RENAISSANCE
Les œuvres poétiques

Pierre de Ronsard (1524-1585)

Surnommé «le prince des poètes», Pierre de Ronsard est sans contredit le plus influent parmi les poètes de cette époque. Même s'il écrit beaucoup sur commande (des hymnes, des discours, etc.), son œuvre personnelle est très riche. Souvent associé à la «poésie d'amour» en raison des nombreux textes qu'il dédie à des femmes, comme son recueil *Les amours de Cassandre* (1552), Ronsard célèbre la beauté de la langue française et se démarque de ses contemporains tant par le raffinement de son style que par la très grande variété et de son œuvre. Du fait de sa notoriété, certains personnages influents de la société font appel à lui. Ainsi, le recueil *Sonnets pour Hélène* fut une commande de Catherine de Médicis pour réconforter Hélène de Sugères, une de ses amies. Dans ces poèmes, Ronsard se plaît à dresser un parallèle entre la jeune femme et Hélène de Troie, l'héroïne de l'œuvre d'Homère dont l'enlèvement est à l'origine de la guerre racontée dans *l'Iliade* et *l'Odyssée*; il y présente aussi un thème récurrent dans ses sonnets, le credo *carpe diem*, que l'on peut traduire par «saisir l'instant, vivre le moment présent sans penser à demain». Enfin, le recueil *Les derniers vers* (composé en 1585, mais publié à titre posthume en 1586) a été écrit au moment où le poète est tourmenté par la maladie et par le sentiment de sa proche fin.

EXTRAITS | *LES AMOURS DE CASSANDRE* (1552)

À Cassandre

Mignonne, allons voir si la rose
Qui ce matin avait déclose
Sa robe de pourpre au soleil,
A point perdu cette vêprée[1]
5 Les plis de sa robe pourprée,
Et son teint au vôtre pareil.

Las! voyez comme en peu d'espace,
Mignonne, elle a dessus la place
Las! las ses beautés laissé choir!
10 Ô vraiment marâtre[2] Nature,
Puisqu'une telle fleur ne dure
Que du matin jusques au soir!

Donc, si vous me croyez, mignonne,
Tandis que votre âge fleuronne
15 En sa plus verte nouveauté,
Cueillez, cueillez votre jeunesse :
Comme à cette fleur la vieillesse
Fera ternir votre beauté.

SONNETS POUR HÉLÈNE (1578)

Livre II, XXIV

Quand vous serez bien vieille, au soir, à la chandelle,
Assise auprès du feu, dévidant³ et filant,
Direz, chantant mes vers, en vous émerveillant :
« Ronsard me célébrait du temps que j'étais belle. »

5 Lors, vous n'aurez servante oyant telle nouvelle,
Déjà sous le labeur à demi sommeillant,
Qui au bruit de Ronsard ne s'aille réveillant,
Bénissant votre nom de louange immortelle.

Je serai sous la terre et fantôme sans os
10 Par les ombres myrteux⁴ je prendrai mon repos :
Vous serez au foyer une vieille accroupie,

Regrettant mon amour et votre fier dédain.
Vivez, si m'en croyez, n'attendez à demain :
Cueillez dès aujourd'hui les roses de la vie.

LES DERNIERS VERS
(écrits en 1585, puis publiés en 1586)

Sonnet I

Je n'ai plus que les os, un squelette je semble,
Décharné, dénervé, démusclé, dépoulpé⁵,
Que le trait de la mort sans pardon a frappé,
Je n'ose voir mes bras que de peur je ne tremble.

5 Apollon et son fils deux grands maîtres ensemble,
Ne me sauraient guérir, leur métier m'a trompé,
Adieu plaisant soleil, mon œil est étoupé⁶,
Mon corps s'en va descendre où tout se désassemble.

Quel ami me voyant en ce point dépouillé
10 Ne remporte au logis un œil triste et mouillé,
Me consolant au lit et me baisant la face,

En essuyant mes yeux par la mort endormis ?
Adieu chers compagnons, adieu mes chers amis,
Je m'en vais le premier vous préparer la place.

---

1. Le soir.
2. Méchante.
3. Mettant en pelote.
4. Un myrte est un arbre.
5. Sans la moelle.
6. Bouché.

QUESTIONS DE COMPRÉHENSION ET D'ANALYSE

1. Quel nom donne-t-on à la forme de ces deux derniers poèmes ?

2. Quelle idée commune les trois poèmes expriment-ils ?

« Mignonne, allons voir si la rose »

3. Quel nom donne-t-on à la forme de ce poème ? Quel type de vers comprend-il ?

4. Dans la première strophe, le poète se sert d'une personnification. Laquelle ? Quel effet cela crée-t-il ?

5. Comment, dans la deuxième strophe, Ronsard essaie-t-il de faire comprendre le caractère éphémère des choses ?

6. Dans la dernière strophe, l'analogie entre la fleur et la jeunesse de la femme apparaît évidente. Quelle est la figure de style qui le rend bien et quelle leçon de vie faut-il en tirer ?

« Quand vous serez bien vieille »

7. Quel type de vers observe-t-on ici ?

8. Relevez tous les termes associés de façon littérale ou figurée au passage du temps.

9. Dans le premier tercet, le poète se projette dans le futur. Sous quelle forme ? Quelle image utilise-t-il ?

10. De quelle manière la dernière strophe illustre-t-elle le *carpe diem* ? Expliquez.

« Je n'ai plus que les os »

11. Quel état le poète cherche-t-il à traduire dans les deux vers suivants : « Je n'ai plus que les os, un squelette je semble,/Décharné, dénervé, démusclé, dépoulpé » ?

12. « Mon corps s'en va descendre où tout se désassemble » est un vers où on entend une certaine musicalité. Quel procédé crée cet effet ?

13. Pourquoi le poète se dit-il « dépouillé » au début de la troisième strophe ?

14. De quelle « place » est-il question dans le dernier vers ?

Sujet d'analyse : Montrez comment les trois poèmes de Ronsard ont comme thème principal le passage du temps.

LES RÉCITS DE VOYAGE

L'amélioration des techniques de construction navale et de navigation de même que les progrès dans le domaine de la cartographie permettent de pousser les expéditions toujours plus loin. C'est en cherchant un passage vers l'Inde que Christophe Colomb découvre le Nouveau Monde, en 1492. Quelques années plus tard, cherchant une voie vers le nord, Jacques Cartier découvre l'estuaire du Saint-Laurent (1534). La découverte de nouveaux peuples a une influence considérable sur la pensée et la littérature de la Renaissance. Le récit de voyage vise à rendre compte à la personne qui a financé le voyage de l'importance de la mission et de ce qui y a été accompli. Le texte de Cartier s'adresse au roi de France, au nom duquel les terres ont été découvertes, mais aussi de façon indirecte à l'Église catholique qui exerce un ascendant sur les décisions du roi. Ainsi, l'écriture du récit de voyage pose un regard sur l'autre avec un ton qui traduit le sentiment de supériorité des Européens à l'égard d'une culture qu'ils qualifient de « sauvage ».

Jacques Cartier (1491-1557)

Dans l'extrait qui suit, tiré du récit du deuxième voyage de Jacques Cartier entre 1535 et 1536, il est question de la croyance des autochtones ainsi que de la réaction des Européens. Ce texte argumentatif mise sur l'exotisme de ses descriptions pour frapper l'imaginaire. Toutefois, le regard posé sur l'autre est empreint de préjugés : les Européens sont du côté de la Vérité et les autres, dans l'erreur.

EXTRAIT **BREF RÉCIT ET SUCCINCTE NARRATION DE LA NAVIGATION**
faite en 1535 et 1536 par le capitaine Jacques Cartier
aux îles de Canada, Hochelaga, Saguenay et autres (1545)

— De la façon de vivre du peuple de la dicte terre, & de certaines conditions creance & façon de faire qu'ilz ont.

Ce dit peuple n'a aucune croyance de Dieu, car ils croient à un dieu qu'ils appellent Cudragny, et ils disent qu'il parle souvent à eux, et leur dit le temps qu'il
5 doit faire. Ils disent aussi que quand il se courrouce à leur égard, qu'il leur jette de la terre aux yeux. Ils croient aussi que quand ils trépassent, qu'ils vont aux étoiles, puis viennent baissant en l'horizon comme les dites étoiles. Et s'en vont en beaux champs, vers pleins de beaux arbres, fleurs, et fruits somptueux. Après qu'ils nous eurent donné le tout à entendre, nous leur avons démontré leur erreur,
10 et dit que leur Cudragny est un mauvais esprit, qui les abuse et leur avons dit qu'il n'est qu'un Dieu, qui est au ciel, lequel nous donne toutes les choses nécessaires, et est créateur de toutes choses et que c'est à lui que nous devons croire seulement, et qu'il faut être baptisé, ou aller en enfer, et il leur fut démontré plusieurs

15 autres choses de notre foi. Ce que facilement ils ont cru, et appelé leur Cudragny, Agouinonda, tellement que plusieurs fois ils ont prié notre capitaine de les faire baptiser, et sont venus ledit seigneur Taignoagny, Dom Agaya, et tout le peuple de leur ville pour être baptisés : mais par ce que nous ne savions pas leur intention ni courage, et qu'il n'y avait que leur démonstration de la foi pour lors, il fut pris excuse envers eux.

(Texte normalisé par Jean-François Chénier)

QUESTIONS DE COMPRÉHENSION ET D'ANALYSE

1. Comment définir le ton utilisé par Jacques Cartier dans cet extrait ? Expliquez-le à l'aide de deux extraits.

2. D'après les premières phrases du récit, les autochtones semblent être en contact direct avec leur dieu. Qu'est-ce qui permet de le constater ?

3. Dans la phrase « Et s'en vont en beaux champs, vers pleins de beaux arbres, fleurs, et fruits somptueux », on retrouve une figure de style souvent utilisée dans le cadre des textes descriptifs. Laquelle ?

4. La croyance des Européens se fonde sur le fait que, au-delà du monde terrestre, il y aurait deux dimensions. Le ciel en est une. Quelle est l'autre ?

5. À la fin, le texte donne l'impression que les autochtones se soumettent à la croyance des Européens. Comment le comprend-on ?

Sujet d'analyse : Dans le texte de Jacques Cartier, le point de vue de l'Européen se présente comme étant supérieur à celui de l'autochtone. Comment le perçoit-on ?

LA RENAISSANCE
La littérature d'idées

LA DÉFENSE DE LA LANGUE ET LES ÉCRIVAINS

Sous l'impulsion de l'ordonnance de Villers-Cotterêts en 1539, nombre de poètes se posent comme les chantres d'un nouvel idéal poétique. C'est ainsi que, en 1549, Joachim du Bellay publie *Deffense et illustration de la langue françoyse*. Ce manifeste[1] poétique, qui marque les débuts de la Pléiade, crée une vive commotion dans les milieux littéraires. Présenté comme un manuel sur l'art poétique, il invite à célébrer la nation française. De nombreux poètes de cette génération répondront à l'appel.

Dans le manifeste, la Pléiade s'oppose aux genres poétiques médiévaux tels que la ballade, le rondeau et le virelai au profit de l'ode, une forme empruntée à l'Antiquité, et du sonnet venant d'Italie. Ces derniers favorisent aussi l'alternance des rimes masculines et féminines, le respect de la césure, de même qu'ils privilégient le décasyllabe et l'alexandrin (voir p. 193).

Lorsque le roi exige que les textes de loi de l'administration soient rédigés en français, de nombreux clercs avancent qu'il n'existe pas assez de mots dans la langue française pour rivaliser avec la rigueur scientifique propre au latin. Le manifeste répond à cet argument en soulignant que toutes les langues sont vivantes, qu'elles s'enrichissent de nouveaux termes, et que le grec et le latin ne font pas exception.

Joachim du Bellay (1522-1560)

Le manifeste de Du Bellay a deux objectifs : le premier est polémique, puisqu'il consiste à défendre le français dans le combat qui l'oppose au latin, et le deuxième est plutôt didactique, car il vise à enrichir et à promouvoir une littérature nationale en s'inspirant de la culture antique. Ainsi les poètes de la Pléiade s'efforcent-ils de copier les Anciens, Grecs et Romains ; ce sont les seuls auteurs qu'ils jugent dignes d'être leurs modèles, Ronsard affirmant : « l'imitation des nostres m'est tant odieuse ». Dans leur volonté d'intégrer la beauté antique à la culture française, les poètes trouvent des façons d'enrichir le français, par exemple en allant puiser dans la langue populaire certains archaïsmes et termes de métiers ou encore en recourant aux néologismes. L'extrait présenté invite même les poètes à inventer de nouveaux mots pour enrichir la langue française.

Michel-Ange (1475-1564). *Plafond de la chapelle Sixtine : La création d'Adam* (post-restauration) (1511-1512). Musées du Vatican, Cité du Vatican.

DEFFENSE ET ILLUSTRATION DE LA LANGUE FRANÇOYSE (1549)

Livre II, chapitre VI — D'inventer des mots, & quelques autres choses
que doit observer le poëte françoys

En français actuel

Vouloir ôter la liberté à un savant homme, qui voudra enrichir sa langue, d'usurper quelquefois des vocables non vulgaires, ce serait restreindre[2] notre langage, non
5 encore assez riche, sous une plus rigoureuse loi que celle que les Grecs et les Romains se sont donnée. Lesquels, bien qu'ils fussent sans comparaison plus que nous copieux et riches, néanmoins ont
10 concédé aux doctes hommes user souvent de mots non accoutumés aux choses non accoutumées. Ne crains donc, poète futur, d'innover quelque terme en un long poème, principale-
15 ment, avec modestie toutefois, analogie et jugement de l'oreille, et ne te soucie de qui le trouve bon ou mauvais : espérant que la postérité l'approuvera, comme celle qui donne foi aux choses douteuses,
20 lumière aux obscures, nouveauté aux antiques, usage aux non accoutumées, et douceur aux âpres et rudes.

En moyen français

[…] vouloir oter la liberté à un scavant Homme, qui voudra enrichir sa Langue, d'usurper quelquefois des Vocable non vulgaires, ce seroit retraindre notre
5 Langaige non encor'assez riche soubz une trop plus rigoreuse Loy, que celle, que les Grecz, & Romains se sont donnée. Les quelz combien qu'ilz feussent sans comparaison, plus que nous copieux, &
10 riches, neantmoins ont concedé aux Doctes Hommes user souvent de motz non acoutumées ès choses non accoutumées. Ne crains donques, Poëte futur, d'innover quelques termes, en un long
15 poëme principalement, avecques modestie toutesfois, analogie & jugement de l'oreille, & ne te soucie qui le treuve bon ou mauvais : esperant que la posterité l'approuvera, comme celle qui donne foy
20 aux choses douteuses, lumiere aux obscures, nouveauté aux antiques, usaige aux non accoutumées, & douceur aux apres & rudes.

---

1. Déclaration publique où sont exposés les objectifs et les principes d'un individu ou d'un groupe.
2. Diminuer, serrer.

QUESTIONS DE COMPRÉHENSION ET D'ANALYSE

1. Au tout début du texte, Du Bellay se sert de la situation des Grecs et des Romains pour justifier son point de vue. Où ? Comment ?

2. Dans la même optique, que veut-il dire par «[l]esquels, combien qu'ils fussent sans comparaison plus que nous copieux et riches» ?

3. Vers la fin de l'extrait, Du Bellay révèle son destinataire. Qui est-il ?

4. Le texte se termine par une longue énumération. Qu'est-ce que l'auteur cherche ainsi à faire comprendre à son lecteur ?

5. De manière générale, le manifeste utilise un langage poétique. Qu'est-ce qui permet de le dire ?

Sujet d'analyse : En quoi cet extrait est-il polémique ?

LA RENAISSANCE
La littérature d'idées

UN NOUVEAU GENRE À L'IMAGE DE L'HUMANISME : L'ESSAI

La Renaissance est une époque où l'on accorde une certaine importance à la réflexion personnelle et où les écrivains se permettent de plus en plus de libertés sur le plan intellectuel. Or, il n'existe encore aucune forme de texte reconnue qui puisse rendre compte de ce type de réflexion, réflexion qui n'a pas la prétention d'être scientifique à proprement parler. C'est Montaigne qui, le premier, s'essaie à une forme libre, argumentative, laquelle permet de suivre le mouvement de la pensée. Il crée ainsi un genre qui, non seulement représente bien l'esprit humaniste et les débuts de la modernité, mais inaugure surtout une nouvelle tradition à la fois littéraire et réflexive : l'essai.

Michel de Montaigne (1533-1592)

Conscient du fait que la lecture est désormais une activité intime, Michel de Montaigne, dans ses *Essais* (qu'il rédige de 1572 jusqu'à sa mort en 1592), s'adresse en ces termes au lecteur : « C'est icy un livre de bonne foy, lecteur. Il t'avertit dès l'entrée, que je ne m'y suis proposé aucune fin, que domestique et privée, car c'est moy que je peins. » Dans son *Apologie de Raymond Sebond*, Montaigne s'attaque à tous ceux qui pensent savoir. Selon lui, l'homme est prisonnier du langage, et toute connaissance « s'achemine en nous par nos sens ; ce sont nos maîtres ». Au « je sais que je ne sais pas » de Socrate, Montaigne oppose son « Que sais-je ? », préférant douter de tout dans un scepticisme radical plutôt que de se complaire dans de fausses certitudes. Un certain nombre d'intellectuels voient dans le scepticisme de Montaigne une défaite de la raison. C'est

pourquoi, cherchant à effacer cet échec, les penseurs du siècle suivant (Blaise Pascal et René Descartes entre autres) se tourneront vers la raison, qu'ils tenteront d'associer à la croyance.

Entrepris l'année du massacre de la Saint-Barthélemy (1572), les *Essais* de Montaigne se veulent la somme de ses pensées sur divers sujets qui lui tiennent à cœur, tels que l'éducation, la justice ou encore les cultures antiques ou étrangères. C'est justement sur ce dernier sujet que porte « Des cannibales », essai inspiré par une rencontre qu'il fit d'autochtones brésiliens dans la ville de Rouen en 1562. À une époque où les récits de voyage abondent, sa critique d'une pensée eurocentriste, c'est-à-dire ce regard hautain et rempli de préjugés porté par les Européens sur toute culture étrangère, détonne. D'une certaine façon, cet essai annonce le mythe du « bon sauvage » de Jean-Jacques Rousseau 200 ans plus tard. Ce texte cherche à démontrer que les sauvages ne sont pas aussi barbares que l'on croit.

EXTRAIT ***ESSAIS — LIVRE 1*** *(1572 à 1592)*

Des cannibales

Il nous faudrait des topographes qui nous fissent narration particulière des endroits où ils ont été. Mais, pour avoir cet avantage sur nous d'avoir vu la Palestine, ils veulent jouir de ce privilège de nous conter nouvelles de tout le demeurant du monde. Je voudrais que chacun écrivît ce qu'il sait, et autant qu'il en sait, non en cela seule-
5   ment, mais en tous autres sujets : car tel peut avoir quelque particulière science ou expérience de la nature d'une rivière ou d'une fontaine, qui ne sait au reste que ce

que chacun sait. Il entreprendra toutefois, pour faire courir ce petit lopin, d'écrire toute la physique. De ce vice sourdent plusieurs grandes incommodités.

10 Or je trouve, pour revenir à mon propos, qu'il n'y a rien de barbare et de sauvage en cette nation, à ce qu'on m'en a rapporté, sinon que chacun appelle barbarie ce qui n'est pas de son usage ; comme de vrai, il semble que nous n'avons autre mire de la vérité et de la raison que l'exemple et idée des opinions et usages du pays où nous sommes. Là est toujours la parfaite religion, la parfaite police, parfait et accompli usage de toutes choses. Ils sont sauvages, de même que nous appelons sauvages les fruits que nature, de soi et de son progrès ordinaire, a produits : là où, à la vérité, ce sont ceux que nous avons altérés par notre artifice et détournés de l'ordre commun, que nous devrions appeler plutôt sauvages. En ceux-là sont vives et vigoureuses les vraies et plus utiles et naturelles vertus et propriétés, lesquelles nous avons abâtardies en ceux-ci, et les avons seulement accommodées au plaisir de notre goût corrompu.

20 Et si pourtant, la saveur même et délicatesse se trouve à notre goût excellente, à l'envi des nôtres, en divers fruits de ces contrées à sans culture. Ce n'est pas raison que l'art gagne le point d'honneur sur notre grande et puissante mère Nature. Nous avons tant rechargé[1] la beauté et richesse de ses ouvrages par nos inventions que nous l'avons du tout étouffée.

---

1. Ce terme fait référence à la façon dont il fallait « recharger », ou mettre de la pierre à nouveau sur les routes pour en relever le niveau.

QUESTIONS DE COMPRÉHENSION ET D'ANALYSE

1. Quel problème Montaigne souligne-t-il dans le premier paragraphe ?

2. Au début du deuxième paragraphe, il définit la barbarie comme ce qui n'est pas de l'usage de chacun. Que veut-il dire ? (Appuyez-vous aussi sur la phrase suivante.)

3. Dans la phrase « [l]à est toujours la parfaite religion, la parfaite police, parfait et accompli usage de toutes choses », on retrouve une figure de style. Laquelle ?

4. Un peu plus loin, Montaigne dit ce qui devrait être considéré comme étant sauvage. De quoi s'agit-il ?

5. À la fin, il semble opposer l'art et la culture à la nature. Comment ? Que doit-on en déduire ?

Sujet d'analyse : Montrez comment Montaigne remet en question la vision de ce que l'on peut considérer comme étant « sauvage ».

Johannes Vermeer (1632-1675).
La jeune fille à la perle (v. 1665-1666).
Mauritshuis, La Haye, Pays-Bas.

CHAPITRE **3**

LE GRAND SIÈCLE

Le début du XVIIᵉ siècle est marqué par l'instabilité politique. À la mort du roi Henri IV, assassiné en 1610, l'héritier du trône, Louis XIII (1601-1643), est trop jeune pour régner. La régence — c'est-à-dire la gouvernance du royaume par intérim — est alors assurée par sa mère, la reine Marie de Médicis qui, par ses décisions impopulaires, s'attire l'hostilité de la noblesse. Lorsque le futur roi décide de prendre le pouvoir et de faire assassiner Concini, son conseiller, elle n'a d'autre choix que de s'exiler[1]. Au moment où les tensions s'apaisent et que la reine mère revient dans les bonnes grâces du roi, le cardinal de Richelieu (1585-1642), déjà influent sur la scène politique, entre au Conseil comme ministre (en 1624) et devient le plus fidèle soutien de Louis XIII. Le cardinal veut restaurer l'autorité royale et rétablir la suprématie française en Europe. Grand défenseur de la raison d'État, Richelieu opère diverses réformes politiques, sociales, économiques et culturelles importantes, notamment en fondant l'Académie française.

Durant le règne de Louis XIII, le cardinal de Richelieu prépare aussi le terrain pour la monarchie absolue en centralisant tous les pouvoirs. Il est intraitable, exigeant, détesté par une majorité de sujets, et sa mort en 1642 est accueillie sans effusions de larmes[2].

L'ACADÉMIE FRANÇAISE ET L'ÉVOLUTION DE LA LANGUE

L'Académie française, créée par Richelieu en 1635, s'inspire des nombreuses académies qui animent la vie culturelle italienne à la même époque ainsi que de l'habitude de tenir des salons où se rassemblent écrivains et intellectuels. Ces salons littéraires sont considérés comme des lieux propices à la diffusion des idées libertines, ce qui ne peut que déplaire à l'autorité royale. En fondant l'Académie française, Richelieu vise à exercer une surveillance sur ce qui se dit et s'écrit dans le milieu littéraire, afin d'en arriver à un conformisme politique, littéraire et linguistique. En plus de pratiquer la censure, l'Académie a pour mandat de rédiger un dictionnaire ; celui-ci fixe l'orthographe et la grammaire pour réglementer l'usage. À partir de 1660, la grammaire devient prescription, seule garante du « bon usage » de la langue. Ce n'est plus l'usage qui dicte la loi, mais la loi qui dicte l'usage. La décision de fixer l'orthographe est motivée par le fait que les mots jusqu'alors pouvaient s'écrire de plus d'une façon. Ces derniers sont scrutés à la loupe par les académiciens, qui débattent afin de déterminer la graphie la plus appropriée. Ils adoptent souvent la forme la plus compliquée, l'orthographe étymologique, celle qui conserve les traces des « nobles » origines grecques ou latines d'un mot et qui permet de « distinguer les érudits des ignorants ». Sous l'influence du courant précieux, il arrive par contre que l'Académie opte pour une orthographe plus moderne, surtout lorsque les termes ne peuvent être apparentés ni au grec ni au latin.

À la fin du XVIIᵉ siècle, le français est bien établi comme langue du peuple et il n'est plus nécessaire d'écrire des plaidoyers* en faveur de son utilisation. Avec les dictionnaires et les grammaires, on fixe le « bon usage » pour l'avenir. Il ne reste plus qu'à patienter, et l'on verra les dialectes réduits au silence.

---

* Discours qui vise à défendre ou à faire l'éloge d'une idée, d'une cause.

L'année suivante, le roi le suit dans la tombe, laissant un héritier qui n'a que cinq ans, et la France se retrouve une nouvelle fois dans une situation de régence. La reine, Anne d'Autriche, délègue alors la gouvernance du royaume au cardinal Jules Mazarin (1602-1661). Les politiques mises en place par le ministre provoquent le mécontentement de l'aristocratie, qui commence à protester avec vigueur : c'est la Fronde des princes. De 1651 à 1652, la famille royale est forcée à l'exil, un événement que le futur roi Louis XIV n'oubliera jamais.

Lorsqu'il monte enfin sur le trône, en 1661, Louis XIV (1638-1715) s'organise pour contrôler le pouvoir. Il recrute ses ministres parmi les bourgeois plutôt que parmi les nobles, qui doivent se contenter de postes d'officiers dans l'armée et de rôles de figurants à la cour. C'est le début de la monarchie absolue : la France entière tourne autour de la personne du roi, qui n'hésite pas à se proclamer Roi-Soleil. Louis XIV fait de son château un lieu de plaisirs et de menues intrigues où se pressent les nobles, qu'il peut ainsi surveiller de près. Peu à peu, ces derniers quittent leurs châteaux pour s'installer à Paris, au Louvre, puis à Versailles. De leur côté, en se rapprochant du pouvoir, les bourgeois se taillent une place de plus en plus importante au sein de la société.

La volonté du roi d'affirmer son autorité absolue dans tous les domaines l'amène à s'attaquer à tout ce qu'il croit constituer une menace à celle-ci. Il s'en prend en premier lieu au protestantisme, qu'il considère comme «un État dans l'État». En 1685, il révoque l'édit de Nantes, qui permettait la liberté de culte. Cette décision entraîne l'exil de plus de 300 000 protestants français, dits huguenots, et plonge le pays dans une grave crise économique. De plus, pour avoir exprimé le désir de voir son petit-fils Philippe V accéder au trône d'Espagne, le roi s'attire les foudres de ses voisins : l'Angleterre, la Prusse, l'Autriche et l'Espagne se liguent contre la France. En 1713, Louis XIV se voit forcé de renoncer à son rêve d'unir les couronnes française et espagnole, et signe le traité d'Utrecht. Par ce traité, Philippe V conserve le trône d'Espagne — y instaurant la dynastie des Bourbon —, mais il renonce à régner sur la France.

À la fin de son règne, en 1715, après avoir mené son pays vers une gloire qui restera à jamais inégalée, et qui vaudra au XVIIe siècle le nom de «Grand Siècle», Louis XIV laisse un royaume divisé, ruiné et miné par la famine.

Durant le Grand Siècle, le pays connaît de profonds bouleversements qui vont avoir une influence sur les valeurs et les coutumes ainsi que sur la vision du monde des Français, ce qui va se refléter dans les textes littéraires. Durant le XVIIe siècle, trois **courants de pensée** s'imposent : le courant catholique (voir p. 94), le courant rationaliste (voir p. 86) et le courant libertin (voir p. 98).

En littérature, le XVIIe siècle voit se développer deux grands **courants littéraires** : le baroque, qui rayonne de 1570 à 1660 (p. 72-73), et le classicisme, dont se réclame principalement la génération d'écrivains des années 1660 à 1680 (p. 88-89). Il importe de bien les distinguer.

---

1. Ses relations avec son fils étant particulièrement tendues et difficiles, Marie de Médicis se réfugie à Blois, puis au prieuré de Coussay ; elle entre alors en guerre contre son fils et est défaite. Négocié par le cardinal de Richelieu, le traité d'Angoulême permet une trêve entre les deux partis.

2. La mort de Richelieu a donné lieu à plusieurs épitaphes diffamatoires, dont celle-ci : *«Ci-gît que personne ne pleure/Mon bon Seigneur le Cardinal :/S'il est au Ciel, il n'est pas mal,/S'il est au diable, à la bonne heure.»*

é baroque, courant qui concerne la littérature, mais aussi tous les domaines
artistiques, rayonne durant la première
moitié du Grand Siècle et établit un pont
entre l'humanisme et le classicisme. Le
terme «baroque» vient du portugais *barocco*,
qui désigne des perles irrégulières, et est
utilisé par la suite pour parler de cette
période. Il désigne une esthétique caractérisée par la démesure, l'irrégularité des
formes, l'exagération du mouvement ainsi
que par une grande liberté d'expression où
l'émotion domine. Cette esthétique s'inspire
notamment de l'art et des discours de la
Contre-Réforme catholique qui cherche à
séduire et à éblouir jusqu'au vertige par
l'expression passionnée et excessive des
sermons (chez un jésuite comme Bossuet,
par exemple), ainsi que par la surcharge

decorative et l'artifice sur le plan
tural. Dans cet univers d'apparen
débordements, la réalité semble
fuyante.

Marqués par une fin de siècle
où sévissent les guerres de religio
tabilité politique, les écrivains b
perçoivent le monde comme un
soire, un théâtre dans lequel l'hum
un rôle et où la seule certitude rest
Plutôt que de rechercher la stabi
l'imitation des Anciens, ils optent d
une écriture polyvalente qui est la r
tation d'un monde en perpétuel
ment. Les écrivains sentent ainsi
d'exprimer à la fois la fragilité de l'
et le mouvement incessant de la vi
libertin, tantôt galant, le baroque s
dans et par la pluralité de ses appro

Nicolas Poussin (1594-1665). *L'enlèvement des Sabines* (probablement 1633-1634).

Georges de La Tour (1593-1652). *La Madeleine pénitente* (Madeleine Wrightsman) (1640). Metropolitan Museum of Art, New York, États-Unis.

L'ÉCRITURE BAROQUE

Le style baroque, aux multiples accents, est souvent dominé par de grandes envolées et une abondance d'images (métaphores, allégories, comparaisons) et d'hyperboles qui rendent bien le mouvement et l'instabilité ainsi que la fantaisie et l'imagination. Il s'agit d'une écriture qui refuse les règles, privilégie les excès et la liberté plutôt que la forme harmonieuse, symétrique et figée qu'imposera le classicisme sous Louis XIV.

Souvent longues de plusieurs milliers de pages, les œuvres narratives sont riches en rebondissements, décrivent des situations extrêmes et mettent en scène une profusion de personnages. Au théâtre, les auteurs jouent avec l'illusion et la multiplication des intrigues, préférant l'émotion à la raison. La poésie, d'abord épique, sera de plus en plus marquée par une tonalité lyrique.

Thèmes dominants
- L'inconstance, le provisoire, la métamorphose (le changement)
- L'imaginaire, l'illusion et le rêve dans leur rapport à la réalité
- La religion
- La fragilité de la vie et la mort
- La vie émotionnelle, la passion et la folie
- La nuit et l'obscurité

L'IMAGINAIRE DE LA SCIENCE ET DE LA DÉCOUVERTE DE TERRES INCONNUES

Comme on le voit chez les écrivains de la période précédente, la découverte du Nouveau Monde ainsi que l'intérêt marqué pour les sciences et l'apport de la technologie hantent l'imaginaire de quelques romanciers. Certains baroques du XVIIᵉ siècle l'incarnent tout particulièrement et annoncent le combat qui, vers la fin du siècle, va opposer les défenseurs du modèle antique (les Anciens) aux promoteurs du renouveau artistique (les Modernes).

Savinien de Cyrano de Bergerac (1619-1655)

L'œuvre de Savinien de Cyrano de Bergerac offre un exemple original de la fantaisie baroque s'abreuvant à l'imaginaire de l'exploration mêlé à celui de la technologie, tout en se présentant comme une satire de la France réelle de l'époque. Le récit présenté ici semble annoncer la science-fiction bien avant son arrivée sur la scène littéraire. Ce genre sera caractérisé par une exploration de ce que pourrait être, dans le futur, la vie dans d'autres mondes (îles, astres, centre de la Terre, etc.), ainsi que le développement des différentes technologies et de la science.

Dans *L'autre monde ou Les États et empires de la lune*, après avoir créé une machine pour aller sur la lune et fait le voyage, le narrateur relate sa rencontre avec les habitants lunaires. Dans l'extrait suivant, Cyrano de Bergerac tente de décrire un objet : une sorte d'ancêtre du baladeur qui enregistre la voix. Pour y arriver, il doit recourir à une description minutieuse qui fait dans la surabondance et l'excès typiques de l'écriture baroque et qui ramène le lecteur à des éléments connus pour qu'il puisse imaginer ce qui n'existe pas encore.

EXTRAIT   *L'AUTRE MONDE OU LES ÉTATS ET EMPIRES DE LA LUNE*
(publié à titre posthume en 1657)

[...] Songez à librement vivre.

Il me quitta en achevant ce mot, car c'est l'adieu dont, en ce pays-là, on prend congé de quelqu'un comme le « bonjour » ou le « Monsieur votre serviteur » s'exprime par ce compliment : « Aime-moi, sage, puisque je t'aime ». À peine fut-il hors de présence
5 que je me mis à considérer attentivement mes livres. Les boîtes, c'est-à-dire leurs couvertures, me semblèrent admirables pour leur richesse ; l'une était taillée d'un seul diamant, plus brillant sans comparaison que les nôtres ; la seconde ne paraissait qu'une monstrueuse perle fendue en deux. Mon démon avait traduit ces livres en langage de ce monde-là ; mais parce que je n'ai point encore parlé de leur imprime-
10 rie, je m'en vais expliquer la façon de ces deux volumes.

À l'ouverture de la boîte, je trouvai dedans un je ne sais quoi de métal quasi tout semblable à nos horloges, plein d'un nombre infini de petits ressorts et de machines imperceptibles. C'est un livre à la vérité, mais c'est un livre miraculeux qui n'a ni feuillets ni caractères ; enfin c'est un livre où, pour apprendre, les yeux sont inutiles ;
15 on n'a besoin que d'oreilles. Quand quelqu'un donc souhaite lire, il bande, avec une

grande quantité de toutes sortes de clefs, cette machine, puis il tourne l'aiguille sur le chapitre qu'il désire écouter, et au même temps il sort de cette noix comme de la bouche d'un homme, ou d'un instrument de musique, tous les sons distincts et différents qui servent, entre les grands lunaires, à l'expression du langage.

20 Lorsque j'eus réfléchi sur cette miraculeuse invention de faire des livres, je ne m'étonnai plus de voir que les jeunes hommes de ce pays-là possédaient davantage de connaissance à seize et à dix-huit ans que les barbes grises du nôtre ; car, sachant lire aussitôt que parler, ils ne sont jamais sans lecture ; dans la chambre, à la promenade, en ville, en voyage, à pied, à cheval, ils peuvent avoir dans la poche, ou pendus à
25 l'arçon de leurs selles, une trentaine de ces livres dont ils n'ont qu'à bander un ressort pour en ouïr un chapitre seulement, ou bien plusieurs, s'ils sont en humeur d'écouter tout un livre : ainsi vous avez éternellement autour de vous tous les grands hommes et morts et vivants qui vous entretiennent de vive voix.

QUESTIONS DE COMPRÉHENSION ET D'ANALYSE

1. Résumez cet extrait en quelques lignes.

2. Au premier paragraphe, pourquoi le narrateur qualifie-t-il l'habitant lunaire de «démon»? Quel adjectif relevant du même lexique apparaît dans la phrase précédente? Quel effet crée-t-il?

3. Au deuxième paragraphe, par quelle(s) figure(s) de style comprend-on que l'objet est une sorte d'ancêtre du baladeur? Donnez deux exemples pour chaque figure relevée.

4. Au troisième paragraphe, on remarque que le texte valorise la connaissance. Comment l'auteur a-t-il procédé? Appuyez vos réponses par des extraits pertinents.

5. De manière générale, qu'est-ce qui permet de déterminer qu'il s'agit d'un texte représentatif du baroque?

Sujet d'analyse : En quoi peut-on dire que ce texte présente un monde utopique?

LE GRAND SIÈCLE
Les **œuvres poétiques baroques**

LE SAVOIR DES HUMANISTES À L'AUBE DU GRAND SIÈCLE

Avant l'entrée dans le XVIIᵉ siècle, les premiers écrivains baroques sont humanistes. À la fois philosophes et croyants, certains se questionnent sur l'ordre du monde. Leurs écrits constituent souvent des réactions aux théories des scientifiques qui remettent en cause les conceptions bibliques de l'univers. Ainsi, par les moyens d'une écriture libre au style souvent débridé, ils réussissent à communiquer leurs idées, révélant à quel point la littérature est, en certaines époques, un lieu de prédilection pour la transmission du savoir.

Guillaume de Salluste, seigneur du Bartas (1544-1590)

Relativement méconnu de nos jours, Guillaume du Bartas a été un écrivain très apprécié jusqu'au XVIIᵉ siècle. Protestant, il est particulièrement animé par la foi et les questions religieuses, ce qui ne l'empêche pas de s'intéresser aux avancées de la science. On le qualifie d'ailleurs de «poète savant».

La sepmaine (La semaine) ou *Création du monde* est considéré comme un poème encyclopédique inspiré de la Bible, qui critique les théories de Copernic cherchant à prouver que la Terre tourne autour du Soleil, lequel est au centre de l'Univers (héliocentrisme). Outre le contenu où se mêlent conception du monde et imaginaire, l'extrait suivant est représentatif des excès formels typiques des premiers poètes baroques. La version originale (en moyen français) retranscrite ici montre l'instabilité de la graphie avant l'Académie française (voir p. 70). On le constate notamment à la lecture du mot «flamme», écrit de deux façons.

EXTRAIT   *LA SEPMAINE OU CRÉATION DU MONDE* (1578)

En français actuel	*En moyen français*
Ce premier monde était une forme sans forme	**Ce premier monde étoit une forme sans forme**
Ce premier monde était une forme sans forme,	Ce premier monde étoit une forme sans forme,
Une pile confuse, un mélange difforme,	Une pile confuse, un mélange difforme,
D'abimes un abîme, un corps mal compassé[1],	D'abimes un abime, un cors mal compassé,
Un Chaos de Chaos, un tas mal entassé :	Un Chahos de Chahos, un tas mal entassé :
5 Où tous les Éléments se logeaient pêlemêle :	5 Où tous les Elemens se logeoient péle-mêle :
Où le liquide avait avec le sec querelle,	Où le liquide avoit avec le sec querele,
Le rond avec l'aigu, le froid avec le chaud,	Le rond avec l'égu, le froid avec le chaud,
Le dur avec le mou, le bas avec le haut,	Le dur avec le mol, le bas avec le haut,
L'amer avec le doux : bref durant cette guerre	L'amer avec le dous : bref durant céte guerre
10 La Terre était au Ciel et le Ciel en la Terre.	10 La Terre étoit au Ciel & le Ciel en la Terre.
La terre, l'air, le feu se tenaient dans la mer ;	La terre, l'aer, le feu se tenoient dans la mer ;
La mer, le feu, la terre étaient logés dans l'air,	La mer, le feu, la terre étoient logés dans l'aer,
L'air, la mer, et le feu dans la terre : et la terre	L'aer, la mer, & le feu dans la terre : & la terre

Chez l'air, le feu, la mer : Car l'Archer du tonnerre
15 Comme grand Maréchal n'avait encore donné
Quartier² à chacun d'eux : Le Ciel n'était orné
De grandes touffes de feu : les plaines émaillées
N'entrefendaient³ les eaux : des oiseaux les soupirs
N'étaient encore portés sur l'aile de Zéphyrs⁴.
20 Tout était sans beauté, tout sans lustre, sans flamme,
Tout était sans façon, sans mouvement, sans âme :
Le feu n'était point feu, la mer n'était point mer,
La Terre n'était terre, et l'air n'était point air :
Ou si déjà pouvait se trouver en un tel Monde,
25 Le corps de l'air, du feu, de la Terre, et de l'onde :
L'air était sans clarté, la flamme sans ardeur,
Sans fermeté la terre, et l'onde sans humeur.

Chez l'aer, le feu, la mer : Car l'Archer du tonnerre
15 Come grand Maréchal n'avoit encor donné
Quartier à châcun d'eus : Le Ciel n'étoit orné
De grans touffes de feu : les plaines émaillées
N'entrefendoient les eaus : des oiseaus les soûpirs
N'étoient encore portés sur l'aele de Zephirs.
20 Tout étoit sans beauté, tout sans lustre, sans flame,
Tout étoit sans façon, sans mouvement, sans ame :
Le feu n'étoit point feu, la mer n'étoit point mer,
La Terre n'étoit terre, & l'aer n'étoit point aer :
Ou si ja se pouvoit treuver en un tel Monde,
25 Le cors de l'aer, du feu, de la Terre, & de l'onde :
L'aer étoit sans clarté, la flame sans ardeur,
Sans fermeté la terre, & l'onde sans humeur.

---

1. Compassé : fait avec exactitude, régularité, symétrie.
2. Donner quartier : désigner le lieu de campement d'une troupe.
3. Entrefendaient : fendre du milieu.
4. Vents doux et agréables.

QUESTIONS DE COMPRÉHENSION ET D'ANALYSE

1. Globalement, qu'est-ce qui caractérise le « monde » dont il est question dans le poème ?

2. Nommez les quatre éléments constituant le monde ainsi décrit.

3. L'antithèse domine dans le poème de Bartas. Soulignez trois vers en guise d'exemple et analysez-les.

4. Afin de décrire le monde dont il est question dans le poème, l'auteur se sert d'une métaphore militaire. Quels termes ou quelles expressions utilise-t-il à cette fin ?

5. Comment sait-on que le poème évoque un ancien monde ?

Sujet d'analyse : Expliquez en quoi le poème mêle conception encyclopédique du monde et imaginaire.

L'INFLUENCE DE L'INSTABILITÉ POLITIQUE ET DES TROUBLES RELIGIEUX

Comme on l'a vu au chapitre 2, une série d'événements politiques conduit à une longue guerre civile à partir de 1560. La France est alors divisée sur le plan religieux. Le massacre de la Saint-Barthélemy, en 1572, annonce la fin du rêve humaniste et révèle une crise profonde. L'optimisme et l'idéalisme de la Renaissance font place au scepticisme, voire au pessimisme. Cette tournure d'esprit, propre à de nombreux écrivains baroques, est particulièrement sensible dans la poésie, marquée par la résurgence des thèmes tragiques : la mort, la souffrance, la fatalité.

Agrippa d'Aubigné (1552-1630)

Devant les troubles engendrés par l'instabilité politique et choqués par les différents actes d'intolérance religieuse, certains écrivains préfèrent se retirer. D'autres vont cependant opter pour une écriture engagée, et Agrippa d'Aubigné est de ceux-là.

Dans son long poème visionnaire intitulé *Les tragiques*, le poète fait appel à l'allégorie pour retra-cer le destin des protestants persécutés. Il se trouve ainsi à personnifier le conflit religieux qui divise la France par l'image de deux enfants qui s'opposent, lesquels représentent respectivement les catholiques et les protestants. Le poète dépeint avec un réalisme poignant les souffrances des protestants en cherchant à susciter l'émotion par la force d'évocation de son style.

EXTRAIT | ***LES TRAGIQUES*** *(1616)*

Misères

Je veux peindre la France une mère affligée,
Qui est, entre ses bras, de deux enfants chargée.
Le plus fort, orgueilleux, empoigne les deux bouts
Des tétins nourriciers ; puis, à force de coups
5 D'ongles, de poings, de pieds, il brise le partage
Dont nature donnait à son besson[1] l'usage ;
Ce voleur acharné, cet Esau[2] malheureux,
Fait dégât du doux lait qui doit nourrir les deux,
Si que, pour arracher à son frère la vie,
10 Il méprise la sienne et n'en a plus d'envie.
Mais son Jacob, pressé d'avoir jeûné meshui[3],
Ayant dompté longtemps en son cœur son ennui,
À la fin se défend, et sa juste colère
Rend à l'autre un combat dont le champ est la mère.
15 Ni les soupirs ardents, les pitoyables cris,
Ni les pleurs réchauffés ne calment leurs esprits ;
Mais leur rage les guide et leur poison les trouble,

Si bien que leur courroux[4] par leurs coups se redouble.
Leur conflit se rallume et fait si furieux
20 Que d'un gauche malheur ils se crèvent les yeux.
Cette femme éplorée, en sa douleur plus forte,
Succombe à la douleur, mi-vivante, mi-morte ;
Elle voit les mutins[5], tous déchirés, sanglants,
Qui, ainsi que du cœur, des mains se vont cherchant.
25 Quand, pressant à son sein d'une amour maternelle
Celui qui a le droit et la juste querelle,
Elle veut le sauver, l'autre, qui n'est pas las[6],
Viole, en poursuivant, l'asile de ses bras.
Adonc se perd le lait, le suc de sa poitrine ;
30 Puis, aux derniers abois de sa proche ruine,
Elle dit : « Vous avez, félons, ensanglanté
Le sein qui vous nourrit et qui vous a porté ;
Or, vivez de venin, sanglante géniture,
Je n'ai plus que du sang pour votre nourriture ! »

---

1. Jumeau.
2. Personnage de l'Ancien Testament. Ésaü (selon la graphie actuelle) aurait donné son droit d'aînesse à son frère Jacob en échange d'un plat de lentilles.
3. Jusqu'à ce jour.
4. Colère.
5. Personnes qui se révoltent avec violence contre l'autorité.
6. Qui ressent de la fatigue, de l'épuisement.

QUESTIONS DE COMPRÉHENSION ET D'ANALYSE

1. Comment la France est-elle personnifiée ?

2. Le poème exprime une situation violente. Quels mots ou quelles expressions révèlent cette violence ?

3. Quels vers montrent que la situation se détériore au fil du poème ? Dites pourquoi et ce que cela signifie en regard de la situation religieuse de l'époque.

4. Qui souffre le plus dans ce poème ? Justifiez votre réponse en vous appuyant sur un passage révélateur.

5. À la lecture des quatre derniers vers, qui peut-on désigner comme étant responsable de la situation ?

Sujet d'analyse : Démontrez le parallèle qui est fait avec le conflit religieux opposant catholiques et protestants à l'époque de d'Aubigné.

Les œuvres poétiques baroques

LA PRÉCIOSITÉ COMME VISION INTELLECTUELLE, ATTITUDE ET STYLE D'ÉCRITURE

Durant la période baroque, on assiste à l'émergence d'un courant: la préciosité. Inspirée de la courtoisie du Moyen Âge, la préciosité est avant tout associée à un mouvement intellectuel et littéraire qui éclôt dans les salons mondains au milieu du XVIIe siècle. L'esprit précieux, développé surtout par les femmes de la noblesse, s'oppose aux mœurs grossières de la cour au lendemain des guerres et se caractérise par un raffinement extrême des manières, des sentiments, du goût et du langage. Certains adeptes de ce courant vont cependant tomber dans l'excès, ce qui n'est pas sans rappeler l'origine du mot «baroque» (perle irrégulière); le terme «précieuses» sera alors employé pour désigner les personnes dont les manières et le langage se démarquent par une grande affectation ainsi que par l'exagération.

Vincent Voiture (1597-1648)

Adepte des salons mondains, le poète Vincent Voiture cherche à plaire à la cour et s'y emploie avec vigueur. Parfait mondain issu de la bourgeoisie (son père était marchand de vin), Voiture reflète l'esprit des salons, qu'il anime par son caractère spirituel et sa verve élégante, comme dans le poème galant, reproduit ici, qui illustre bien le style précieux.

Le style employé par Voiture dans son poème est conforme au courant précieux par son abus d'adverbes et par sa finale équivoque. Ainsi, le poète commence en présentant la femme comme objet d'amour, avant d'effectuer dans la chute un glissement sémantique, que révèle le double sens du verbe «toucher».

Diego Rodriguez de Silva y Velazquez (1599-1660). *Les Ménines* (détail) (v.1656). Musée national du Prado, Madrid, Espagne.

EXTRAIT **ŒUVRES**
(publié à titre posthume en 1650)

Rondeau

Ou vous savez tromper bien finement,
Ou vous m'aimez assez fidèlement :
Lequel des deux, je ne le saurais dire,
Mais cependant je pleure et je soupire,
5 Et ne reçois aucun soulagement.

Pour votre amour j'ai quitté franchement
Ce que j'avais acquis bien sûrement ;
Car on m'aimait, et j'avais quelque empire
    Où vous savez.

10 Je n'attends pas tout le contentement
Qu'on peut donner aux peines d'un amant,
Et qui pourrait me tirer de martyre :
À si grand bien mon courage n'aspire,
Mais laissez-moi vous toucher seulement
15   Où vous savez.

QUESTIONS DE COMPRÉHENSION ET D'ANALYSE

1. Relevez les traces de souffrance amoureuse dans le poème.

2. Le poète perçoit la femme dont il est épris comme une séductrice en puissance. Comment le fait-il comprendre dans le premier vers ?

3. Dans les trois premiers vers, le poète semble ressentir une forme d'incertitude, de doute, par rapport à l'attitude de la femme. De quelle manière le perçoit-on ? Justifiez votre réponse.

4. Dans quel but le poète évoque-t-il, dans la seconde strophe, une précédente relation amoureuse ? Justifiez votre réponse.

5. En quoi les deux derniers vers laissent-ils place à une équivoque ?

Sujet d'analyse : Montrez en quoi les sentiments amoureux sont dépeints selon l'esprit précieux de l'époque.

LE BAROQUE AU THÉÂTRE :
LE GENRE HYBRIDE DE LA TRAGICOMÉDIE

Malgré le fait qu'elle représente l'esprit baroque, la tragicomédie est un genre dramatique hybride qui n'est pas très bien accepté, surtout à l'approche de la période classique. En effet, elle jouit d'une très grande liberté qui contrevient aux principes appelés à dominer dans la deuxième moitié du XVIIᵉ siècle ; ainsi, elle n'est pas soumise à la règle des trois unités (voir p. 196). Qualifiée d'irrégulière, l'intrigue est souvent multiple et peut s'étaler sur plusieurs journées (voire plusieurs années), se déplacer d'un lieu à un autre, etc. La tragicomédie est aussi caractérisée par sa démesure et sa complexité. On multiplie les personnages et les lieux, les rebondissements (comme dans le roman baroque), les éléments spectaculaires, tels que les ballets et les machines, etc.

Pierre Corneille (1606-1684)

Dans son chef-d'œuvre *Le Cid*, Corneille met en scène des personnages connus et une intrigue sérieuse qui se rapproche de la tragédie sans toutefois en respecter les règles, puisque, notamment, son dénouement est heureux. Le choix de Corneille pour la tragicomédie en 1637 ne manquera pas de soulever la controverse dans le monde du théâtre. En effet, sa pièce se retrouve au cœur d'un débat qui oppose les tenants de la soumission aux règles dramaturgiques et ceux qui privilégient la richesse dramatique. Ce sont les premiers qui vont d'ailleurs triompher.

Si la pièce de Corneille désobéit à la règle de l'unité de temps (voir p. 196), qui régit les pièces dites régulières, il n'en demeure pas moins qu'elle obéit à celle de l'unité d'action, qui oblige le héros à affronter ses problèmes plutôt que de les fuir dans la panique et la dispersion. Contraint de choisir entre son père don Diègue et son amour pour Chimène, le héros est déchiré par un débat intérieur : c'est ce qu'on a appelé le « dilemme cornélien ». L'extrait montre que don Diègue est trop vieux pour se venger et qu'il doit faire appel à son fils. Devant cette situation, Rodrigue doit décider de sauver son honneur en tuant le père de celle qu'il aime — ce qui ferait en sorte qu'il ne pourrait plus épouser Chimène — ou de ne pas le tuer et décider de « vivre en infâme », ce qui le conduirait aussi à ne pas pouvoir épouser Chimène.

EXTRAIT   *LE CID* (1637)

Acte I, scène 5

DON DIÈGUE
Rodrigue, as-tu du cœur ?

DON RODRIGUE
Tout autre que mon père
L'éprouverait sur l'heure.

DON DIÈGUE
Agréable colère !
5   Digne ressentiment à ma douleur bien doux !
Je reconnais mon sang à ce noble courroux ;

Ma jeunesse revit en cette ardeur si prompte.
Viens, mon fils, viens, mon sang, viens réparer ma honte ;
Viens me venger.

DON RODRIGUE

10 De quoi ?

DON DIÈGUE

D'un affront si cruel,
Qu'à l'honneur de tous deux il porte un coup mortel :
D'un soufflet[1]. L'insolent en eût perdu la vie ;
Mais mon âge a trompé ma généreuse envie ;
15 Et ce fer que mon bras ne peut plus soutenir,
Je le remets au tien pour venger et punir.
Va contre un arrogant éprouver ton courage :
Ce n'est que dans le sang qu'on lave un tel outrage ;
Meurs ou tue. Au surplus, pour ne te point flatter,
20 Je te donne à combattre un homme à redouter :
Je l'ai vu, tout couvert de sang et de poussière,
Porter partout l'effroi dans une armée entière.
J'ai vu par sa valeur cent escadrons rompus ;
Et pour t'en dire encor quelque chose de plus,
25 Plus que brave soldat, plus que grand capitaine,
C'est…

DON RODRIGUE

De grâce, achevez.

DON DIÈGUE

Le père de Chimène.

DON RODRIGUE

Le…

DON DIÈGUE

30 Ne réplique point, je connais ton amour ;
Mais qui peut vivre infâme est indigne du jour.
Plus l'offenseur est cher, et plus grande est l'offense.
Enfin tu sais l'affront, et tu tiens la vengeance
Je ne te dis plus rien. Venge-moi, venge-toi ;
35 Montre-toi digne fils d'un père tel que moi.
Accablé des malheurs où le destin me range,
Je vais les déplorer : va, cours, vole, et nous venge.

---

1. Coup donné sur la joue avec la main.

LE GRAND SIÈCLE
Les œuvres théâtrales baroques

Rembrandt Harmenszoon van Rijn (1606-1669). *L'homme au casque d'or*
(1650-1655). Gemaldegalerie, Berlin, Allemagne.

Acte I, scène 6

DON RODRIGUE

Percé jusques au fond du cœur

D'une atteinte imprévue aussi bien que mortelle,

Misérable vengeur d'une juste querelle,

Et malheureux objet d'une injuste rigueur,

5 Je demeure immobile, et mon âme abattue

Cède au coup qui me tue.

Si près de voir mon feu récompensé,

Ô Dieu, l'étrange peine !

En cet affront mon père est l'offensé,

10 Et l'offenseur le père de Chimène !

Que je sens de rudes combats !

Contre mon propre honneur mon amour s'intéresse :

Il faut venger un père, et perdre une maîtresse :

L'un m'anime le cœur, l'autre retient mon bras.

15 Réduit au triste choix ou de trahir ma flamme,

Ou de vivre en infâme,

Des deux côtés mon mal est infini.

Ô Dieu, l'étrange peine !

Faut-il laisser un affront impuni ?

20 Faut-il punir le père de Chimène ?

QUESTIONS DE COMPRÉHENSION ET D'ANALYSE

1. Que signifie, dans le contexte, le vers « Rodrigue, as-tu du cœur » ?

2. « Agréable colère », « Digne ressentiment », « noble courroux », « ardeur si prompte » sont des groupes nominaux qui révèlent des qualités héroïques. Pourquoi ?

3. Expliquez en quoi Rodrigue a envers sa famille une responsabilité qu'il peut difficilement refuser. Appuyez votre réponse sur un passage du texte.

4. Pourquoi don Diègue n'a-t-il pu venger lui-même l'affront qui lui a été fait ? Fondez votre réponse sur l'analyse des vers suivants : « L'insolent en eût perdu la vie ;/Mais mon âge a trompé ma généreuse envie ;/Et ce fer que mon bras ne peut plus soutenir,/Je le remets au tien pour venger et punir. »

5. Expliquez en quoi les vers suivants révèlent le dilemme cornélien : « L'un m'anime le cœur, l'autre retient mon bras./Réduit au triste choix ou de trahir ma flamme,/Ou de vivre en infâme,/Des deux côtés mon mal est infini. »

Sujet d'analyse : Montrez que, dans cet extrait du *Cid*, le personnage de Rodrigue est face à un dilemme très difficile à résoudre.

LA NAISSANCE DU RATIONALISME

Pour affronter le nouveau siècle (le XVIIᵉ), les penseurs doivent changer la vision héritée de l'humanisme de la Renaissance. Il ne leur suffit plus de se tourner vers le passé pour expliquer le monde : ils doivent revoir leur approche, l'adapter aux nouvelles réalités. Dans ce contexte, une façon inédite d'organiser la pensée, de classifier les connaissances et de considérer la recherche expérimentale apparaît. C'est le triomphe de la raison qui éloigne le siècle de l'influence baroque pour l'amener vers l'esprit classique. L'influence du rationalisme sur la littérature est précisément de privilégier la raison au détriment des passions.

René Descartes (1596-1650)

L'œuvre de Descartes est fondatrice de la philosophie moderne et du courant rationaliste en France. Elle est d'ailleurs rapidement diffusée et sert de cadre aux discussions qui se déroulent dans les salons mondains, entre autres parce que Descartes est un des premiers penseurs à avoir osé écrire en français plutôt qu'en latin.

Les idées mises de l'avant par Descartes sont révolutionnaires pour son époque. Avant lui, la tradition, l'épreuve du temps ou l'absence de réfutation prouvée étaient garants de la véracité d'une connaissance. Puis, la publication du *Discours de la méthode* *pour bien conduire sa raison et chercher la vérité dans les sciences* vient ébranler la façon même de concevoir le savoir. Inspiré par les sciences exactes et leurs récents succès (Kepler, Galilée, etc.), le philosophe français cherche à appliquer le modèle scientifique, sa méthode, à la pensée. Descartes est fasciné par la rigueur et l'exactitude des résultats des sciences comme les mathématiques, l'algèbre et la géométrie. Selon lui, c'est la méthodologie qui assure la justesse du résultat. Il souhaite donc appliquer cette façon de procéder des sciences au domaine des lettres, c'est-à-dire à la philosophie et à la littérature. Son style incarne d'ailleurs sa démarche rationaliste[1], ce qui n'empêche pas l'auteur de se mettre en scène de manière typiquement littéraire.

EXTRAIT | *DISCOURS DE LA MÉTHODE* *(1637)*

Seconde partie

J'avais un peu étudié, étant plus jeune, entre les parties de la philosophie, à la logique, et, entre les mathématiques, à l'analyse des géomètres et à l'algèbre, trois arts ou sciences qui semblaient devoir contribuer quelque chose à mon dessein. Mais, en les examinant, je pris garde que, pour la logique, ses syllogismes et la plupart de
5   ses autres instructions servent plutôt à expliquer à autrui les choses qu'on sait, ou même, comme l'art de Lulle[2], à parler sans jugement de celles qu'on ignore, qu'à les apprendre. Et bien qu'elle contienne, en effet, beaucoup de préceptes très vrais et très bons, il y en a toutefois tant d'autres mêlés parmi, qui sont ou nuisibles ou superflus, qu'il est presque aussi malaisé de les en séparer que de tirer une Diane ou une
10 Minerve hors de son bloc de marbre qui n'en est point encore ébauché. Puis, pour l'analyse des anciens et l'algèbre des modernes, outre qu'elles ne s'étendent qu'à des matières forts abstraites, et qui ne semblent d'aucun usage, la première est toujours si astreinte à la considération des figures, qu'elle ne peut exercer l'entendement sans fatiguer beaucoup l'imagination ; et on s'est tellement assujetti en la dernière à

15 certaines règles et certains chiffres, qu'on en a fait un art confus et obscur qui embar-
rasse l'esprit, au lieu d'une science qui le cultive. Ce qui fut cause que je pensai qu'il
fallait chercher quelque autre méthode, qui, comprenant les avantages de ces trois,
fût exempte de leurs défauts. Et comme la multitude des lois fournit souvent des
excuses aux vices, en sorte qu'un État est bien mieux réglé lorsque, n'en ayant que
20 fort peu, elles y sont fort étroitement observées ; ainsi, au lieu de ce grand nombre
de préceptes dont la logique est composée, je crus que j'aurais assez des quatre
suivants, pourvu que je prisse une ferme et constante résolution de ne manquer pas
une seule fois à les observer.

Le premier était de ne recevoir jamais aucune chose pour vraie, que je ne la connusse
25 évidemment être telle : c'est-à-dire, d'éviter soigneusement la précipitation et la
prévention ; et de ne comprendre rien de plus en mes jugements, que ce qui se
présenterait si clairement et si distinctement à mon esprit, que je n'eusse aucune
occasion de le mettre en doute.

Le second, de diviser chacune des difficultés que j'examinerais, en autant de parcelles
30 qu'il se pourrait, et qu'il serait requis pour les mieux résoudre.

Le troisième, de conduire par ordre mes pensées, en commençant par les objets les
plus simples et les plus aisés à connaître, pour monter peu à peu, comme par degrés,
jusques à la connaissance des plus composés ; et supposant même de l'ordre entre
ceux qui ne se précèdent point naturellement les uns les autres.

35 Et le dernier, de faire partout des dénombrements si
entiers, et des revues si générales, que je fusse assuré
de ne rien omettre.

Ces longues chaînes de raisons, toutes simples et
faciles, dont les géomètres ont coutume de se servir,
40 pour parvenir à leurs plus difficiles démonstrations,
m'avaient donné occasion de m'imaginer que toutes
les choses, qui peuvent tomber sous la connaissance
des hommes, s'entre-suivent en même façon et que,
pourvu seulement qu'on s'abstienne d'en recevoir
45 aucune pour vraie qui ne le soit, et qu'on garde
toujours l'ordre qu'il faut pour les déduire les unes
des autres, il n'y en peut avoir de si éloignées
auxquelles enfin on ne parvienne, ni de si cachées
qu'on ne découvre.

QUESTIONS DE COMPRÉHENSION ET D'ANALYSE

1. Au tout début du texte, quelle stratégie discursive révèle que l'auteur du *Discours* se met lui-même en scène ?

2. Quelles raisons Descartes invoque-t-il pour devoir se tourner vers une « méthode » ?

3. Dès le début de l'extrait, Descartes expose son projet qui est de rapprocher deux sortes de sciences. De quelles sciences s'agit-il ? Justifiez votre réponse.

4. Que veut dire Descartes, selon vous, avec l'expression suivante : « la multitude des lois fournit souvent des excuses aux vices » ?

5. Relevez les quatre règles proposées et expliquez-les brièvement.

Sujet d'analyse : Descartes explique que toute « connaissance des hommes » doit suivre quatre règles données. En quoi sa méthode est-elle l'héritière de l'humanisme de la Renaissance ?

---

1. Le rationalisme se doit d'obéir à quatre règles. Ces règles correspondent à 1) l'évidence, qui consiste à refuser toute idée préconçue et tout préjugé ; 2) l'analyse, dans laquelle plutôt que de considérer un problème par l'ensemble de ses difficultés, Descartes propose de diviser l'ensemble en « parcelles » pour en faciliter la solution ; 3) l'ordre, dans lequel il s'agit de trier les « parcelles » analysées en allant du simple au compliqué et 4) le dénombrement permet d'établir une synthèse ou une déduction qui tient compte de tous les éléments analysés.

2. Raymond Lulle est un alchimiste qui vécut au XIIIe siècle.

Perçue comme une réaction au baroque, la période dite «classique» coïncide avec le début du règne personnel de Louis XIV. Ce dernier, désireux de normaliser tant la culture et la société que la foi, voit d'un bon œil tous les efforts entrepris dans le but de réglementer et de codifier les activités et les comportements à la cour : la singularité et l'extravagance, autrefois tolérées, sont désormais condamnées au nom de la raison. Au cours des années qui suivent émerge un nouvel idéal social : l'«honnête homme», qui est en quelque sorte l'héritier du chevalier médiéval. Il connaît les bons usages, fréquente la bonne société et se distingue par sa grande faculté d'adaptation. Ouvert, cultivé, réfléchi, modéré, poli, courtois, mais souvent déchiré entre ses sentiments et son devoir, c'est à lui que s'adressent les écrivains de cette période.

Guidés par les théoriciens qui se chargent de développer et de promouvoir l'esthétique classique, dans laquelle domine la raison, les écrivains privilégient l'imitation des Anciens et la beauté, basée sur la symétrie et l'harmonie des formes, ainsi que sur le respect des règles. Ils cherchent à plaire (en respectant les conventions sociales) ainsi qu'à instruire. Ils utilisent le parler de la cour dont l'Académie française a fixé l'usage. Ils ont aussi l'ambition d'améliorer les mœurs, se rapprochant en cela de la morale et en particulier du jansénisme[1]. En ce sens, ils ont un goût marqué pour l'examen critique et l'analyse psychologique, moyens pour eux de maîtriser les troubles et les passions de l'être. Leur objectif ultime est l'impersonnalité de l'œuvre, gage de son universalité et de son intemporalité.

Hyacinthe Rigaud (1659-1743). *Louis XIV, roi de France, portrait en pied en costume royal* (1701). Musée du Louvre, Paris, France.

1. Doctrine qui tire son nom de Cornélius, dit Jansénius (1585-1638), théologien néerlandais et auteur de l'*Augustinus*, l'ouvrage fondamental du jansénisme. Les jansénistes ont une conception plutôt pessimiste de la nature humaine et de la prédestination. Ils considèrent que l'humain est irrémédiablement corrompu par le péché originel et que la grâce n'est pas donnée à tous.

L'ÉCRITURE CLASSIQUE

Sur le plan de la forme, le classicisme se caractérise par la recherche de l'équilibre et l'application de normes où domine la raison. Au théâtre, on se soucie de la vraisemblance et de la bienséance, tout en respectant la règle des trois unités (lieu, action, temps), et on privilégie souvent l'utilisation de l'alexandrin. Fortement influencées par la culture antique, seul modèle digne d'être copié, les œuvres classiques visent une forme universelle à travers une langue pure et claire.

Thèmes dominants

- Les grands sentiments universels (amour, haine, jalousie, orgueil, etc.)
- La morale et la foi
- Le monde de l'Antiquité

Pierre Patel (1605-1676). *Vue du château de Versailles en 1668* **(détail) (1668).**
Château et Trianons, Versailles, France.

LE THÉÂTRE CLASSIQUE ET LA MYTHOLOGIE

La redécouverte de l'Antiquité au siècle précédent influera sur l'évolution du théâtre en France ainsi que sur la conception que l'on se fait des genres dits «nobles» et des genres populaires, dits vulgaires. Durant le XVIIᵉ siècle, en particulier pendant la période classique, la tragédie devient le genre par excellence. Elle suscite notamment la *catharsis*, un moyen pour le spectateur de se purger de ses passions et de ce qui empêche son élévation morale. Si le recours à la mythologie est fréquent dans l'imaginaire théâtral durant tout le Grand Siècle, c'est aussi parce que les œuvres antiques représentent des modèles de perfection dont il convient de s'inspirer.

Jean Racine (1639-1699)

Jean Racine, qui a grandi dans la croyance janséniste, présente une vision tragique de la condition humaine, dans laquelle l'individu ne peut échapper à son destin. S'inspirant de la mythologie, il sonde l'âme humaine aux prises avec ses passions — principalement la passion amoureuse, invariablement source de conflits — pour créer la tragédie psychologique. Sa pièce *Phèdre* s'inspire de la mythologie grecque, surtout de la version racontée par Euripide (de −484 à −406) dans *Hippolyte porte-couronne*. Phèdre est la fille du roi de Crète, Minos, lequel avait confié à Dédale la construction d'un labyrinthe où se cache le Minotaure. Thésée a tué le Minotaure et a réussi à sortir du labyrinthe grâce à Ariane, dont le fil l'a guidé. Thésée épousera Phèdre, la sœur d'Ariane. Phèdre, de son côté, tombera sous le charme d'Hippolyte, le fils que

Thésée a eu avec une autre femme. Dans la pièce de Racine, considérée par beaucoup comme le chef-d'œuvre du genre, l'héroïne est victime de sa passion inavouable et du désordre qu'elle cause. La tragédie de Racine présente deux liens amoureux interdits par la présence du roi: d'une part, son fils Hippolyte aime Aricie dont la famille fut exterminée par Thésée et, d'autre part, Phèdre aime Hippolyte, le fils de son mari. La pièce débute alors que court la rumeur de la mort de Thésée. Le décès du roi permet alors à Hippolyte d'avouer son amour pour Aricie et à Phèdre le sien pour Hippolyte.

L'extrait suivant présente le moment où Phèdre amorce l'aveu de son amour en se référant à la façon dont Thésée a réussi à sortir du labyrinthe. Dans cette optique, elle substitue son rôle à celui d'Ariane, puis le rôle de Thésée à celui d'Hippolyte, afin d'affirmer qu'avec Hippolyte elle se serait «retrouvée» ou «perdue».

PHÈDRE *(1677)*

Acte II, scène 5

HIPPOLYTE
Je vois de votre amour l'effet prodigieux.
Tout mort qu'il est, Thésée est présent à vos yeux;
Toujours de son amour votre âme est embrasée.

PHÈDRE
Oui, Prince, je languis, je brûle pour Thésée.
5   Je l'aime, non point tel que l'ont vu les enfers,
Volage adorateur de mille objets divers,
Qui va du dieu des morts déshonorer la couche¹;

Mais fidèle, mais fier, et même un peu farouche,
Charmant, jeune, traînant tous les cœurs après soi,
10   Tel qu'on dépeint nos dieux, ou tel que je vous vois.
Il avait votre port, vos yeux, votre langage,
Cette noble pudeur colorait son visage
Lorsque de notre Crète il traversa les flots,
Digne sujet des vœux des filles de Minos[2].
15   Que faisiez-vous alors? Pourquoi, sans Hippolyte,
Des héros de la Grèce assembla-t-il l'élite?
Pourquoi, trop jeune encor, ne pûtes-vous alors
Entrer dans le vaisseau qui le mit sur nos bords?
Par vous aurait péri le monstre de la Crète,
20   Malgré tous les détours de sa vaste retraite[3].
Pour en développer l'embarras incertain,
Ma sœur du fil fatal[4] eût armé votre main.
Mais non, dans ce dessein je l'aurais devancée:
L'amour m'en eût d'abord inspiré la pensée.
25   C'est moi, Prince, c'est moi dont l'utile secours
Vous eût du Labyrinthe enseigné les détours.
Que de soins m'eût coûtés cette tête charmante!
Un fil n'eût point assez rassuré votre amante.
Compagne du péril qu'il vous fallait chercher,
30   Moi-même devant vous j'aurais voulu marcher;
Et Phèdre au Labyrinthe avec vous descendue
Se serait avec vous retrouvée, ou perdue.

HIPPOLYTE
Dieux! qu'est-ce que j'entends! Madame, oubliez-vous
Que Thésée est mon père, et qu'il est votre époux?

PHÈDRE
35   Et sur quoi jugez-vous que j'en perds la mémoire,
Prince? Aurais-je perdu tout le soin de ma gloire[5]?

HIPPOLYTE
Madame, pardonnez. J'avoue, en rougissant,
Que j'accusais à tort un discours innocent.
Ma honte ne peut plus soutenir votre vue;
40   Et je vais…

---

1. Selon Phèdre, Thésée serait descendu aux Enfers pour enlever Perséphone, l'épouse d'Hadès.
2. Ariane et Phèdre.
3. Le labyrinthe.
4. Le fil d'Ariane.
5. Réputation.

LE GRAND SIÈCLE
Les œuvres théâtrales classiques

PHÈDRE

    Ah ! cruel, tu m'as trop entendue.
Je t'en ai dit assez pour te tirer d'erreur.
Hé bien ! connais donc Phèdre et toute sa fureur.
J'aime. Ne pense pas qu'au moment que je t'aime,
45 Innocente à mes yeux, je m'approuve moi-même ;
Ni que du fol amour qui trouble ma raison
Ma lâche complaisance ait nourri le poison.
Objet infortuné des vengeances célestes,
Je m'abhorre encor plus que tu ne me détestes.
50 Les dieux m'en sont témoins, ces dieux qui dans mon flanc,
Ont allumé le feu fatal à tout mon sang,
Ces dieux qui se sont fait une gloire cruelle
De séduire le cœur d'une faible mortelle.
Toi-même en ton esprit rappelle le passé.
55 C'est peu de t'avoir fui, cruel, je t'ai chassé ;
J'ai voulu te paraître odieuse, inhumaine ;
Pour mieux te résister, j'ai recherché ta haine.
De quoi m'ont profité mes inutiles soins ?
Tu me haïssais plus, je ne t'aimais pas moins.

Pierre Narcisse Guérin (1774-1833). *Phèdre et Hippolyte* (1802).
Musée du Louvre, Paris, France.

60 | Tes malheurs te prêtaient encor de nouveaux charmes.
| J'ai langui, j'ai séché, dans le feu, dans les larmes.
| Il suffit de tes yeux pour t'en persuader,
| Si tes yeux un moment pouvaient me regarder.
| Que dis-je ? Cet aveu que je te viens de faire,
65 | Cet aveu si honteux, le crois-tu volontaire ?
| Tremblante pour un fils que je n'osais trahir,
| Je te venais prier de ne le point haïr.
| Faibles projets d'un cœur trop plein de ce qu'il aime !
| Hélas ! je ne t'ai pu parler que de toi-même.
70 | Venge-toi, punis-moi d'un odieux amour.
| Digne fils du héros qui t'a donné le jour,
| Délivre l'univers d'un monstre qui t'irrite.
| La veuve de Thésée ose aimer Hippolyte !
| Crois-moi, ce monstre affreux ne doit point t'échapper.
75 | Voilà mon cœur. C'est là que ta main doit frapper.
| Impatient déjà d'expier son offense,
| Au-devant de ton bras je le sens qui s'avance.
| Frappe. Ou si tu le crois indigne de tes coups,
| Si ta haine m'envie un supplice si doux,
80 | Ou si d'un sang trop vil ta main serait trempée,
| Au défaut de ton bras prête-moi ton épée.
| Donne.

ŒNONE
       Que faites-vous Madame ? Justes Dieux !
| Mais on vient. Évitez des témoins odieux ;
85 | Venez, rentrez, fuyez une honte certaine.

QUESTIONS DE COMPRÉHENSION ET D'ANALYSE

1. À propos de la passion qu'elle éprouve, Phèdre utilise les expressions suivantes : « fureur », « fol amour qui trouble ma raison », « poison », « feu fatal ». Quelle perception de la passion ces métaphores véhiculent-elles ?

2. L'idée de fatalité est très présente dans les tragédies classiques. Relevez des vers qui illustrent ce fait et expliquez-les.

3. Pourquoi peut-on dire que le vers suivant, qui décrit Thésée, révèle en fait l'attirance qu'éprouve Phèdre pour Hippolyte ? « Il [Thésée] avait votre port, vos yeux, votre langage ».

4. Quelle figure d'analogie retrouve-t-on dans les vers suivants : « Délivre l'univers d'un monstre qui t'irrite/ […]/Crois-moi, ce monstre affreux ne doit point t'échapper » ? Que révèle-t-elle de la pensée de Phèdre ?

5. Phèdre est prête à se donner la mort. Quel vers le fait bien comprendre ?

Sujet d'analyse : Comment Racine fait-il comprendre que le lien amoureux entre Phèdre et Hippolyte est impossible ?

Les œuvres théâtrales classiques

LE COURANT CATHOLIQUE : L'OPPOSITION JÉSUITES/JANSÉNISTES

Les dissensions héritées du siècle précédent (avec la Réforme et la Contre-Réforme) engendrent un nouvel ordre moral caractérisé par une forme d'austérité et de ferveur religieuse. Le catholicisme se trouve alors au centre d'un débat opposant les jésuites[1] et les jansénistes, dont les visions de la foi sont irréconciliables. Les jésuites prônent une spiritualité active et tentent d'adapter la religion au monde moderne. Ils proposent une vision optimiste de la foi. Selon eux, c'est par leur volonté et leurs actions (gestes de piété, bonnes œuvres, dévotion, etc.) que les croyants peuvent obtenir leur salut. De leur côté, les jansénistes ont une conception plutôt pessimiste de la nature humaine et de la prédestination. Selon eux, l'humain est irrémédiablement corrompu par le péché originel et la grâce n'est pas donnée à tous. Afin d'impressionner les fidèles, et ce, même s'ils dominent, les jésuites n'hésitent pas à privilégier le spectaculaire au détriment du spirituel, ce qui leur sera reproché.

Molière (1622-1673)

Observateur attentif de la société, Jean-Baptiste Poquelin, dit Molière, utilise la satire et la moquerie pour en dénoncer les vices et les contradictions. Dans le respect de l'esprit classique, il fait aussi l'éloge de la vérité, de la sincérité, de la mesure et du bon sens, enfin toutes ces qualités que doit rechercher l'« honnête homme » du XVIIe siècle. Pour avoir mis en scène un faux dévot dans sa pièce *Tartuffe*, il est accusé par un archevêque proche de Louis XIV d'entretenir une confusion entre fausse dévotion et vraie dévotion. L'archevêque souligne que l'Église catholique de France traverse sa plus grave crise depuis la Réforme. Cela réussit à convaincre le roi d'interdire la pièce.

L'extrait présenté montre toute l'hypocrisie de Tartuffe, censé être l'incarnation de la rigueur morale et un modèle de chasteté[2]. Dans son discours, où il utilise les registres amoureux et religieux pour expliquer son penchant à l'égard d'Elmire, Tartuffe révèle que le dévot ne pratique pas ce qu'il prêche.

EXTRAIT   ***TARTUFFE*** *(1664)*

Acte III, scène 3

ELMIRE. Pour moi, je crois qu'au Ciel tendent tous vos soupirs,
Et que rien ici-bas n'arrête vos désirs.

TARTUFFE. L'amour qui nous attache aux beautés éternelles
N'étouffe pas en nous l'amour des temporelles ;
5 Nos sens facilement peuvent être charmés
Des ouvrages parfaits que le Ciel a formés.
Ses attraits réfléchis brillent dans vos pareilles ;
Mais il étale en vous ses plus rares merveilles ;
Il a sur votre face épanché des beautés
10 Dont les yeux sont surpris, et les cœurs transportés,
Et je n'ai pu vous voir, parfaite créature,
Sans admirer en vous l'auteur de la nature,

Et d'une ardente amour sentir mon cœur atteint,
Au plus beau des portraits où lui-même il s'est peint.
15 D'abord j'appréhendai que cette ardeur secrète
Ne fût du noir esprit une surprise adroite ;
Et même à fuir vos yeux mon cœur se résolut,
Vous croyant un obstacle à faire mon salut.
Mais enfin je connus, ô beauté toute aimable,
20 Que cette passion peut n'être point coupable,
Que je puis l'ajuster avecque la pudeur,
Et c'est ce qui m'y fait abandonner mon cœur.
Ce m'est, je le confesse, une audace bien grande
Que d'oser de ce cœur vous adresser l'offrande ;
25 Mais j'attends en mes vœux tout de votre bonté,
Et rien des vains efforts de mon infirmité ;
En vous est mon espoir, mon bien, ma quiétude,
De vous dépend ma peine ou ma béatitude,
Et je vais être enfin, par votre seul arrêt,
30 Heureux si vous voulez, malheureux s'il vous plaît.

ELMIRE. La déclaration est tout à fait galante,
Mais elle est, à vrai dire, un peu bien surprenante.
Vous deviez, ce me semble, armer mieux votre sein,
Et raisonner un peu sur un pareil dessein.
35 Un dévot comme vous, et que partout on nomme...

TARTUFFE. Ah ! pour être dévot, je n'en suis pas moins homme ;
Et lorsqu'on vient à voir vos célestes appas,
Un cœur se laisse prendre, et ne raisonne pas.
Je sais qu'un tel discours de moi paraît étrange ;
40 Mais, Madame, après tout, je ne suis pas un ange ;
Et si vous condamnez l'aveu que je vous fais,
Vous devez vous en prendre à vos charmants attraits.
Dès que j'en vis briller la splendeur plus qu'humaine,
De mon intérieur vous fûtes souveraine ;
45 De vos regards divins l'ineffable douceur
Força la résistance où s'obstinait mon cœur ;
Elle surmonta tout, jeûnes, prières, larmes,
Et tourna tous mes vœux du côté de vos charmes.
Mes yeux et mes soupirs vous l'ont dit mille fois,
50 Et pour mieux m'expliquer j'emploie ici la voix.

---

1. Membres de la Compagnie de Jésus, ordre religieux fondé par Ignace de Loyola, un gentilhomme espagnol du milieu du XVIᵉ siècle.

2. Tout juste avant de rencontrer Elmire, le dévot réplique à Dorine : « Couvrez ce sein que je ne saurais voir » (acte III, scène 2).

LE GRAND SIÈCLE
Les œuvres théâtrales classiques

Jacobus Houbraken (graveur) (1698-1780), d'après Cornelis Troost
(1696-1750). *Scène du Tartuffe ou l'imposteur hypocrite* (1760-1780).
Rijksmuseum, Amsterdam, Pays-Bas.

Que si vous contemplez d'une âme un peu bénigne
Les tribulations de votre esclave indigne,
S'il faut que vos bontés veuillent me consoler
Et jusqu'à mon néant daignent se ravaler,
55 J'aurai toujours pour vous, ô suave merveille,
Une dévotion à nulle autre pareille.
Votre honneur avec moi ne court point de hasard,
Et n'a nulle disgrâce à craindre de ma part.
Tous ces galants de cour, dont les femmes sont folles,
60 Sont bruyants dans leurs faits et vains dans leurs paroles,
De leurs progrès sans cesse on les voit se targuer ;
Ils n'ont point de faveurs qu'ils n'aillent divulguer,
Et leur langue indiscrète, en qui l'on se confie,
Déshonore l'autel où leur cœur sacrifie.
65 Mais les gens comme nous brûlent d'un feu discret,
Avec qui pour toujours on est sûr du secret :
Le soin que nous prenons de notre renommée
Répond de toute chose à la personne aimée,
Et c'est en nous qu'on trouve, acceptant notre cœur,
70 De l'amour sans scandale et du plaisir sans peur.

ELMIRE. Je vous écoute dire, et votre rhétorique
En termes assez forts à mon âme s'explique.
N'appréhendez-vous point que je ne sois d'humeur
À dire à mon mari cette galante ardeur,
75 Et que le prompt avis d'un amour de la sorte
Ne pût bien altérer l'amitié qu'il vous porte ?

QUESTIONS DE COMPRÉHENSION ET D'ANALYSE

1. Repérez les termes religieux utilisés par Tartuffe. Dans quel contexte y recourt-il ? Expliquez pourquoi.

2. Qu'est-ce qui, dans l'extrait, permet d'affirmer qu'Elmire, aux yeux de Tartuffe, se distingue assurément des autres femmes ?

3. Pourquoi peut-on affirmer que Tartuffe voue un véritable culte à Elmire ? Appuyez-vous sur les vers suivants : « Et je n'ai pu vous voir, parfaite créature,/Sans admirer en vous l'auteur de la nature » ; « Que d'oser de ce cœur vous adresser l'offrande » ; « J'aurai toujours pour vous, ô suave merveille,/Une dévotion à nulle autre pareille. »

4. Quelle est la figure d'atténuation dans le vers suivant : « Ah ! pour être dévot, je n'en suis pas moins homme » ? Que met-elle en évidence ? Citez un passage, dans les premiers vers de l'extrait, qui rappelle cette même idée et justifiez votre réponse.

5. En quoi la dernière réplique montre-t-elle qu'Elmire ne s'est pas laissé berner par le discours de Tartuffe ? Justifiez votre réponse en analysant ce qu'elle dit.

Sujet d'analyse : Comment Molière fait-il comprendre que Tartuffe est un imposteur ?

LE GRAND SIÈCLE
Les œuvres théâtrales classiques

LE COURANT LIBERTIN : VERS UNE NOUVELLE FAÇON DE PENSER

Devant l'infinité du monde, deux idéologies s'opposent : d'un côté il y a ceux qui, comme Pascal, croient qu'il faut y voir une preuve de la toute-puissance divine ; de l'autre il y a les libertins, qui entrevoient dans cette réalité nouvelle une invitation à modifier leur façon de vivre et ne demandent pas mieux que d'explorer ce monde infini. Le terme « libertin » désigne les libres penseurs ou les incroyants, c'est-à-dire les personnes qui, à la suite d'une crise de conscience, remettent en question la religion et la morale. Selon les libertins, l'univers et la nature ne doivent pas se confondre avec Dieu. Le libertin est foncièrement individualiste et épicurien, comme en témoigne son credo, *carpe diem*, qui signifie « saisir l'instant ». Rationaliste et sceptique, il n'hésite pas à remettre en question tout ce qui ne peut être démontré par l'observation.

Les œuvres des libertins mettent en scène d'abord et avant tout la liberté de pensée et d'action. Les écrivains libertins choisissent souvent de décrire le monde en se permettant de critiquer la société et les mœurs de l'époque. Par la position qu'ils adoptent à cet égard, ils représentent la transition entre les humanistes de la Renaissance et les philosophes du XVIIIᵉ siècle.

Molière (1622-1673)

Après le scandale causé par sa pièce *Tartuffe*, Molière présente sa version de la légende de Don Juan, issue d'un fait divers qui a d'abord inspiré l'écrivain espagnol Tirso de Molina pour sa pièce *Le trompeur de Séville ou Le convive de pierre*. Le dramaturge français en fait une comédie qui nécessite 6 décors, 80 toiles peintes, une machinerie, des effets pyrotechniques, sans compter les costumes très luxueux.

Dans *Dom Juan*, Molière met en scène un libertin réfractaire à toute morale, qui va de conquête en conquête, et son valet Sganarelle, personnage issu de la *commedia dell'arte*, qui représente ici le conformisme. Tout au long de la pièce, les deux person-nages vont opposer leurs visions contradictoires du monde. Le monologue de Don Juan est un exemple parfait de rigueur et d'organisation argumentative. Le libertin commence son discours en définissant de façon générale la fidélité, qui est associée à la mort « dès sa jeunesse », et la séduction qui, elle, est associée au mouvement et à la vie. Don Juan cherche ensuite à se déculpabiliser en insinuant que ce sont les femmes qui viennent à lui et qu'il ne fait que répondre à leurs avances, car il « cède facilement ». La séduction du personnage est alors une réponse à la séduction des femmes, action qu'il associe à une « conquête », à une guerre dans laquelle il se doit de « vaincre ». Cette argumentation laisse Sganarelle pantois, lui qui avait « les plus belles pensées du monde ».

EXTRAIT **DOM JUAN** *(1665)*

Acte I, scène 2

Don Juan. — Eh bien, je te donne la liberté de parler, et de me dire tes sentiments.

Sganarelle. — En ce cas, Monsieur, je vous dirai franchement que je n'approuve point votre méthode, et que je trouve fort vilain d'aimer de tous côtés comme vous faites.

Don Juan. — Quoi ? tu veux qu'on se lie à demeurer au premier objet qui nous prend, qu'on renonce au monde pour lui, et qu'on n'ait plus d'yeux pour personne ? La belle chose de vouloir se piquer d'un faux honneur d'être fidèle, de s'ensevelir pour

5

toujours dans une passion, et d'être mort dès sa jeunesse, à toutes les autres beautés qui nous peuvent frapper les yeux : non, non, la constance n'est bonne que pour des ridicules, toutes les belles ont droit de nous charmer, et l'avantage d'être

10 rencontrée la première, ne doit point dérober aux autres les justes prétentions qu'elles ont toutes sur nos cœurs. Pour moi, la beauté me ravit partout, où je la trouve ; et je cède facilement à cette douce violence, dont elle nous entraîne ; j'ai beau être engagé, l'amour que j'ai pour une belle, n'engage point mon âme à faire injustice aux autres ; je conserve des yeux pour voir le mérite de toutes, et rends à

15 chacune les hommages, et les tributs où la nature nous oblige. Quoi qu'il en soit, je ne puis refuser mon cœur à tout ce que je vois d'aimable, et dès qu'un beau visage me le demande, si j'en avais dix mille, je les donnerais tous. Les inclinations naissantes après tout, ont des charmes inexplicables, et tout le plaisir de l'amour est dans le changement. On goûte une douceur extrême à réduire par cent

20 hommages le cœur d'une jeune beauté, à voir de jour en jour les petits progrès qu'on y fait ; à combattre par des transports, par des larmes, et des soupirs, l'innocente pudeur d'une âme, qui a peine à rendre les armes, à forcer pied à pied toutes les petites résistances qu'elle nous oppose, à vaincre les scrupules, dont elle se fait un honneur, et la mener doucement, où nous avons envie de la faire venir. Mais

25 lorsqu'on est maître une fois il n'y a plus rien à dire, ni rien à souhaiter, tout le beau de la passion est fini, et nous nous endormons dans la tranquillité d'un tel amour, si quelque objet nouveau ne vient réveiller nos désirs, et présenter à notre cœur les charmes attrayants d'une conquête à faire.

Enfin, il n'est rien de si doux, que de triompher de

30 la résistance d'une belle personne ; et j'ai sur ce sujet l'ambition des conquérants, qui volent perpétuellement de victoire en victoire, et ne peuvent se résoudre à borner leurs souhaits. Il n'est rien qui puisse arrêter l'impétuosité de mes désirs, je me

35 sens un cœur à aimer toute la terre ; et comme Alexandre, je souhaiterais qu'il y eût d'autres mondes, pour pouvoir étendre mes conquêtes amoureuses.

SGANARELLE. — Vertu de ma vie, comme vous débi-

40 tez ; il semble que vous ayez appris cela par cœur, et vous parlez tout comme un livre.

DON JUAN. — Qu'as-tu à dire là-dessus ?

SGANARELLE. — Ma foi, j'ai à dire, je ne sais que dire ; car vous tournez les choses d'une manière, qu'il

45 semble que vous avez raison et cependant il est vrai que vous ne l'avez pas. J'avais les plus belles pensées du monde, et vos discours m'ont brouillé tout cela ; laissez faire, une autre fois je mettrai mes raisonnements par écrit, pour disputer avec vous.

QUESTIONS DE COMPRÉHENSION ET D'ANALYSE

1. À quel grand conquérant Don Juan se compare-t-il ? Expliquez pourquoi.

2. Don Juan tient un discours qui relève de l'exagération. Qu'est-ce qui confirme cette affirmation dans le texte ? Trouvez deux extraits typiques de l'exagération et analysez-les.

3. Quand Don Juan dit qu'il « cède facilement à cette douce violence », qu'exprime-t-il ? Quelle figure de style utilise-t-il ?

4. Expliquez ce qu'il entend par « Les inclinations naissantes après tout, ont des charmes inexplicables, et tout le plaisir de l'amour est dans le changement ».

5. Que représente la fidélité pour Don Juan ? Relevez des passages qui appuient votre réponse.

Sujet d'analyse : Montrez comment la séduction devient chez Don Juan une manière d'exprimer un désir de liberté.

LA FABLE COMME HABILE CRITIQUE SOCIALE

Au XVIIe siècle, bien des écrivains et des penseurs constatent les inégalités engendrées par les structures sociale et politique de l'Ancien Régime, qui culmine pendant le règne de Louis XIV. La liberté d'expression n'étant pas établie, il n'est toutefois pas aisé de faire passer certains messages. Issue des cultures gréco-latine et orientale, la fable renaît à l'époque classique, servant à communiquer un enseignement moral et philosophique. En apparence amusante et légère, voire écrite pour les enfants, elle devient aussi un excellent moyen pour critiquer les nombreux problèmes de la société française dissimulés sous l'éclat de la cour du Roi-Soleil[1].

Jean de La Fontaine (1621-1695)

D'abord insouciant et proche des libertins, Jean de La Fontaine se tourne vers la foi en vieillissant. Impliqué dans la querelle des Anciens et des Modernes (voir p. 104), on le reconnaît comme un des grands moralistes de son siècle, notamment grâce à ses fables. Par celles-ci, La Fontaine cherche à la fois à «plaire et [à] instruire[2]». Ainsi, il versifie des histoires inspirées de diverses œuvres empruntées à l'épopée, aux romans bourgeois ou encore aux textes antiques qui servaient dans les écoles à l'apprentissage de la sagesse et du latin. En ce qui concerne l'instruction, elle se décline dans la finalité morale qui accompagne chaque fable. Aussi, sous sa plume, qui puise abondamment dans le répertoire du fabuliste grec Ésope, les *Fables* privilégient un style léger et agréable, pour dénoncer impitoyablement la vanité des puissants et les injustices qui sont le lot des petites gens. Publiées entre 1668 et 1694, elles brossent en ce sens un portrait pessimiste de l'âme humaine.

Dans «Les animaux malades de la peste», La Fontaine s'en prend aux gouvernants qui fuient leurs responsabilités dans les moments difficiles et trouvent toujours un bouc émissaire pour lui faire porter le blâme.

EXTRAIT *FABLES* (1678)

Les animaux malades de la peste

Un mal qui répand la terreur,
Mal que le Ciel en sa fureur
Inventa pour punir les crimes de la terre,
La Peste (puisqu'il faut l'appeler par son nom),
5 Capable d'enrichir en un jour l'Achéron[3],
Faisait aux Animaux la guerre.
Ils ne mouraient pas tous, mais tous étaient frappés :
On n'en voyait point d'occupés
À chercher le soutien d'une mourante vie ;
10 Nul mets n'excitait leur envie ;
Ni loups ni renards n'épiaient
La douce et l'innocente proie.
Les tourterelles se fuyaient :
Plus d'amour, partant plus de joie.

15 | Le Lion tint conseil, et dit : «Mes chers amis,
   | Je crois que le Ciel a permis
   | Pour nos péchés cette infortune.
   | Que le plus coupable de nous
   | Se sacrifie aux traits du céleste courroux ;
20 | Peut-être il obtiendra la guérison commune.
   | L'histoire nous apprend qu'en de tels accidents,
   | On fait de pareils dévouements.
   | Ne nous flattons donc point ; voyons sans indulgence
   | L'état de notre conscience.
25 | Pour moi, satisfaisant mes appétits gloutons,
   | J'ai dévoré force moutons.
   | Que m'avaient-ils fait ? Nulle offense ;
   | Même il m'est arrivé quelquefois de manger
   | Le berger.
30 | Je me dévouerai donc, s'il le faut ; mais je pense
   | Qu'il est bon que chacun s'accuse ainsi que moi :
   | Car on doit souhaiter, selon toute justice,
   | Que le plus coupable périsse.
   | — Sire, dit le Renard, vous êtes trop bon roi ;
35 | Vos scrupules font voir trop de délicatesse.
   | Eh bien ! manger moutons, canaille, sotte espèce,
   | Est-ce un péché ? Non, non. Vous leur fîtes, Seigneur,
   | En les croquant, beaucoup d'honneur ;
   | Et quant au berger, l'on peut dire
40 | Qu'il était digne de tous maux,
   | Étant de ces gens-là qui sur les animaux
   | Se font un chimérique empire. »
   | Ainsi dit le Renard ; et flatteurs d'applaudir.
   | On n'osa trop approfondir
45 | Du Tigre, ni de l'Ours, ni des autres puissances,
   | Les moins pardonnables offenses.

1. Il s'agit d'une époque où le peuple (qui constitue 95 % de la population et qui est composé en majorité de paysans et d'artisans) vit en général dans des conditions d'extrême pauvreté qui contrastent avec le train de vie des nobles et des bourgeois nantis. À cause de l'hygiène défaillante, les maladies infectieuses comme la dysenterie et le typhus ne sont pas rares.

2. Il le décrit en ces termes dans «Le Pâtre et le Lion» (*Fables*, VI, 1, v. 1 à 6): «Les fables ne sont pas ce qu'elles semblent être :/Le plus simple animal nous y tient lieu de maître./Une morale nue apporte de l'ennui ;/Le conte fait passer le précepte avec lui./En ces sortes de feintes il faut instruire et plaire,/Et conter pour conter me semble peu d'affaire.»

3. Dans la mythologie grecque, fleuve sur lequel étaient transportées, en barque, les âmes des défunts vers les Enfers.

LE GRAND SIÈCLE
Les œuvres poétiques classiques

Imam Bakhsh Lahori, Lahore v. 1837. *Les animaux malades de la peste,*
Jean de La Fontaine, Fable 1, Livre 7. Collection Musée Jean de La Fontaine,
Château-Thierry, France.

Tous les gens querelleurs, jusqu'aux simples mâtins[4],
Au dire de chacun, étaient de petits saints.
L'Âne vint à son tour, et dit : «J'ai souvenance
50 Qu'en un pré de moines passant,
La faim, l'occasion, l'herbe tendre, et, je pense,
Quelque diable aussi me poussant,
Je tondis de ce pré la largeur de ma langue.
Je n'en avais nul droit puisqu'il faut parler net.»
55 À ces mots, on cria haro sur le Baudet.
Un Loup, quelque peu clerc, prouva par sa harangue
Qu'il fallait dévouer[5] ce maudit animal,
Ce pelé, ce galeux, d'où venait tout leur mal.
Sa peccadille fut jugée un cas pendable.
60 Manger l'herbe d'autrui ! quel crime abominable !
Rien que la mort n'était capable
D'expier son forfait : on le lui fit bien voir.

Selon que vous serez puissant ou misérable,
Les jugements de cour vous rendront blanc ou noir.

---

4. Gros chien de garde ou de chasse.
5. Sacrifier.

QUESTIONS DE COMPRÉHENSION ET D'ANALYSE

1. La Fontaine associe les puissants du royaume au Lion, au Renard, au Tigre, au Loup, à l'Ours. Quelles classes sociales ces animaux symbolisent-ils ? Quelles caractéristiques La Fontaine veut-il ainsi faire ressortir ?

2. Qu'est-ce qui permet d'affirmer que le Lion ne se considère pas comme responsable du fléau qui s'est abattu sur ses sujets, dans l'extrait suivant : «Je me dévouerai donc, s'il le faut ; mais je pense/Qu'il est bon que chacun s'accuse ainsi que moi :/Car on doit souhaiter, selon toute justice,/Que le plus coupable périsse» ?

3. À l'aide d'un passage de la fable, expliquez comment La Fontaine met en évidence le fait que les nobles sont traités différemment des petites gens.

4. Dans le contexte, que révèle l'utilisation de l'énumération dans les vers suivants : «Un Loup, quelque peu clerc, prouva par sa harangue/Qu'il fallait dévouer ce maudit animal,/Ce pelé, ce galeux, d'où venait tout leur mal» ? Dites en quoi l'intervention de ce personnage est déterminante pour le destin de l'âne.

5. La morale de la fable apparaît dans la chute que constituent les deux derniers vers. Comment la comprenez-vous ?

Sujet d'analyse : Montrez en quoi la fable est une critique de la société du XVIIe siècle.

LE GRAND SIÈCLE
Les œuvres poétiques classiques

LA QUERELLE DES ANCIENS ET DES MODERNES

La fin du XVIIe siècle est le théâtre d'une querelle entre Anciens et Modernes. Cette discorde, qui dure près de sept ans, est alimentée à coups d'épigrammes, de lettres et d'articles. La question au cœur du conflit est de savoir si les œuvres antiques représentent les modèles définitifs de l'esthétique qui doit prévaloir. De façon plus générale, cette querelle oppose la tradition à la modernité. Les partisans de cette dernière approche renoncent à copier les modèles antiques et insistent sur l'innovation, car ils croient au progrès de l'art. Selon eux, les artistes doivent tenir compte de leur époque et adapter leur art à la sensibilité et aux goûts de leurs contemporains. Dans cette perspective, les Modernes cherchent à explorer de nouvelles formes d'écriture. Par ailleurs, les artistes peuvent toujours s'inspirer des Anciens, sans pour autant négliger les œuvres contemporaines françaises et étrangères, comme *Don Quichotte*, de l'Espagnol Cervantès. Du côté des Anciens, défendus par Boileau, Racine, La Fontaine, Bossuet, Fénelon et La Bruyère, on croit plutôt que les modèles de l'Antiquité gréco-latine constituent un idéal de perfection jamais égalé que tous les bons auteurs se doivent d'imiter. Selon eux, tout a été dit une fois pour toutes, et ce, de la plus belle façon qu'on puisse imaginer. Il ne reste aux bons auteurs qu'à reprendre indéfiniment ces modèles de perfection qui leur permettront, à eux aussi, de passer à la postérité. Le débat, qui se déroule dans les journaux, voit s'épanouir la critique littéraire, une activité jusque-là peu pratiquée, et aura aussi permis de constater l'importance de l'opinion publique. Désormais les œuvres s'adresseront au peuple, qu'elles tenteront de convaincre et de séduire. Les idées soutenues par les Modernes gagnent peu à peu du terrain, car la marche de l'évolution ne peut être arrêtée.

Charles Perrault (1628-1703)

Charles Perrault est le chef de file des Modernes. C'est son poème intitulé « Le siècle de Louis le Grand » qui provoquera la querelle. Au-delà de la controverse, le texte demeure particulièrement habile, car il dresse un parallèle entre la culture antique et le monde qui lui est contemporain. L'auteur y présente en effet les œuvres comme étant issues du rayonnement du règne d'un « excellent Monarque ». Clamer l'impossibilité d'atteindre la perfection antique par les œuvres contemporaines (qui est la position adoptée par les Anciens) reviendrait donc à diminuer l'importance historique de Louis XIV car, pour Perrault, « on peut comparer sans craindre d'être injuste,/Le Siècle de LOUIS au beau Siècle d'Auguste ».

EXTRAIT **LE SIÈCLE DE LOUIS LE GRAND** *(1687)*

La belle Antiquité fut toujours vénérable,
Mais je ne crus jamais qu'elle fût adorable.
Je vois les Anciens, sans plier les genoux,
Ils sont grands, il est vrai, mais hommes comme nous :
5   Et l'on peut comparer sans craindre d'être injuste,
Le Siècle de LOUIS au beau Siècle d'Auguste[1].
En quel temps sut-on mieux le dur métier de Mars[2] ?
Quand d'un plus vif assaut força-t-on des remparts ?
Et quand vit-on monter au sommet de la gloire,

10 | D'un plus rapide cours le char de la Victoire ?
Si nous voulions ôter le voile spécieux,
Que la Prévention nous met devant les yeux,
Et lassés d'applaudir à mille erreurs grossières,
Nous servir quelquefois de nos propres lumières,
15 | Nous verrions clairement que sans témérité,
On peut n'adorer pas toute l'Antiquité,
Et qu'enfin dans nos jours, sans trop de confiance,
On lui peut disputer le prix de la science. [...]
Jamais l'Astre du jour qu'aujourd'hui nous voyons,
20 | N'eut le front couronné de plus brillants rayons,
Jamais dans le Printemps les roses empourprées
D'un plus vif incarnat ne furent colorées :
Non moins blanc qu'autrefois brille dans nos jardins
L'éblouissant émail des lis et des jasmins,
25 | Et dans le siècle d'or la tendre Philomèle[3]
Qui charmait nos aïeux de sa chanson nouvelle,
N'avait rien de plus doux que celle dont la voix
Réveille les échos qui dorment dans nos bois :
De cette même main les forces infinies
30 | Produisent en tout temps de semblables génies.
Les Siècles, il est vrai, sont entre eux différents,
Il en fut d'éclairés, il en fut d'ignorants,
Mais si le règne heureux d'un excellent Monarque
Fut toujours de leur prix et la cause et la marque,
35 | Quel Siècle pour ses Rois, des hommes révérés,
Au Siècle de LOUIS peut être préféré ?

---

1. Auguste : empereur romain (−63 à 14).
2. Mars : dieu de la guerre dans la mythologie romaine.
3. Philomèle : personnification du rossignol.

QUESTIONS DE COMPRÉHENSION ET D'ANALYSE

1. Dans quel sens Perrault utilise-t-il le mot « adorable », à la fin du deuxième vers, pour qualifier l'Antiquité ?

2. Dans les vers 3 à 6, il est question du Siècle de Louis et de celui d'Auguste. À quoi cela fait-il référence et que veut faire comprendre Perrault ?

3. Au milieu de son poème, l'auteur fait comprendre que son siècle est plus évolué en un certain domaine que ne l'est la période de l'Antiquité. Lequel ?

4. Quels vers soulignent par la suite la valeur du siècle présent ? Quelle est la figure de style la plus utilisée pour le faire ?

5. Montrez comment les derniers vers constituent un hommage au Roi-Soleil.

Sujet d'analyse : Étudiez les moyens mis en œuvre par le poète pour s'opposer aux Anciens.

LES SALONS DU XVIIᵉ SIÈCLE

Sous Louis XIV, la «bonne société» fréquente les salons, ces lieux réservés aux esprits distingués. Dans les salons, parmi les habitués, en plus des aristocrates, on trouve des hommes et des femmes de lettres, des artistes et des politiciens. On y parle surtout d'amour (thème incontournable) et de littérature, mais aussi de philosophie. On se penche notamment sur la nature humaine, qu'on tente d'expliquer par la morale, les mœurs et l'histoire. Les échanges et les réflexions dont se nourrissent mutuellement les participants trouvent un écho dans les œuvres de ceux qui s'adonnent à l'écriture. À cette époque, il est bien vu d'écrire, mais la publication n'est toutefois pas un objectif. Certains textes passent de main en main dans les salons et ne sont connus que d'un cercle d'initiés; d'autres sont publiés anonymement, tels que les *Lettres* de Madame de Sévigné, *La princesse de Clèves* de Madame de La Fayette, ou encore les *Maximes* de La Rochefoucauld.

Dans ce contexte, le roman poursuit son évolution alors que sont publiés une quinzaine de nouveaux romans chaque année, dont la plupart ont pour thème principal l'amour. Les romans-fleuves aux intrigues multiples et souvent invraisemblables font place à la brièveté, à la sobriété et au réalisme. Au milieu des parodies et des œuvres satiriques, on assiste à l'éclosion du roman historique.

Madame de La Fayette (1634-1693)

La princesse de Clèves, de Madame de La Fayette, est un bon exemple de roman classique. Relatant un amour contrarié par l'honneur, cette histoire est en tout point conforme à l'esthétique du classicisme. L'intrigue et le décor ont été transposés au XVIᵉ siècle à la cour des Valois, mais le style de vie et la psychologie des personnages évoquent plutôt le règne de Louis XIV. Dans son roman, Madame de La Fayette dépeint avec une égale justesse les tourments du cœur et la rigidité d'une société régie par des règles morales et des impératifs mondains.

La scène dans laquelle la princesse de Clèves avoue à son mari l'amour qu'elle porte au duc de Nemours a provoqué un scandale à l'époque. Beaucoup y ont vu une morale allant à l'encontre de celle des «honnêtes gens». Ce qui a causé la controverse à l'époque n'était pas l'aveu, mais plutôt la réaction du mari.

EXTRAIT · *LA PRINCESSE DE CLÈVES* (1678)

«Vous ne me dites rien, reprit-il, et c'est me dire que je ne me trompe pas. — Eh bien, monsieur, lui répondit-elle en se jetant à ses genoux, je vais vous faire un aveu que l'on n'a jamais fait à son mari; mais l'innocence de ma conduite et de mes intentions m'en donne la force. Il est vrai que j'ai des raisons de m'éloigner de la

5 cour, et que je veux éviter les périls où se trouvent quelquefois les personnes de mon âge. Je n'ai jamais donné nulle marque de faiblesse, et je ne craindrais pas d'en laisser paraître, si vous me laissiez la liberté de me retirer de la cour, ou si j'avais encore Mᵐᵉ de Chartres pour aider à me conduire. Quelque dangereux que soit le parti que je prends, je le prends avec joie pour me conserver digne d'être à vous. Je

10 vous demande mille pardons, si j'ai des sentiments qui vous déplaisent: du moins

je ne vous déplairai jamais par mes actions. Songez que, pour faire ce que je fais, il faut avoir plus d'amitié et plus d'estime pour un mari que l'on n'en a jamais eu : conduisez-moi, ayez pitié de moi, et aimez-moi encore, si vous pouvez. »

15   M. de Clèves était demeuré, pendant tout ce discours, la tête appuyée sur ses mains, hors de lui-même, et il n'avait pas songé à faire relever sa femme. Quand elle eut cessé de parler, qu'il la vit à ses genoux, le visage couvert de larmes, et d'une beauté si admirable, il pensa mourir de douleur, et l'embrassant en la relevant : « Ayez pitié de moi vous-même, madame, lui dit-il, j'en suis digne, et pardonnez si dans les premiers moments d'une affliction aussi violente qu'est la mienne, je ne réponds pas

20   comme je dois à un procédé comme le vôtre. Vous me paraissez plus digne d'estime et d'admiration que tout ce qu'il y a jamais eu de femmes au monde ; mais aussi je me trouve le plus malheureux homme qui ait jamais été. Vous m'avez donné de la passion dès le premier moment que je vous ai vue ; vos rigueurs et votre possession n'ont pu l'éteindre, elle dure encore : je n'ai jamais pu vous donner de l'amour, et je

25   vois que vous craignez d'en avoir pour un autre. Et qui est-il, madame, cet homme heureux qui vous donne cette crainte ? Depuis quand vous plaît-il ? Qu'a-t-il fait pour vous plaire ? Quel chemin a-t-il trouvé pour aller à votre cœur ? Je m'étais consolé en quelque sorte de ne l'avoir pas touché, par la pensée qu'il était incapable de l'être. Cependant un autre fait ce que je n'ai pu faire : j'ai tout ensemble la jalousie d'un

30   mari et celle d'un amant ; mais il est impossible d'avoir celle d'un mari après un procédé comme le vôtre. Il est trop noble pour ne me pas donner une sûreté ; il me console même comme votre amant. La confiance et la sincérité que vous avez pour moi sont d'un prix infini : vous m'estimez assez pour croire que je n'abuserai pas de cet aveu. Vous avez raison, madame, je n'en abuserai pas et je ne vous en aimerai

35   pas moins. Vous me rendez malheureux par la plus grande marque de fidélité que jamais une femme ait donnée à son mari ; mais, madame, achevez, et apprenez-moi qui est celui que vous voulez éviter.

QUESTIONS DE COMPRÉHENSION ET D'ANALYSE

1. Expliquez le problème moral de la princesse de Clèves.

2. Relevez trois passages où le vocabulaire utilisé transmet l'émotion de l'épouse. Soulignez ce vocabulaire.

3. Comment comprend-on que M. de Clèves est passionnément amoureux de sa femme ?

4. Pourquoi M. de Clèves dit-il : « La confiance et la sincérité que vous avez pour moi sont d'un prix infini » ?

5. En quoi cette situation contrevient-elle aux bonnes mœurs de l'époque ?

Sujet d'analyse : Démontrez que cet extrait privilégie les sentiments et écarte la morale.

LE GRAND SIÈCLE
Les œuvres narratives classiques

LE MORALISME DU GRAND SIÈCLE

Issu de la tradition orale, le conte se présente comme un genre plutôt nouveau à l'écrit, qui laisse une large place à l'imaginaire et à l'invraisemblable, mais qui contient la nécessaire dimension morale associée au classicisme. Comme la fable, il instruit le lecteur et l'amène à réfléchir sur la société de son temps par l'entremise d'histoires aux accents enfantins.

Charles Perrault (1628-1703)

Charles Perrault est une personnalité très en vue à la cour et un écrivain prolifique ; il adapte les récits de la culture populaire afin de pouvoir les transmettre aux nobles. Ses contes constituent ainsi une forme de recension d'histoires issues de la tradition orale. Il est d'ailleurs possible de repérer certains aspects folkloriques par des expressions comme « tire la chevillette, la bobinette cherra ». Destinés à l'origine à un public adulte, les contes de Perrault recèlent une symbolique riche par laquelle l'auteur fait aussi valoir ses idées. Son recueil *Histoires ou contes du temps passé, avec des moralités*, connu sous le titre *Les contes de la mère l'Oye*, remporte un succès immédiat.

Par « Le petit chaperon rouge », l'auteur cherche à mettre en garde les « jeunes filles » contre les « loups doucereux ». Il présente le personnage principal comme une petite fille qui est jolie et qui aime jouer, et l'oppose au personnage du Loup, dont le dessein est de la « manger ».

EXTRAIT *LES CONTES DE LA MÈRE L'OYE* (1697)

Le petit chaperon rouge

Il était une fois une petite fille de village, la plus jolie qu'on eût su voir : sa mère en était folle, et sa grand-mère plus folle encore. Cette bonne femme lui fit faire un petit chaperon rouge qui lui seyait si bien, que partout on l'appelait le Petit Chaperon rouge.

Un jour, sa mère ayant cuit et fait des galettes, lui dit : « Va voir comment se porte ta
5   mère-grand, car on m'a dit qu'elle était malade. Porte-lui une galette et ce petit pot de beurre. » Le Petit Chaperon rouge partit aussitôt pour aller chez sa mère-grand, qui demeurait dans un autre village. En passant dans un bois, elle rencontra compère le Loup, qui eut bien envie de la manger ; mais il n'osa, à cause de quelques bûcherons qui étaient dans la forêt. Il lui demanda où elle allait. La pauvre enfant, qui ne savait
10   pas qu'il était dangereux de s'arrêter à écouter un loup, lui dit : « Je vais voir ma mère-grand, et lui porter une galette, avec un petit pot de beurre, que ma mère lui envoie.
— Demeure-t-elle bien loin ? lui dit le Loup. — Oh ! oui, dit le Petit Chaperon rouge ; c'est par-delà le moulin que vous voyez tout là-bas, à la première maison du village.
— Eh bien ! dit le Loup, je veux l'aller voir aussi ; je m'y en vais par ce chemin-ci, et
15   toi par ce chemin-là ; et nous verrons à qui plus tôt y sera. »

Le Loup se mit à courir de toute sa force par le chemin qui était le plus court, et la petite fille s'en alla par le chemin le plus long, s'amusant à cueillir des noisettes, à courir après les papillons, et à faire des bouquets des petites fleurs qu'elle rencontrait.

Le Loup ne fut pas longtemps à arriver à la maison de la mère-grand ; il heurte : toc,
20   toc. — « Qui est là ? — C'est votre fille, le Petit Chaperon rouge, dit le Loup en contre-

faisant sa voix, qui vous apporte une galette et un petit pot de beurre, que ma mère vous envoie.» La bonne mère-grand, qui était dans son lit, à cause qu'elle se trouvait un peu mal, lui cria: «Tire la chevillette, la bobinette cherra.» Le Loup tira la chevillette, et la porte s'ouvrit. Il se jeta sur la bonne femme, et la dévora en moins de rien,
25 car il y avait plus de trois jours qu'il n'avait mangé. Ensuite il ferma la porte, et s'alla coucher dans le lit de la mère-grand, en attendant le Petit Chaperon rouge, qui, quelque temps après, vint heurter à la porte: toc, toc. — «Qui est là?» Le Petit Chaperon rouge, qui entendit la grosse voix du Loup, eut peur d'abord, mais, croyant que sa mère-grand était enrhumée, répondit: «C'est votre fille, le Petit Chaperon
30 rouge, qui vous apporte une galette et un petit pot de beurre, que ma mère vous envoie.» Le Loup lui cria en adoucissant un peu sa voix: «Tire la chevillette, la bobinette cherra.» Le Petit Chaperon rouge tira la chevillette, et la porte s'ouvrit.

Le Loup, la voyant entrer, lui dit en se cachant dans le lit, sous la couverture: «Mets la galette et le petit pot de beurre sur la huche, et viens te coucher avec moi.» Le Petit
35 Chaperon rouge se déshabille, et va se mettre dans le lit, où elle fut bien étonnée de voir comment sa mère-grand était faite en son déshabillé. Elle lui dit: «Ma mère-grand, que vous avez de grands bras! — C'est pour mieux t'embrasser, ma fille! — Ma mère-grand, que vous avez de grandes jambes! — C'est pour mieux courir, mon enfant! — Ma mère-grand, que vous avez de grandes oreilles! — C'est pour mieux
40 écouter, mon enfant! — Ma mère-grand, que vous avez de grands yeux! — C'est pour mieux voir, mon enfant! — Ma mère-grand, que vous avez de grandes dents! — C'est pour te manger!» Et, en disant ces mots, ce méchant Loup se jeta sur le
45 Petit Chaperon rouge, et la mangea.

Moralité

On voit ici que de jeunes enfants,
Surtout de jeunes filles
Belles, bien faites et gentilles,
Font très mal d'écouter toute sorte de gens,
50 *Et que ce n'est pas chose étrange,*
S'il en est tant que le loup mange.
Je dis le loup, car tous les loups
Ne sont pas de la même sorte:
Il en est d'une humeur accorte[1],
55 *Sans bruit, sans fiel[2] et sans courroux,*
Qui, privés, complaisants et doux,
Suivent les jeunes demoiselles
Jusque dans les maisons, jusque dans les ruelles.
Mais, hélas! qui ne sait que ces loups doucereux,
60 *De tous les loups sont les plus dangereux!*

---

1. Accorte: habile, adroit.
2. Fiel: mauvaise humeur qui s'accompagne de méchanceté.

QUESTIONS DE COMPRÉHENSION ET D'ANALYSE

1. Dites ce qui caractérise le personnage du Petit Chaperon rouge et appuyez votre réponse par des extraits appropriés.

2. Quelle erreur ce personnage commet-il au deuxième paragraphe et que donne à penser le texte? Par quel passage le comprend-on et comment sent-on la présence d'un jugement de la part du narrateur?

3. Après avoir rencontré le Petit Chaperon rouge, pourquoi le Loup court-il «de toute sa force par le chemin qui était le plus court»? Que cherche-t-il à faire?

4. Quel effet Perrault obtient-il de la répétition, par le Petit Chaperon rouge, de l'exclamation «que vous avez de grands...» (l. 37-43)?

5. En quoi la fin permet-elle de comprendre que cette histoire a une portée universelle?

Sujet d'analyse: Tout comme les fables de Jean de La Fontaine, les contes de Charles Perrault illustrent l'importance de la morale à l'époque classique. Démontrez que cette particularité est bien présente dans «Le petit chaperon rouge».

LA THÉORIE : CIRCONSCRIRE LES TENDANCES D'UNE ÉPOQUE

Au fil des époques, certains écrivains ne font pas qu'incarner les tendances du moment à travers leurs textes. En effet, il arrive que quelques-uns deviennent les théoriciens d'un courant qui parle à la fois de leur société et de la littérature qui doit la représenter. En ce qui concerne le classicisme, la théorie répertorie les idées qui lui sont propres : l'idéal moral de l'« honnête homme », la nécessité de tendre vers les vérités universelles, l'imitation des Anciens, le goût de plaire et d'instruire, le respect de la règle des trois unités, la bienséance, la vraisemblance, ainsi que l'utilisation rigoureuse de la langue.

Nicolas Boileau (1636-1711)

Le théoricien le plus influent du classicisme est sans aucun doute Nicolas Boileau. Au moment de la parution de *L'art poétique*, Molière est cependant déjà mort et Racine a écrit la plus grande partie de son œuvre. Le manifeste de Boileau apparaît donc comme un constat et une prescription un peu tardive mais éclairante sur les enjeux esthétiques de son époque. Dans son long poème didactique (plus de 1000 vers écrits en alexandrins), Boileau résume l'histoire de la poésie depuis le Moyen Âge jusqu'à Malherbe et énonce les grands principes de l'esthétique classique, divisés en quatre chants : 1. Principes généraux ; 2. Les genres secondaires ; 3. Les grands genres ; 4. Conseils moraux.

L'extrait présenté traite expressément de ce dernier point. Boileau souligne l'importance d'user de mots justes, clairs et précis.

EXTRAIT *L'ART POÉTIQUE* (1674)

Chant I

Enfin Malherbe vint, et, le premier en France,
Fit sentir dans les vers une juste cadence,
D'un mot mis en sa place enseigna le pouvoir,
Et réduisit la muse¹ aux règles du devoir.
5 Par ce sage écrivain la langue réparée
N'offrit plus rien de rude à l'oreille épurée.
Les stances² avec grâce apprirent à tomber,
Et le vers sur le vers n'osa plus enjamber.
Tout reconnut ses lois ; et ce guide fidèle
10 Aux auteurs de ce temps sert encor de modèle.
Marchez donc sur ses pas ; aimez sa pureté,
Et de son tour heureux imitez la clarté.
Si le sens de vos vers tarde à se faire entendre,
Mon esprit aussitôt commence à se détendre,
15 Et, de vos vains discours prompt à se détacher,
Ne suit point un auteur qu'il faut toujours chercher.

Il est certains esprits dont les sombres pensées
Sont d'un nuage épais toujours embarrassées ;
Le jour de la raison ne le saurait percer.
20 Avant donc que d'écrire apprenez à penser.
Selon que notre idée est plus ou moins obscure,
L'expression la suit, ou moins nette, ou plus pure.
Ce que l'on conçoit bien s'énonce clairement,
Et les mots pour le dire arrivent aisément.
25 Surtout, qu'en vos écrits la langue révérée
Dans vos plus grands excès vous soit toujours sacrée.
En vain vous me frappez d'un son mélodieux,
Si le terme est impropre, ou le tour vicieux ;
Mon esprit n'admet point un pompeux barbarisme,
30 Ni d'un vers ampoulé[3] l'orgueilleux solécisme[4].
Sans la langue, en un mot, l'auteur le plus divin
Est toujours, quoi qu'il fasse, un méchant écrivain.

---

1. Inspiration poétique, souvent personnifiée sous les traits d'une femme.
2. Groupe de vers offrant un sens complet, suivi d'un repos.
3. D'une grande prétention, emphatique et exagéré.
4. Construction syntaxique erronée.

QUESTIONS DE COMPRÉHENSION ET D'ANALYSE

1. À quel auteur, selon Boileau, l'esthétique classique est-elle attribuable ? Qu'est-ce qui distingue l'écriture de ce précurseur de celle des auteurs qui le précèdent ?

2. Que veut dire Boileau dans les vers suivants : « Par ce sage écrivain la langue réparée/N'offrit plus rien de rude à l'oreille épurée » ? Soulignez les termes qui qualifient positivement le classicisme.

3. Plus loin dans le texte, certains vers font comprendre qu'avoir l'esprit clair est nécessaire à une forme heureuse. Lesquels ? De quelle figure l'auteur se sert-il ici pour rendre son idée ?

4. Pour parvenir à cette forme heureuse, Boileau estime qu'un élément demeure primordial et il y recourt lui-même partout dans son texte. De quel élément s'agit-il ?

5. Quels sont les traits caractéristiques de l'esthétique classique que Boileau cherche à souligner dans son poème ?

Sujet d'analyse : Montrez comment le texte de Boileau parvient à dégager les principes du classicisme.

Jean-Baptiste Greuze (1725-1805).
A Boy with a Lesson-book (1757).
National Galleries of Scotland,
Édimbourg, Royaume-Uni.

CHAPITRE **4**

LE SIÈCLE DES LUMIÈRES

Le **contexte sociohistorique** (1715-1789)

La fin du règne de Louis XIV est marquée par des guerres, une crise économique, la censure et la persécution des protestants. La mort du souverain, en 1715, est accueillie avec un certain soulagement par la population. Si le long règne de celui qui se faisait appeler le Roi-Soleil peut être considéré comme l'apogée de la monarchie, le déclin qui s'ensuit peut être qualifié de rapide et brutal. L'arrière-petit-fils de Louis XIV n'étant âgé que de cinq ans à la mort du monarque, la régence est assurée jusqu'en 1723 par le neveu de celui-ci, Philippe d'Orléans. Au cours de cette période, les nobles s'élèvent

contre l'absolutisme ; le Parlement parvient entre autres à se faire accorder un droit de remontrance à l'endroit du souverain. Lorsqu'il accède au trône, Louis XV engage le pays dans différents conflits, dont la coûteuse guerre de Sept Ans (1756-1763), à l'issue de laquelle la France perd notamment la Nouvelle-France. Louis XV meurt en 1774 ; son petit-fils, Louis XVI, lui succède.

Le règne de Louis XVI est assombri par une grave crise économique. Pour différentes raisons, le monarque est désigné comme le principal responsable de cette situation désastreuse : dépenses extrava-

: École française (XVIIIᵉ siècle). *Déclaration*
: *des droits de l'homme et du citoyen*
  (1789). Musée de la Ville de Paris,
  Musée Carnavalet, Paris, France.

LA RÉPUBLIQUE DES LETTRES

L'écrivain du XVIIIᵉ siècle voit son statut changer ; il n'est plus vu comme un artisan, quelqu'un qui imite la nature, mais comme un véritable créateur. L'activité littéraire se professionnalise et, pour la première fois, la majorité des écrivains ne sont pas issus de la noblesse ou du clergé. Ce nouveau rapport de force entraîne des effets notables sur la production littéraire : les livres religieux, qui constituaient la moitié des publications à la fin du XVIIᵉ siècle, n'en représentent désormais que le dixième. Par ailleurs, certaines œuvres* connaissent le succès auprès du peuple, conséquence directe de la hausse du taux d'alphabétisation. De 1750 à 1770, le roman épistolaire est très populaire, car il donne l'impression d'une certaine authenticité. Vers la même époque apparaissent les « cabinets de lecture », où la population peut louer des livres à la semaine. Grâce à cette innovation, les personnes de condition modeste peuvent avoir accès à la littérature**. À partir de 1750, la presse se développe de façon constante, participant à l'évolution de l'opinion publique. Au moment de la Révolution, elle se révèlera d'ailleurs un outil d'information efficace, puisque c'est par son intermédiaire que la population sera tenue au courant de l'évolution des débats politiques, artistiques et philosophiques qui se déroulent dans la république des lettres. Le contrôle de l'information échappe aux mains du pouvoir et toute tentative visant à bâillonner l'opposition est vouée à l'échec, car l'écrivain n'a plus besoin de protecteur ou de mécène : il a essentiellement besoin du public, à qui les œuvres littéraires sont désormais destinées. Par ailleurs, la propriété littéraire est enfin reconnue, grâce à Beaumarchais, qui fonde en 1777 la Société des auteurs dramatiques.

---

* Le tirage d'une première édition comprend habituellement de 1000 à 2000 exemplaires. Précisons que *Candide* (Voltaire) aura 43 éditions ; *Lettres philosophiques* (Voltaire), 35 ; *La nouvelle Héloïse* (Rousseau), 70 ; et que 24 000 exemplaires seront tirés des 36 volumes de l'*Encyclopédie*.

** C'est aussi à cette époque qu'apparaît le format de poche.

gantes de la cour (en particulier celles de la reine Marie-Antoinette), engagement dans la guerre d'Indépendance des États-Unis, intérêts élevés sur des emprunts, etc. Les disettes engendrées par les récoltes catastrophiques donnent lieu à des émeutes dans Paris. Devant cette situation dramatique, le roi convoque les états généraux — au cours desquels les trois ordres[1] sont appelés à rédiger leurs revendications — dans l'espoir de trouver des moyens de renflouer ses coffres. Loin de résoudre la crise, les états généraux sont l'occasion pour la population d'exiger une véritable réforme du système politique français. Les aristocrates demandent une participation réelle au pouvoir de l'État, tandis que les bourgeois veulent voir leur contribution fiscale diminuer et accéder à la haute administration. Le tiers état, conscient de représenter alors 98 % de la population, revendique la fin des privilèges féodaux dont jouit la noblesse, l'égalité de tous les sujets du royaume devant la loi ainsi que l'élaboration d'une constitution, demandes qui lui seront refusées. En 1789, le tiers état, appuyé par des représentants du clergé, se proclame Assemblée nationale. Celle-ci jure de ne pas se dissoudre tant que la France n'aura pas sa constitution.

Le 14 juillet 1789, le peuple se révolte et prend d'assaut la Bastille, alors prison d'État. Cet événement marque le début de la Révolution française. Au mois d'août, l'Assemblée adopte la Déclaration des droits de l'homme et du citoyen et abolit tous les privilèges de la noblesse. Le roi perd progressivement la confiance de la population ; il est destitué après avoir tenté de fuir la France. Le 20 septembre 1792, la première République française est proclamée, ce qui marque la fin définitive de l'Ancien Régime et l'abolition de la monarchie. Accusé de trahison, Louis XVI est exécuté le 21 janvier 1793.

De manière générale, on appelle le XVIIIe le siècle des Lumières parce qu'il s'agit d'une époque où les pouvoirs de la raison et la liberté de pensée éclairent les esprits. Les écrivains sont d'ailleurs pour la plupart également philosophes, même dans les œuvres narratives qui mêlent réflexion et récit. La pensée du siècle des Lumières se caractérise donc par une volonté d'éclairer les esprits en combattant au premier plan les préjugés et l'intolérance, ce qui entraîne des réflexions sur la nature humaine et la naissance de nouveaux concepts philosophiques (par exemple, Rousseau et le naturalisme, Diderot et le matérialisme). Le courant dominant en littérature est donc le courant philosophique. Les œuvres qui appartiennent à ce courant analysent de manière critique la condition et la nature humaines, proposent de nouvelles valeurs fondées sur la morale et la libre pensée plutôt que sur la religion, et établissent un nouvel art de vivre fondé sur le bonheur, l'ordre naturel, la liberté, la raison et la justice.

Parallèlement au courant philosophique, apparaissent deux autres mouvements. Le courant préromantique, ou sensualiste, cherche à démontrer la supériorité de l'état de nature sur l'état social et privilégie les sentiments, favorisant ainsi le développement du roman sentimental tragique. On y retrouve aussi l'épanchement de la sensibilité au contact des charmes de la nature et de l'exotisme. Le courant libertin s'affranchit pour sa part de toute contrainte morale ou sociale et prône la liberté de mœurs. Il s'emploie ainsi à explorer les régions sombres de l'âme humaine et les relations malsaines qui en découlent.

---

1. La société française se compose alors de trois ordres : le clergé (près de 130 000 personnes), la noblesse (environ 300 000 personnes) et le tiers état (plus de 24 millions de personnes, soit 98 % de la population).

LA **LITTÉRATURE DES LUMIÈRES**

Dans l'optique où le XVIIIᵉ siècle privilégie de manière générale la pensée, les genres les plus populaires sont le roman, le conte philosophique et la littérature d'idées. Considéré comme un genre mineur pendant la période classique, critiqué pour ses excès et ses extravagances, le roman connaît un nouvel essor qui coïncide avec celui de la bourgeoisie, dont il est le reflet. Au siècle des Lumières, le roman se présente sous une variété de formes et gagne la faveur d'un lectorat de plus en plus vaste. En quête de réalisme, la plupart des auteurs du temps ont en commun le souci de situer leurs personnages dans des contextes et des situations vraisemblables et d'exprimer des faits modernes. C'est la raison pour laquelle l'appellation «roman», qui évoque l'invraisemblance et la fiction, disparaît presque complètement, remplacée par une multitude de «synonymes»: mémoires, lettres, histoires, nouvelles, voyages, confessions, aventures, vies, etc. Derrière l'impression de véracité qui se dégage de ces appellations diverses, la fiction est toujours présente, bien qu'elle soit devenue nettement plus réaliste. Le roman se renouvelle aussi en explorant les relations sociales et en s'intéressant à l'âme humaine comme jamais auparavant. On assiste à un retour des passions (bannies de l'esthétique romanesque du siècle précédent), qui demeurent un moyen privilégié de découvrir la nature humaine.

Jean-Honoré Fragonard (1732-1806). *Jeune fille lisant* (v. 1770). National Gallery of Art, Washington, États-Unis.

Du côté du théâtre, sous l'influence de l'esprit des Lumières, on assiste également à un retour de l'expression des passions et au développement d'intrigues à caractère psychologique, en particulier dans la comédie. Le public ne rit plus de la même façon qu'au temps de Molière ; les auteurs, délaissant l'alexandrin au profit de la prose, s'intéressent davantage à la psychologie et aux comportements humains qu'à la représentation des différentes classes sociales. Les comédies du XVIIIᵉ siècle innovent aussi en faisant une large place aux sentiments. Quant à la poésie, elle vit une période de crise et, malgré une production abondante, les poèmes dignes d'intérêt se font rares ; l'Histoire retient cependant les œuvres d'un jeune poète prometteur du nom d'André Chénier.

Jean-Honoré Fragonard (1732-1806). *Les hasards heureux de l'escarpolette* **(1767). The Wallace Collection, Londres, Royaume-Uni.**

L'ÉCRITURE DU SIÈCLE DES LUMIÈRES

Le XVIIIᵉ siècle est un moment clé, car cette époque est marquée par une littérature visant à transformer l'opinion publique. L'écriture a en effet comme objectif de toucher les gens pour les amener à réagir socialement. On s'intéresse par conséquent davantage à l'actualité du moment qu'au passé (ce qu'annonçait la querelle des Anciens et des Modernes au siècle précédent) et le bonheur vécu ici et maintenant devient un des thèmes prédominants. Désormais, la littérature se voit investie d'une mission didactique et épistémologique qui est radicalisée au tournant du XVIIIᵉ siècle : l'écriture devient militante. Ainsi, on privilégie un style clair qui appelle parfois l'ironie pour amener le lecteur à avoir un point de vue critique.

Cependant, sur le plan linguistique, le siècle des Lumières n'apporte pas de changements notables. Dans son *Dictionnaire philosophique*, Voltaire écrit que « toute langue étant imparfaite, il ne s'ensuit pas qu'on doit la changer. Il faut absolument s'en tenir à la manière dont les bons auteurs l'ont parlée ; et quand on a un nombre suffisant d'auteurs approuvés, la langue est fixée ». Le XVIIIᵉ siècle consolide de cette façon le travail de normalisation entrepris au siècle précédent. Par ailleurs, avec l'avènement du drame bourgeois commence à apparaître le mélange des différents registres de langue. Cette rencontre entre langue populaire et langue aristocratique sera au cœur des changements qui surviendront au siècle suivant.

Thèmes dominants

- La science (naturelle) et la raison
- Le bonheur terrestre
- Les inégalités, l'intolérance et les injustices
- La superstition
- Les voyages
- L'exotisme

LES CONCOURS

Pour augmenter la visibilité et la réputation d'une ville, des concours étaient organisés partout en France. Chaque ville s'enorgueillissait de posséder une Académie, haut lieu pour la vie intellectuelle où l'on organisait ces concours à partir d'une question. Les écrivains-philosophes volontaires étaient donc invités à rédiger un discours afin de remporter un prix. En 1753, l'Académie de Dijon propose de discuter à partir de la question suivante : «Quelle est l'origine de l'inégalité parmi les hommes et si elle est autorisée par la loi naturelle».

Jean-Jacques Rousseau (1712-1778)

C'est pour participer à ce concours que Jean-Jacques Rousseau rédige son *Discours sur l'origine et les fondements de l'inégalité parmi les hommes* dans lequel il expose certaines idées qui vont à l'encontre des opinions politiques et morales de son époque. Selon lui, s'ils ne sont pas libres de leurs passions, les hommes sont toutefois libres de leurs actes. Aussi, la multiplication des récits de voyage de même que les effets de la colonisation font naître chez lui (comme chez d'autres philosophes de son époque)

l'idée d'une morale naturelle fondée sur la raison plutôt que sur une quelconque «révélation divine». Rousseau est notamment influencé par les récits qui relatent la vie des indigènes dans les colonies françaises et tout ce qui se rapporte à ce qu'il est convenu d'appeler le «mythe du bon sauvage». Il en vient à la conclusion que l'homme est fondamentalement bon et que c'est la société qui le corrompt.

L'extrait suivant de son *Discours* présente en des termes durs le fondement de la «société civile», cause de «crimes, de guerres, de meurtres», etc., par opposition à l'homme en harmonie avec la nature, «l'homme naissant».

EXTRAIT ***DISCOURS SUR L'ORIGINE ET LES FONDEMENTS DE L'INÉGALITÉ PARMI LES HOMMES*** *(1755)*

Deuxième partie

Le premier qui, ayant enclos un terrain, s'avisa de dire : *Ceci est à moi*, et trouva des gens assez simples pour le croire, fut le vrai fondateur de la société civile. Que de crimes, de guerres, de meurtres, que de misères et d'horreurs n'eût point épargnés au genre humain celui qui, arrachant les pieux ou comblant le fossé, eût crié à ses
5   semblables : Gardez-vous d'écouter cet imposteur ; vous êtes perdus, si vous oubliez que les fruits sont à tous, et que la terre n'est à personne. Mais il y a grande apparence, qu'alors les choses en étaient déjà venues au point de ne pouvoir plus durer comme elles étaient ; car cette idée de propriété, dépendant de beaucoup d'idées antérieures qui n'ont pu naître que successivement, ne se forma pas tout d'un coup
10   dans l'esprit humain. Il fallut faire bien des progrès, acquérir bien de l'industrie et des lumières, les transmettre et les augmenter d'âge en âge, avant que d'arriver à ce dernier terme de l'état de nature. Reprenons donc les choses de plus haut et tâchons de rassembler sous un seul point de vue cette lente succession d'événements et de connaissances, dans leur ordre le plus naturel.

15 Le premier sentiment de l'homme fut celui de son existence, son premier soin celui de sa conservation. Les productions de la terre lui fournissaient tous les secours nécessaires, l'instinct le porta à en faire usage. La faim, d'autres appétits lui faisant éprouver tour à tour diverses manières d'exister, il y en eut une qui l'invita à perpé-tuer son espèce; et ce penchant aveugle, dépourvu de tout sentiment du cœur, ne
20 produisait qu'un acte purement animal. Le besoin satisfait, les deux sexes ne se reconnaissaient plus, et l'enfant même n'était plus rien à la mère sitôt qu'il pouvait se passer d'elle.

Telle fut la condition de l'homme naissant; telle fut la vie d'un animal borné d'abord aux pures sensations, et profitant à peine des dons que lui offrait la nature, loin de
25 songer à lui rien arracher; mais il se présenta bientôt des difficultés, il fallut apprendre à les vaincre: la hauteur des arbres qui l'empêchaient d'atteindre à leurs fruits, la concurrence des animaux qui cherchaient à s'en nourrir, la férocité de ceux qui en voulaient à sa propre vie, tout l'obligea de s'appliquer aux exercices du corps; il fallut se rendre agile, vite à la course, vigoureux au combat. Les armes naturelles, qui sont
30 les branches d'arbre et les pierres, se trouvèrent bientôt sous sa main. Il apprit à surmonter les obstacles de la nature, à combattre au besoin les autres animaux, à disputer sa subsistance aux hommes mêmes, ou à se dédommager de ce qu'il fallait céder au plus fort.

QUESTIONS DE COMPRÉHENSION ET D'ANALYSE

1. Que signifie le qualificatif « simples » dans la première phrase?

2. Pourquoi peut-on affirmer que c'est ce qui a permis à un premier individu de devenir « le vrai fondateur de la société civile »? Qu'est-ce que cela veut dire?

3. La deuxième phrase a pour effet d'accumuler les effets négatifs de la propriété. Comment (repérez le procédé et analysez-le)? Pourquoi peut-on en conclure que cela est négatif?

4. En quoi la dernière phrase du premier paragraphe laisse-t-elle percevoir une tonalité didactique et un esprit philosophique?

5. Résumez brièvement en vos mots l'origine de la situation que dénonce Rousseau dans les deux derniers paragraphes.

Sujet d'analyse: Expliquez en quoi le texte de Rousseau éclaire les fondements des injustices percep-tibles à son époque.

LE SIÈCLE DES LUMIÈRES
La littérature d'idées

L'IRONIE COMME ARME

Aux échanges « polis » qui avaient cours dans les salons du XVIIᵉ siècle succèdent les polémiques et les confrontations philosophiques. Les clubs, les cafés et les salons sont au cœur de l'espace public que fréquentent les grands esprits du temps — et forment la république des lettres. Ces échanges dynamiques sont rapportés par des moyens multiples et diversifiés (récits de voyage, pamphlets, journaux, etc.) qui assurent la propagation des idées nouvelles.

Les philosophes des Lumières sont de tous les combats et de tous les débats. La rapidité avec laquelle ils sont capables d'attaquer ou de répliquer — à coups de lettres, de pamphlets ou d'articles — constitue une arme redoutable. Ils savent comment utiliser à leur avantage toutes les formes de diffusion d'idées à leur disposition afin de rallier l'opinion publique à leur cause. Ainsi, s'ils arrivent à persuader par la raison, ils n'hésitent pas non plus à recourir abondamment à l'ironie pour contrer leurs adversaires.

Voltaire (1694-1778)

Dans une lettre, François Marie Arouet, mieux connu sous le nom de Voltaire, « félicite » Rousseau pour son *Discours sur l'origine et les fondements de l'inégalité parmi les hommes*, ce qui donne le ton au célèbre affrontement entre les deux hommes. Usant de l'antiphrase, Voltaire y est particulièrement cinglant et ironique. Sa réponse soulève cette question : faut-il opter pour l'homme et le progrès ou condamner la société au profit de la nature ?

William Hogarth (1697-1764). *La carrière d'un libertin (La maison de jeu)* (1733).
Sir John Soane's Museum, Londres, Royaume-Uni.

EXTRAIT *LETTRE À ROUSSEAU*

30 août 1755

J'ai reçu, Monsieur, votre nouveau livre contre le genre humain, je vous en remercie. Vous plairez aux hommes, à qui vous dites leurs vérités ; mais vous ne les corrigerez pas. On ne peut peindre avec des couleurs plus fortes les horreurs de la société humaine dont notre ignorance et notre faiblesse se promettent tant de consolations. On n'a jamais employé tant d'esprit à vouloir nous rendre bêtes. Il prend envie de marcher à quatre pattes quand on lit votre ouvrage.

Cependant, comme il y a plus de soixante ans que j'en ai perdu l'habitude, je sens malheureusement qu'il m'est impossible de la reprendre, et je laisse cette allure naturelle à ceux qui en sont plus dignes que vous et moi. Je ne peux non plus m'embarquer pour aller trouver les sauvages du Canada : premièrement, parce que les maladies dont je suis accablé me retiennent auprès du plus grand médecin de l'Europe et que je ne trouverais pas les mêmes secours chez les Missouris, secondement, parce que la guerre est portée dans ces pays-là, et que les exemples de nos nations ont rendu les sauvages presque aussi méchants que nous. Je me borne à être un sauvage paisible dans la solitude que j'ai choisie auprès de votre patrie, où vous devriez être.

QUESTIONS DE COMPRÉHENSION ET D'ANALYSE

1. Quand Voltaire qualifie le discours de Rousseau de « nouveau livre contre le genre humain », pourquoi perçoit-on qu'il ne s'agit pas d'un compliment ?

2. Quel est donc le sens de la formule « je vous en remercie » qui suit ?

3. Les expressions mélioratives comme « allure naturelle » ou « sauvage paisible » et péjoratives comme « nous rendre bêtes » ou « [i]l prend envie de marcher à quatre pattes » créent un certain effet. Lequel ?

4. Que veut dire Voltaire quand il écrit « il y a plus de soixante ans que j'en ai perdu l'habitude » ?

5. Vers la fin de sa lettre, l'auteur dresse un portrait plus ou moins positif du Canada. Comment ?

Sujet d'analyse : Montrez comment Voltaire se sert de l'ironie pour répondre à Rousseau.

LE PROJET DE L'*ENCYCLOPÉDIE*

La pensée philosophique du XVIIIᵉ siècle s'exprime en particulier par des œuvres qui proposent une synthèse de l'observation, de l'esprit critique et de la science, notamment la physique de Newton. Devant les progrès qui s'accélèrent et se multiplient dans toutes les sphères de l'activité humaine, il semble que de nombreux auteurs aient ressenti un besoin impératif de dresser des inventaires dans différents domaines de la connaissance : Bayle, avec son *Dictionnaire historique et critique* (1695-1697) ; Voltaire, avec son *Dictionnaire philosophique* (la première édition de 1764 porte le titre *Dictionnaire philosophique portatif*) ; Buffon, avec son *Histoire naturelle* (1749-1788), etc. Plusieurs de ces ouvrages érudits — en particulier celui de Bayle — ouvrent la voie à l'*Encyclopédie* (1751-1772), l'emblème du siècle des Lumières.

Jean Le Rond d'Alembert (1717-1783)
Denis Diderot (1713-1784)

À l'origine, l'*Encyclopédie* n'est qu'une simple commande d'un libraire ; cependant, sous la direction de Denis Diderot et de Jean Le Rond d'Alembert, ses maîtres d'œuvre, le projet prend une envergure insoupçonnée et devient le reflet de cette époque audacieuse. L'édition complète de l'*Encyclopédie* comporte en effet 17 volumes, ainsi que 11 tomes de planches illustrées, ce qui en fait un ouvrage digne des géants de Rabelais. Les encyclopédistes ont en fait l'ambition de « rassembler les connais-sances éparses à la surface de la Terre » et de rendre les humains « plus instruits, [...] plus vertueux et plus heureux ». Outil d'enseignement et de réflexion, l'*Encyclopédie* rassemble une somme monumentale de connaissances théoriques et techniques dans tous les domaines ; outil de propagande, elle vante aussi les vertus du travail, du progrès et de la liberté, qui sont les fondements de l'idéologie bourgeoise.

L'article « Cour » de Diderot qui suit illustre bien l'approche de l'auteur : débuter en termes mélioratifs avant de proposer une critique virulente de ce qu'il définit.

EXTRAIT *ENCYCLOPÉDIE OU DICTIONNAIRE RAISONNÉ DES SCIENCES, DES ARTS ET DES MÉTIERS* (1751-1772)

Article « Cour » (attribué à Diderot)

Cour, (*Histoire moderne & anc.*) c'est toujours le lieu qu'habite un souverain ; elle est composée des princes, des princesses, des ministres, des grands, et des principaux officiers. Il n'est donc pas étonnant que ce soit le centre de la politesse d'une nation. La politesse y subsiste par l'égalité où l'extrême grandeur d'un seul y tient tous ceux
5 qui l'environnent, et le goût y est raffiné par un usage continuel des superfluités de la fortune. Entre ces superfluités il se rencontre nécessairement des productions artificielles de la perfection la plus recherchée. La connaissance de cette perfection se répand sur d'autres objets beaucoup plus importants ; elle passe dans le langage, dans les jugements, dans les sentiments, dans le maintien, dans les manières, dans
10 le ton, dans la plaisanterie, dans les ouvrages d'esprit, dans la galanterie, dans les ajustements, dans les mœurs mêmes. J'oserais presqu'assurer qu'il n'y a point d'en-

droit où la délicatesse dans les procédés soit mieux connue, plus rigoureusement observée par les honnêtes gens, et plus finement affectée par les courtisans. L'auteur de *L'esprit des lois*[1] définit l'air de *cour*, l'échange de sa grandeur naturelle contre une grandeur empruntée. Quoi qu'il en soit de cette définition, cet air, selon lui, est le
15   vernis séduisant sous lequel se dérobent l'ambition dans l'oisiveté, la bassesse dans l'orgueil, le désir de s'enrichir sans travail, l'aversion pour la vérité, la flatterie, la trahison, la perfidie, l'abandon de tout engagement, le mépris des devoirs du citoyen, la crainte de la vertu du prince, l'espérance sur ses faiblesses, *etc.* en un mot la
20   malhonnêteté avec tout son cortège, sous les dehors de l'honnêteté la plus vraie ; la réalité du vice toujours derrière le fantôme de la vertu. Le défaut de succès fait seul dans ce pays donner aux actions le nom qu'elles méritent ; aussi n'y a-t-il que la maladresse qui y ait des remords. *Voyez l'article* Courtisan[2].

---

1. L'auteur de *L'esprit des lois* est Montesquieu.
2. Le système de renvois de l'Encyclopédie était très novateur. Il comprend des renvois classiques (vers une définition contenue dans un autre article), des renvois «de choses» (vers un article qui confirme ou réfute ce qui a été dit ailleurs), des renvois «de génie» (qui innovent ou qui avancent de nouvelles vérités) et des renvois satiriques. L'article «Cour» de Diderot renvoie à l'article «Courtisan» de D'Alembert, dans lequel les courtisans sont dépeints de façon peu flatteuse.

QUESTIONS DE COMPRÉHENSION ET D'ANALYSE

1. Pourquoi Diderot dit-il qu'il «n'est donc pas étonnant que ce soit le centre de la politesse d'une nation» pour parler de la cour ?

2. Un peu plus loin, il est question d'une perfection que l'on remarque dans ce haut lieu. Une énumération précise sa nature. Laquelle ? Quelle représentation donne-t-elle de la cour ?

3. Que veut dire l'expression «le vernis séduisant» ? Quel est le procédé utilisé par l'auteur qui rapporte la définition de Montesquieu ?

4. Quel est le moment du texte où la définition méliorative passe à une critique virulente du lieu décrit ? Analysez-le.

5. Que signifie l'expression «la réalité du vice toujours derrière le fantôme de la vertu» ? Qu'est-ce que cela nous apprend sur «le lieu qu'habite un souverain» ?

Sujet d'analyse : L'*Encyclopédie* ne sert pas seulement à définir de manière neutre le monde. Expliquez en vous appuyant sur ce texte.

LE SIÈCLE DES LUMIÈRES
La littérature d'idées

UNE PENSÉE SUBVERSIVE ET RÉVOLUTIONNAIRE

Pendant le siècle des Lumières, certains écrivains se distinguent de manière éclatante par une réflexion qui sort des «sentiers battus», même à une époque où la liberté de pensée est générale-ment privilégiée et où l'air du temps est à la remise en question du fonctionnement d'une société jugée sclérosée (en particulier au moment où se déclenche la Révolution). Afin de parvenir à déployer une pensée qui se veut clairement subversive et transgressive, voire révolutionnaire, beaucoup n'hésitent pas à faire cohabiter les idées politiques, la critique des dogmes religieux, la philosophie et la littérature. Ainsi, dans le sillage du libertinage du XVIIe siècle, on retrouve un auteur incontournable qui appartient tant au courant philosophique qu'à la littérature libertine et qui a laissé une marque indélébile dans l'imaginaire collectif.

Marquis de Sade (1740-1814)

Le marquis de Sade (Donatien Alphonse François de Sade) est sans aucun doute l'écrivain-philosophe le plus maudit de toute la littérature française, devenu à lui seul un véritable mythe dont beaucoup ont encore du mal à s'approcher même de nos jours. À cause de ses œuvres littéraires (romans, pièces de théâtre, contes, nouvelles, historiettes) notamment, on le considère en effet souvent comme le symbole de la cruauté, de la perversion et de la débauche. Il faut néanmoins rappeler que, malgré un caractère souvent scabreux allant même parfois jusqu'à la pornographie, l'œuvre du marquis est d'abord et avant tout philosophique et politique. Elle s'appuie à la fois sur une vision matérialiste du monde (comme chez Diderot) et sur un athéisme perçu comme «seul système de tous les gens qui savent raisonner». Ainsi, Sade part du principe que, si Dieu n'existe pas, toutes les passions sont bonnes, jusqu'au mal.

L'extrait suivant de *La philosophie dans le boudoir* montre quel esprit révolutionnaire et subversif anime l'auteur, mais aussi quelle lucidité l'amène à donner ce sous-titre à la partie essayistique de son ouvrage: «Français, encore un effort si vous voulez être républicains».

EXTRAIT   *LA PHILOSOPHIE DANS LE BOUDOIR* (1795)

Français, encore un effort si vous voulez être républicains

Français, je vous le répète, l'Europe attend de vous d'être à la fois délivrée du *sceptre* et de *l'encensoir*. Songez qu'il vous est impossible de l'affranchir de la tyran-nie royale sans lui faire briser en même temps les freins de la superstition religieuse : les liens de l'une sont trop intimement unis à l'autre pour qu'en laissant subsister un
5   des deux vous ne retombiez pas bientôt sous l'empire de celui que vous aurez négligé de dissoudre. Ce n'est plus ni aux genoux d'un être imaginaire ni à ceux d'un vil imposteur qu'un républicain doit fléchir ; ses uniques dieux doivent être maintenant le *courage* et la *liberté*. Rome disparut dès que le christianisme s'y prêcha, et la France est perdue s'il s'y révère encore. [...]

10   Oui, citoyens, la religion est incohérente au système de la liberté ; vous l'avez senti. Jamais l'homme libre ne se courbera près des dieux du christianisme ; jamais

ses dogmes, jamais ses rites, ses mystères ou sa morale ne conviendront à un républicain. Encore un effort ; puisque vous travaillez à détruire tous les préjugés, n'en
laissez subsister aucun, s'il n'en faut qu'un seul pour les ramener tous. Combien
15 devons-nous être plus certains de leur retour si celui que vous laissez vivre est positivement le berceau de tous les autres ! Cessons de croire que la religion puisse être
utile à l'homme. Ayons de bonnes lois, et nous saurons nous passer de religion. Mais
il en faut une au peuple, assure-t-on ; elle l'amuse, elle le contient. À la bonne heure !
Donnez-nous donc, en ce cas, celle qui convient à des hommes libres. Rendez-nous
20 les dieux du paganisme. Nous adorerons volontiers Jupiter, Hercule ou Pallas ; mais
nous ne voulons plus du fabuleux auteur d'un univers qui se meut lui-même ; nous
ne voulons plus d'un dieu sans étendue et qui pourtant remplit tout de son immensité, d'un dieu tout-puissant et qui n'exécute jamais ce qu'il désire, d'un être souve-
rainement bon et qui ne fait que des mécontents, d'un être ami de l'ordre et dans le
25 gouvernement duquel tout est en désordre.

QUESTIONS DE COMPRÉHENSION ET D'ANALYSE

1. Dans la première phrase, que représentent le *sceptre* et l'*encensoir*, deux objets hautement symboliques ?
   Quelle est la figure de style utilisée par Sade ici ?

2. Quand Sade affirme que «[c]e n'est plus ni aux genoux d'un être imaginaire ni à ceux d'un vil imposteur
   qu'un républicain doit fléchir», que veut-il dire ?

3. Le texte met de l'avant une valeur qui dépasse toutes les autres. Laquelle ? Soulignez tous les mots et les
   expressions qui permettent de le comprendre.

4. Quel est le sens de l'expression «fabuleux auteur d'un univers» ?

5. En quoi la toute fin du propos revient-elle à associer pouvoir et religion ?

Sujet d'analyse : Le texte du marquis de Sade invite les citoyens à pousser plus loin la révolution.
Expliquez.

LES VOYAGES ET LES NÉGOCIANTS

Le XVIIIe siècle voit la bourgeoisie consolider ses positions commerciales. De son côté, l'aristocratie – qui s'est enrichie par des investissements effectués notamment dans les entreprises de colonisation – dilapide son argent dans la consommation d'objets de luxe, créant une demande de ce type de produits qui profite aux commerçants. Quant aux bourgeois, leur pouvoir s'accroît rapidement, ce qui leur permet de convoiter des fonctions importantes, qui constitueront leur porte d'entrée vers un éventuel anoblissement. Une nouvelle figure fait son apparition au sein de cette bourgeoisie marchande et, parallèlement, dans la littérature : le négociant. Ainsi, lors des expéditions maritimes mises sur pied par les négociants, il n'est pas rare de voir s'embarquer des savants et des écrivains, impatients de visiter des pays étrangers et de rendre compte de leurs découvertes. Les nombreux récits de voyage qu'ils en rapportent exercent une influence sur la société française et font naître un engouement pour l'exotisme et les cultures indigènes de même que pour la pensée et les systèmes politiques étrangers.

Charles de Montesquieu (1689-1755)

L'ouverture sur le monde qu'entraînent le développement du commerce et les voyages d'exploration donne l'idée à certains écrivains de jeter un éclairage nouveau sur la société dans laquelle ils vivent ; pour ce faire, ils adoptent un point de vue étranger. Ainsi, dans les *Lettres persanes*, Montesquieu reprend à son compte la mode « exotique » et observe la société et les institutions françaises avec les yeux d'un étranger pour exprimer ses propres critiques. Le seigneur persan Usbek et son ami Rica, partis découvrir le monde, sont en visite à Paris. Ils communiquent par lettres à leur entourage leurs impressions au sujet de cette société étrangère qui ne cesse de les étonner.

Dans l'extrait qui suit, Montesquieu critique l'absolutisme royal par l'intermédiaire du personnage de Rica.

EXTRAIT *LETTRES PERSANES* (1721)

Lettre XXIV

Rica à Ibben, à Smyrne

Tu ne le croirais pas peut-être : depuis un mois que je suis ici, je n'y ai encore vu marcher personne. Il n'y a point de gens au monde qui tirent mieux parti de leur machine que les Français : ils courent ; ils volent. Les voitures lentes d'Asie, le pas réglé de nos chameaux, les feraient tomber en syncope. Pour moi, qui ne suis point fait à ce train, et qui vais souvent à pied sans changer d'allure, j'enrage quelquefois
5   comme un chrétien : car encore passe qu'on m'éclabousse depuis les pieds jusqu'à la tête ; mais je ne puis pardonner les coups de coude que je reçois régulièrement et périodiquement. Un homme qui vient après moi, et qui me passe, me fait faire un demi-tour, et un autre, qui me croise de l'autre côté, me remet soudain où le
10   premier m'avait pris ; et je n'ai pas fait cent pas, que je suis plus brisé que si j'avais fait dix lieues.

Ne crois pas que je puisse, quant à présent, te parler à fond des mœurs et des coutumes européennes : je n'en ai moi-même qu'une légère idée, et je n'ai eu à peine que le temps de m'étonner.

15 Le roi de France est le plus puissant prince de l'Europe. Il n'a point de mines d'or comme le roi d'Espagne son voisin ; mais il a plus de richesses que lui, parce qu'il les tire de la vanité de ses sujets, plus inépuisable que les mines. On lui a vu entreprendre ou soutenir de grandes guerres, n'ayant d'autres fonds que des titres d'honneur à vendre, et, par un prodige de l'orgueil humain, ses troupes se trouvaient
20 payées, ses places munies, et ses flottes équipées.

D'ailleurs ce roi est un grand magicien : il exerce son empire sur l'esprit même de ses sujets ; il les fait penser comme il veut. S'il n'a qu'un million d'écus dans son trésor, et qu'il en ait besoin de deux, il n'a qu'à leur persuader qu'un écu en vaut deux, et ils le croient. S'il a une guerre difficile à soutenir, et qu'il n'ait point d'argent, il n'a
25 qu'à leur mettre dans la tête qu'un morceau de papier est de l'argent, et ils en sont aussitôt convaincus. Il va même jusqu'à leur faire croire qu'il les guérit de toutes sortes de maux en les touchant, tant est grande la force et la puissance qu'il a sur les esprits.

Ce que je te dis de ce prince ne doit pas t'étonner :
30 il y a un autre magicien plus fort que lui, qui n'est pas moins maître de son esprit qu'il l'est lui-même de celui des autres. Ce magicien s'appelle *le Pape*. Tantôt il lui fait croire que trois ne sont qu'un, que le pain qu'on mange n'est pas du pain,
35 ou que le vin qu'on boit n'est pas du vin, et mille autres choses de cette espèce.

[…]

Je continuerai à t'écrire, et je t'apprendrai des choses bien éloignées du caractère et du génie
40 persan. C'est bien la même terre qui nous porte tous deux ; mais les hommes du pays où je vis, et ceux du pays où tu es, sont des hommes bien différents.

De Paris, le 4 de la lune de Rediab 2, 1712.

QUESTIONS DE COMPRÉHENSION ET D'ANALYSE

1. Le début de l'extrait témoigne du rythme effréné de la vie française avec un ton légèrement hyperbolique. Qu'est-ce qui permet de le dire dans les deux premières phrases ?

2. En quoi la comparaison « j'enrage quelquefois comme un chrétien » est-elle péjorative à l'égard des croyants chrétiens ?

3. Que veut dire Montesquieu quand il avance que « ce roi est un grand magicien » ? Quel procédé utilise-t-il ?

4. Comment le narrateur fait-il comprendre que les sujets du roi sont manipulables ? Soulignez au moins deux passages qui le révèlent et analysez-les.

5. Comme le marquis de Sade, Montesquieu souligne le lien qui existe entre deux formes de pouvoir. Quelles sont-elles ? En quoi la deuxième est-elle plus puissante que la première ?

Sujet d'analyse : Montrez comment le récit de Montesquieu critique l'absolutisme royal.

LE SIÈCLE DES LUMIÈRES
Les œuvres narratives

UN OUTIL DE RÉFLEXION EFFICACE : LE CONTE PHILOSOPHIQUE

Pour mener la lutte des idées, une nouvelle arme littéraire voit le jour au XVIIIᵉ siècle : le conte philosophique, qui illustre toute l'audace de l'esprit des Lumières. Issu du conte merveilleux dont il exploite les caractéristiques (exotisme, histoire brève, personnages typés, nombreux rebondissements, etc.), ce type de conte s'inspire aussi des récits de voyage en vogue et du récit libertin. Sa nouveauté réside à la fois dans son contenu, qui reflète l'idéal des philosophes (condamnation des valeurs rétrogrades, défense de la liberté et de la dignité humaine, etc.), et dans le ton satirique, ironique et parodique pour faire valoir le point de vue de l'auteur. Tantôt drôle, tantôt sérieux, le conte philosophique parle avec réalisme des choses de ce monde et incarne tout particulièrement l'esprit critique du siècle.

Voltaire (1694-1778)

Voltaire, l'inventeur du conte philosophique, écrit pendant plus de soixante années des œuvres de toutes sortes. Il domine le monde littéraire par sa prose provocante et pleine de verve qu'il met tout entière au service de son engagement philosophique. L'esprit bouillant de ce polémiste s'en prend à tout — l'injustice, la superstition, l'intolérance — car, dit-il, il faut « écraser l'infâme ». Ironiquement, Voltaire souhaitait être connu pour ses tragédies inspirées de la période classique, mais ce sont plutôt ses lettres, son dictionnaire, ses pamphlets et surtout ses contes que la postérité retiendra.

Dans l'extrait suivant tiré de *Candide*, Voltaire s'en prend à l'esclavage en présentant le témoignage d'une victime. Tout en condamnant de façon explicite l'aspect inhumain du commerce humain, l'auteur met aussi les Européens et l'Église face à leurs responsabilités à l'égard de cette exploitation.

EXTRAIT   *CANDIDE OU L'OPTIMISME* (1759)

Chapitre dix-neuvième

Ce qui leur arriva à Surinam, et comment Candide fit connaissance avec Martin

La première journée de nos deux voyageurs fut assez agréable. Ils étaient encouragés par l'idée de se voir possesseurs de plus de trésors que l'Asie, l'Europe et l'Afrique n'en pouvaient rassembler. Candide, transporté, écrivit le nom de Cunégonde sur les arbres. À la seconde journée, deux de leurs moutons s'enfoncèrent dans des marais,

5   et y furent abîmés avec leurs charges ; deux autres moutons moururent de fatigue quelques jours après ; sept ou huit périrent ensuite de faim dans un désert ; d'autres tombèrent au bout de quelques jours dans des précipices. Enfin, après cent jours de marche, il ne leur resta que deux moutons. Candide dit à Cacambo : « Mon ami, vous voyez comme les richesses de ce monde sont périssables ; il n'y a rien de solide

10   que la vertu et le bonheur de revoir mademoiselle Cunégonde. — Je l'avoue, dit Cacambo ; mais il nous reste encore deux moutons avec plus de trésors que n'en aura jamais le roi d'Espagne ; et je vois de loin une ville que je soupçonne être Surinam,

appartenant aux Hollandais. Nous sommes au bout de nos peines et au commence-
ment de notre félicité. »

15   En approchant de la ville, ils rencontrèrent un nègre étendu par terre, n'ayant plus
que la moitié de son habit, c'est-à-dire d'un caleçon de toile bleue ; il manquait à ce
pauvre homme la jambe gauche et la main droite. « Eh ! mon Dieu ! lui dit Candide en
hollandais, que fais-tu là, mon ami, dans l'état horrible où je te vois ? — J'attends mon
maître, monsieur Vanderdendur, le fameux négociant, répondit le nègre. — Est-ce
20   monsieur Vanderdendur, dit Candide, qui t'a traité ainsi ? — Oui, monsieur, dit le
nègre, c'est l'usage. On nous donne un caleçon de toile pour tout vêtement deux fois
l'année. Quand nous travaillons aux sucreries, et que la meule nous attrape le doigt,
on nous coupe la main ; quand nous voulons nous enfuir, on nous coupe la jambe : je
me suis trouvé dans les deux cas. C'est à ce prix que vous mangez du sucre en
25   Europe. Cependant, lorsque ma mère me vendit dix écus patagons¹ sur la côte de
Guinée, elle me disait : "Mon cher enfant, bénis nos fétiches, adore-les toujours, ils te
feront vivre heureux ; tu as l'honneur d'être esclave de nos seigneurs les blancs, et tu
fais par là la fortune de ton père et de ta mère." Hélas ! Je ne sais pas si j'ai fait leur
fortune, mais ils n'ont pas fait la mienne. Les chiens, les singes et les perroquets sont
30   mille fois moins malheureux que nous ; les fétiches hollandais qui m'ont converti me
disent tous les dimanches que nous sommes tous enfants d'Adam, blancs et noirs.
Je ne suis pas généalogiste ; mais si ces prêcheurs disent vrai, nous sommes tous
cousins issus de germains. Or vous m'avouerez qu'on ne peut pas en user avec ses
parents d'une manière plus horrible.

35   — Ô Pangloss ! s'écria Candide, tu n'avais pas deviné cette abomination ; c'en est fait,
il faudra qu'à la fin je renonce à ton optimisme. — Qu'est-ce qu'optimisme ? disait
Cacambo. — Hélas ! dit Candide, c'est la rage de soutenir que tout est bien quand
on est mal » ; et il versait des larmes en regardant son nègre ; et en pleurant, il entra
dans Surinam.

---

1. Monnaie d'argent de Flandre et d'Espagne.

QUESTIONS DE COMPRÉHENSION ET D'ANALYSE

1. Dès la seconde journée (au premier paragraphe), la situation devient difficile pour Candide et Cacambo. Pour le faire sentir au lecteur, le narrateur utilise un procédé. Lequel ? Quel est son effet ?

2. Que veut dire Voltaire par la voix de son personnage qui conclut que « [c]'est à ce prix que vous mangez du sucre en Europe » ?

3. Qu'est-ce que l'esclave cherche à faire comprendre aux voyageurs quand il dit que « [l]es chiens, les singes et les perroquets sont mille fois moins malheureux » que lui ? Quelle est cette figure de style ?

4. En quoi ce que prêchent « les fétiches hollandais » à l'esclave relève-t-il de l'ironie ?

5. Quelle définition Candide donne-t-il de l'optimisme ?

Sujet d'analyse : Expliquez en quoi cette partie du conte de Voltaire dénonce l'esclavage.

LE SIÈCLE DES LUMIÈRES
Les œuvres narratives

UN NOUVEAU GENRE : L'AUTOBIOGRAPHIE

L'époque des Lumières est particulièrement favorable à l'évolution des genres narratifs. Outre l'insertion de l'essai dans le roman, on voit apparaître un nouveau type de récit qu'est l'autobiographie, ou « écriture de soi[1] ». L'auteur s'y présente à la fois comme narrateur et comme protagoniste et s'engage à raconter son expérience vécue, établissant un certain pacte avec le lecteur. Ainsi, l'enfance, période de vie fondatrice, y est souvent décrite avec un regard introspectif, ce qui donne l'impression que l'auteur se sert de l'écriture à des fins thérapeutiques et mémorielles. De manière générale, l'autobiographie se distingue du roman puisqu'elle se permet de franchir les frontières de l'interdit pour dévoiler l'intimité d'un écrivain.

Jean-Jacques Rousseau (1712-1778)

La première autobiographie est celle de Jean-Jacques Rousseau, qui porte bien son nom : *Les confessions*. Cette œuvre est composée de 12 livres publiés à titre posthume : les livres 1 à 6, rédigés entre 1765 et 1767, sont parus en 1782, tandis que les livres 7 à 12, écrits entre 1769 et 1770, sont parus en 1789. Aucun auteur avant lui ne s'était encore risqué à faire le récit de sa vie pour tenter d'expliquer ses actions ou de les justifier. L'extrait suivant démontre d'ailleurs que Rousseau est conscient de l'originalité du projet. La narration au « je » présente le sujet, c'est-à-dire lui-même, comme un « autre ».

Heinrich Guttenberg (graveur) (1749-1818), d'après Jean Michel Moreau le jeune (1741-1814).
Les dernières paroles de Jean-Jacques Rousseau (coloration ultérieure).

EXTRAIT *LES CONFESSIONS* (1782)

Livre I

Je forme une entreprise qui n'eut jamais d'exemple et dont l'exécution n'aura point d'imitateur. Je veux montrer à mes semblables un homme dans toute la vérité de la nature ; et cet homme ce sera moi.

Moi seul. Je sens mon cœur et je connais les hommes. Je ne suis fait comme
5   aucun de ceux que j'ai vus ; j'ose croire n'être fait comme aucun de ceux qui existent. Si je ne vaux pas mieux, au moins je suis autre. Si la nature a bien ou mal fait de briser le moule dans lequel elle m'a jeté, c'est ce dont on ne peut juger qu'après m'avoir lu.

Que la trompette du jugement dernier sonne quand elle voudra, je viendrai, ce
10   livre à la main, me présenter devant le souverain juge. Je dirai hautement : «Voilà ce que j'ai fait, ce que j'ai pensé, ce que je fus. J'ai dit le bien et le mal avec la même franchise. Je n'ai rien tu de mauvais, rien ajouté de bon, et s'il m'est arrivé d'employer quelque ornement indifférent, ce n'a jamais été que pour remplir un vide occasionné par mon défaut de mémoire ; j'ai pu supposer
15   vrai ce que je savais avoir pu l'être, jamais ce que je savais être faux. Je me suis montré tel que je fus : méprisable et vil quand je l'ai été, bon, généreux, sublime, quand je l'ai été : j'ai dévoilé mon intérieur tel que tu l'as vu toi-même, Être éternel. Rassemble autour de moi l'innombrable foule de mes semblables ; qu'ils écoutent mes confessions, qu'ils gémissent de mes indignités, qu'ils rougissent
20   de mes misères. Que chacun d'eux découvre à son tour son cœur aux pieds de ton trône avec la même sincérité, et puis qu'un seul te dise, s'il l'ose : *Je fus meilleur que cet homme-là.* »

---

1.   Philippe Lejeune, *Le pacte autobiographique*, nouvelle édition augmentée, Paris, Seuil, coll. «Points/Essais», 1996.

QUESTIONS DE COMPRÉHENSION ET D'ANALYSE

1.   En quoi la première phrase indique-t-elle que Rousseau est conscient de l'originalité de son projet ?

2.   Le deuxième paragraphe laisse entrevoir que le narrateur se considère comme unique. Qu'est-ce qui permet de le dire ?

3.   Quand il dit que «la nature a bien ou mal fait de briser le moule dans lequel elle m'a jeté», le narrateur utilise une figure d'analogie. Laquelle ? Que veut dire l'expression «briser le moule»?

4.   Qui est «le souverain juge»?

5.   La fin de l'extrait révèle que Rousseau assume complètement sa démarche d'écriture. Pourquoi?

Sujet d'analyse : Montrez en quoi l'autobiographie telle qu'elle est présentée par Rousseau relève de l'expérimentation.

LE SIÈCLE DES LUMIÈRES
Les œuvres narratives

LE DANGER DES IDÉES

Certains écrivains tels que le marquis de Sade devront payer pour la publication de leurs ouvrages. Ce sera aussi le cas de Denis Diderot qui est sans doute – avec Voltaire – l'un des esprits les plus brillants et les plus prolifiques des Lumières (il a été encyclopédiste, romancier, dramaturge, essayiste, etc.). Comme son ami Rousseau, il est également connu pour avoir élaboré des concepts philosophiques novateurs. Ainsi, il utilise l'exemple d'un aveugle-né pour démontrer que la morale n'est pas universelle, mais qu'elle dépend plutôt de la sensibilité de chacun. Après la publication de sa *Lettre sur les aveugles à l'usage de ceux qui voient* (1749), Diderot est incarcéré pendant quelques mois à Vincennes, car l'ouvrage contredit la position de l'Église: il y privilégie en effet le matérialisme, selon lequel l'homme n'est pas un jouet entre les mains d'un dieu, mais un être autonome, responsable de sa propre vie. Ayant failli mettre en péril l'entreprise de l'*Encyclopédie*, cet emprisonnement lui enseigne la prudence. À partir de ce moment, Diderot évite d'afficher ouvertement ou même de publier ses prises de position, qu'elles soient théologiques ou politiques, préservant ainsi sa liberté.

Denis Diderot (1713-1784)

Jacques le fataliste et son maître fait partie des œuvres de Diderot non publiées de son vivant; il s'agit d'un long dialogue entrecoupé d'anecdotes, où se côtoient le réel et l'imaginaire. La question de la liberté et de l'égalité entre les êtres humains est au cœur des discussions entre Jacques, le valet, et son maître. Ce roman est inspiré de *Tristram Shandy* (1760-1767) de l'auteur anglais Laurence Sterne. Le récit de Diderot joue avec les conventions narratives en interrompant à de nombreuses occasions l'intrigue au profit de diverses digressions. À une époque où chaque auteur innove en mise en scène pour donner l'impression que sa fiction a parti pris avec le réel, Diderot souligne au contraire l'aspect fictionnel du récit, allant même jusqu'à le revendiquer en interpellant le lecteur. Cependant, la vraie transgression est perceptible dès le titre (dans lequel il est impossible de ne pas voir un clin d'œil aux contes philosophiques de Voltaire): le valet est nommé en premier et est adepte d'une philosophie, tandis que le maître, dont on ne saura jamais le véritable nom, est nommé en dernier.

L'extrait présenté montre le côté frondeur de Jacques, le domestique, qui expose sa théorie de la domination à son maître ainsi qu'au marquis des Arcis qu'ils viennent de rencontrer. À mots à peine voilés, il dit que le marquis et son maître sont aussi les «chiens» d'autres personnes plus puissantes.

EXTRAIT   ***JACQUES LE FATALISTE ET SON MAÎTRE***
(publié à titre posthume en 1796)

Jacques demanda à son maître s'il n'avait pas remarqué que, quelle que fût la misère des petites gens, n'ayant pas de pain pour eux, ils avaient tous des chiens; s'il n'avait pas remarqué que ces chiens, étant tous instruits à faire des tours, à marcher à deux pattes, à danser, à rapporter, à sauter pour le roi, pour la reine, à faire le mort, cette
5   éducation les avait rendus les plus malheureuses bêtes du monde. D'où il conclut que tout homme voulait commander à un autre; et que l'animal se trouvant dans la société immédiatement au-dessous de la classe des derniers citoyens commandés par toutes les autres classes, ils prenaient un animal pour commander aussi à

quelqu'un. « Eh bien ! dit Jacques, chacun a son chien. Le ministre est le chien du roi,
le premier commis est le chien du ministre, la femme est le chien du mari, ou le mari
le chien de la femme ; Favori est le chien de celle-ci, et Thibaud est le chien de
l'homme du coin. Lorsque mon maître me fait parler quand je voudrais me taire, ce
qui, à la vérité, m'arrive rarement, continua Jacques ; lorsqu'il me fait taire quand je
voudrais parler, ce qui est très difficile ; lorsqu'il me demande l'histoire de mes
amours, et que j'aimerais mieux causer d'autre chose ; lorsque j'ai commencé l'histoire de mes amours, et qu'il l'interrompt : que suis-je autre chose que son chien ? Les
hommes faibles sont les chiens des hommes fermes.

LE MAÎTRE. — Mais, Jacques, cet attachement pour les animaux, je ne le remarque pas
seulement dans les petites gens, je connais de grandes dames entourées d'une meute
de chiens, sans compter les chats, les perroquets, les oiseaux.

JACQUES. — C'est leur satire et celle de ce qui les entoure. Elles n'aiment personne ;
personne ne les aime : et elles jettent aux chiens un sentiment dont elles ne savent
que faire.

LE MARQUIS DES ARCIS. — Aimer les animaux ou jeter son cœur aux chiens, cela est
singulièrement vu.

LE MAÎTRE. — Ce qu'on donne à ces animaux-là
suffirait à la nourriture de deux ou trois malheureux.

JACQUES. — À présent en êtes-vous surpris ?

LE MAÎTRE. — Non. »

Le marquis des Arcis tourna les yeux sur Jacques,
sourit de ses idées ; puis, s'adressant à son
maître, il lui dit : « Vous avez là un serviteur qui
n'est pas ordinaire.

LE MAÎTRE. — Un serviteur, vous avez bien de la
bonté : c'est moi qui suis le sien ; et peu s'en est
fallu que ce matin, pas plus tard, il ne me l'ait
prouvé en forme. »

Tout en causant on arriva à la couchée, et l'on fit
chambrée commune. Le maître de Jacques et le
marquis des Arcis soupèrent ensemble. Jacques
et le jeune homme furent servis à part. Le maître
ébaucha en quatre mots au marquis l'histoire de
Jacques et de son tour de tête fataliste. Le marquis
parla du jeune homme qui le suivait. Il avait été
prémontré. Il était sorti de sa maison par une
aventure bizarre ; des amis le lui avaient recom-
mandé ; et il en avait fait son secrétaire en attendant mieux.

QUESTIONS DE COMPRÉHENSION ET D'ANALYSE

1. Jacques utilise une image pour parler des relations entre les gens. Laquelle ? Expliquez ce qu'elle signifie.

2. Quand il dit que « ces chiens, étant tous instruits à faire des tours, à marcher à deux pattes, à danser, à rapporter, à sauter pour le roi, pour la reine, à faire le mort », il énumère toute une série d'actions qui dresse un portrait peu flatteur de ce que représentent les chiens. Quel est-il ?

3. En quoi le discours de Jacques est-il profondé-ment politique ? Soulignez un passage qui permet d'appuyer votre réponse et analysez-le.

4. Comment perçoit-on que Jacques est un personnage plus ou moins docile ?

5. Certains passages sont révélateurs d'une vision assez négative de l'être humain, tels que « [l]es hommes faibles sont les chiens des hommes fermes » ou « [e]lles n'aiment personne ; personne ne les aime : et elles jettent aux chiens un sentiment dont elles ne savent que faire ». Comment interprétez-vous cette vision ?

Sujet d'analyse : Montrez comment le discours de Jacques remet en question les relations sociales et humaines.

LE SIÈCLE DES LUMIÈRES
Les œuvres narratives

EN MARGE DU COURANT PHILOSOPHIQUE : L'ÉCRITURE LIBERTINE

Le philosophe des Lumières remet en question les idées préconçues et se sert de son jugement pour séparer le vrai du faux. Il valorise les idées qui vont dans le sens de la liberté, du progrès ou encore de l'amélioration des conditions de vie de la population en général. De cette manière, la plupart des philosophes cherchent à privilégier l'universalité au détriment du particulier.

Cependant, certains auteurs s'opposeront à ce supposé consensus et chercheront à s'affranchir d'une raison normative préétablie : les libertins. Au XVIIIe siècle, le mot « libertinage » devient synonyme de scandale et de mœurs dépravées. Les livres qualifiés de libertins constituent environ 40 % de la littérature censurée. Comme les écrits des philosophes, la prose libertine, qui rassemble des pamphlets, des traités, des romans de mœurs, etc., conteste l'ordre établi et les valeurs traditionnelles, mais elle va aussi jusqu'à remettre en question tout ce qui a trait à la morale. Le marquis de Sade et Pierre Choderlos de Laclos qui représentent ce courant comprennent déjà l'aporie (le paradoxe) dans laquelle se sont lancés les tenants des Lumières : à savoir que, en se posant comme ceux qui préviennent de la tyrannie, ces derniers ont en fait imposé leurs idéaux selon leurs critères. Les auteurs libertins considèrent donc que la dictature monarchique est désormais remplacée par la dictature du sens commun. Ainsi, les romans libertins présentent le côté sombre de la société française du XVIIIe siècle ; ils vont privilégier une approche plus individualiste et traiter des passions obscures.

Pierre Choderlos de Laclos (1741-1803)

Les liaisons dangereuses, le roman épistolaire de Pierre Choderlos de Laclos, constitue certainement le chef-d'œuvre de l'écriture libertine. Laclos dépeint avec réalisme une aristocratie blasée et décadente pour qui le libertinage n'est qu'un « jeu de société » divertissant. La marquise de Merteuil et le vicomte de Valmont, complices de ces jeux de séduction, cherchent à corrompre leur entourage en les entraînant dans des intrigues amoureuses illicites. Les deux « joueurs » se distinguent par leur cynisme et le raffinement pervers qu'ils déploient pour échafauder leurs plans diaboliques.

Dans l'extrait suivant, le vicomte de Valmont écrit une lettre d'amour à Mme de Tourvel alors qu'il est au lit avec une autre femme. Cette lettre remplie d'équivoques illustre bien l'écriture libertine du XVIIIe siècle.

EXTRAIT *LES LIAISONS DANGEREUSES* (1782)

48. Du Vicomte de Valmont à la Présidente Tourvel

Paris, ce 30 août.

C'est après une nuit orageuse, et pendant laquelle je n'ai pas fermé l'œil ; c'est après avoir été sans cesse ou dans l'agitation d'une ardeur dévorante, ou dans l'entier anéantissement de toutes les facultés de mon âme, que je viens chercher auprès de
5   vous, Madame, un calme dont j'ai besoin, et dont pourtant je n'espère pas pouvoir jouir encore. En effet, la situation où je suis en vous écrivant me fait connaître, plus que jamais, la puissance irrésistible de l'amour ; j'ai peine à conserver assez d'empire sur moi pour mettre quelque ordre dans mes idées ; et déjà je prévois que je ne finirai

pas cette lettre, sans être obligé de l'interrompre. Quoi ! ne puis-je donc espérer que
10 vous partagerez quelque jour le trouble que j'éprouve en ce moment ? J'ose croire
cependant que, si vous le connaissiez bien, vous n'y seriez pas entièrement insensible. Croyez-moi, Madame, la froide tranquillité, le sommeil de l'âme, image de la
mort, ne mènent point au bonheur ; les passions actives peuvent seules y conduire ;
et malgré les tourments que vous me faites éprouver, je crois pouvoir assurer sans
15 crainte, que, dans ce moment même, je suis plus heureux que vous. En vain m'acca-
blez-vous de vos rigueurs désolantes ; elles ne m'empêchent point de m'abandonner
entièrement à l'amour, et d'oublier, dans le délire qu'il me cause, le désespoir auquel
vous me livrez. C'est ainsi que je veux me venger de l'exil auquel vous me condamnez. Jamais je n'eus tant de plaisir en vous écrivant ; jamais je ne ressentis, dans cette
20 occupation, une émotion si douce, et cependant si vive. Tout semble augmenter mes
transports : l'air que je respire est brûlant de volupté ; la table même sur laquelle je
vous écris, consacrée pour la première fois à cet usage, devient pour moi l'autel sacré
de l'amour ; combien elle va s'embellir à mes yeux ! J'aurai tracé sur elle le serment
de vous aimer toujours ! Pardonnez, je vous en supplie, le délire que j'éprouve. Je
25 devrais peut-être m'abandonner moins à des transports que vous ne partagez pas : il
faut vous quitter un moment pour dissiper une ivresse qui s'augmente à chaque
instant, et qui devient plus forte que moi.

Je reviens à vous, Madame, et sans doute j'y
reviens toujours avec le même empressement.
30 Cependant le sentiment du bonheur a fui loin de
moi ; il a fait place à celui des privations cruelles.
À quoi me sert-il de vous parler de mes sentiments, si je cherche en vain les moyens de vous
en convaincre ? Après tant d'efforts réitérés, la
35 confiance et la force m'abandonnent à la fois. Si
je me retrace encore les plaisirs de l'amour, c'est
pour sentir plus vivement le regret d'en être privé.
Je ne me vois de ressource que dans votre indulgence, et je sens trop, dans ce moment, combien
40 j'en ai besoin pour espérer de l'obtenir. Cependant jamais mon amour ne fut plus respectueux,
jamais il ne dut moins vous offenser ; il est tel,
j'ose le dire, que la vertu la plus sévère ne devrait
pas le craindre : mais je crains moi-même de vous
45 entretenir plus longtemps de la peine que
j'éprouve. Assuré que l'objet qui la cause ne la
partage pas, il ne faut pas au moins abuser de ses
bontés ; et ce serait le faire, que d'employer plus
de temps à vous retracer cette douloureuse image.
50 Je ne prends plus que celui de vous supplier de
me répondre, et de ne jamais douter de la vérité
de mes sentiments.

QUESTIONS DE COMPRÉHENSION ET D'ANALYSE

1. Comment la première phrase de la lettre laisse-t-elle percevoir la passion que vit le personnage qui écrit ? Soulignez les expressions et relevez les figures de style qui s'y trouvent.

2. Quand le Vicomte parle de « la puissance irrésistible de l'amour » pour décrire la situation dans laquelle il écrit, à quoi fait-il référence ?

3. L'énumération « la froide tranquillité, le sommeil de l'âme, image de la mort » désigne un état contraire à la passion physique. Pourquoi ?

4. Le personnage veut se « venger de l'exil » où l'a placé Mᵐᵉ de Tourvel et il décrit de quelle façon. Où lit-on cette description dans l'extrait ? Comment s'y prend-il et en quoi sacralise-t-il le plaisir ?

5. Le ton du dernier paragraphe apparaît moins équivoque et frivole, voire sérieux. Qu'est-ce qui permet de le dire ?

Sujet d'analyse : Montrez comment le discours du Vicomte de Valmont est équivoque.

L'INFLUENCE DU THÉÂTRE ITALIEN

Avec ses personnages stéréotypés, sa bouffonnerie et son improvisation, le théâtre italien est bien représenté à Paris, où une troupe met en scène des spectacles inspirés de la *commedia dell'arte*. Toutefois, par ses comédies irrévérencieuses, celle-ci s'attire l'hostilité du clergé qui réussira à convaincre Louis XIV de l'expulser en 1697. Les comédiens italiens reviendront par la suite à Paris lors de la Régence en 1716 où ils pourront à nouveau jouer jusqu'en 1779. Pendant leurs séjours dans la Ville lumière, ils auront une influence considérable sur des auteurs comme Molière ou Marivaux, dont la pièce *Arlequin poli par l'amour*, jouée en 1720 par des acteurs italiens, en est d'ailleurs un exemple probant.

Pierre de Marivaux (1688-1763)

Les comédies psychologiques et sentimentales de Pierre Carlet de Chamblain de Marivaux sont reconnaissables entre autres aux mécanismes que l'auteur met en œuvre afin de travestir, pour mieux le révéler, le sentiment amoureux naissant : confidences, jeux, stratagèmes, épreuves, etc. Les pièces de Marivaux se distinguent aussi par la langue qui, bien que naturelle, reflète l'esprit de la bonne société de l'époque. Contrairement à la préciosité du Grand Siècle, le raffinement de style et de langage que l'on trouve chez Marivaux n'est pas gratuit, l'auteur cherchant plutôt à traduire de cette manière toutes les nuances des émotions. Cette préciosité d'un nouveau genre a d'ailleurs reçu le nom de «marivaudage». Dans *Le jeu de l'amour et du hasard*, Silvia, une jeune Parisienne de bonne famille, a été promise à Dorante. Désireuse de faire la connaissance de celui-ci, Silvia décide de changer de rôle avec sa servante, Lisette, afin de pouvoir observer à son aise celui qu'on lui destine avant de l'accepter. Mais elle ignore que Dorante a eu l'idée de faire la même chose avec Arlequin, son valet. Ce sont donc deux maîtres déguisés en serviteurs qui se rencontrent.

Dans l'extrait présenté, Silvia confronte sa servante au sujet de Dorante. Elle finit par laisser paraître ses véritables sentiments par la nature de ses réponses à Lisette.

EXTRAIT *LE JEU DE L'AMOUR ET DU HASARD* (1730)

Acte II, scène 7 : Silvia, Lisette

SILVIA. — Je vous trouve admirable de ne pas le renvoyer tout d'un coup, et de me faire essuyer les brutalités de cet animal-là.

LISETTE. — Pardi, Madame, je ne puis pas jouer deux rôles à la fois ; il faut que je paraisse, ou la maîtresse, ou la suivante, que j'obéisse ou que j'ordonne.

5 SILVIA. — Fort bien ; mais puisqu'il n'y est plus, écoutez-moi comme votre maîtresse : vous voyez bien que cet homme-là ne me convient point.

LISETTE. — Vous n'avez pas eu le temps de l'examiner beaucoup.

SILVIA. — Êtes-vous folle avec votre examen ? Est-il nécessaire de le voir deux fois pour juger du peu de convenance ? En un mot, je n'en veux point. Apparemment que

10 mon père n'approuve pas la répugnance qu'il me voit, car il me fuit, et ne me dit

mot ; dans cette conjoncture, c'est à vous à me tirer tout doucement d'affaire, en témoignant adroitement à ce jeune homme que vous n'êtes pas dans le goût de l'épouser.

LISETTE. — Je ne saurais, Madame.

15 SILVIA. — Vous ne sauriez ! Et qu'est-ce qui vous en empêche ?

LISETTE. — Monsieur Orgon me l'a défendu.

SILVIA. — Il vous l'a défendu ! Mais je ne reconnais point mon père à ce procédé-là.

LISETTE. — Positivement défendu.

SILVIA. — Eh bien, je vous charge de lui dire mes dégoûts, et de l'assurer qu'ils sont
20 invincibles ; je ne saurais me persuader qu'après cela il veuille pousser les choses plus loin.

LISETTE. — Mais, Madame, le futur, qu'a-t-il donc de si désagréable, de si rebutant ?

SILVIA. — Il me déplaît, vous dis-je, et votre peu de zèle aussi.

LISETTE. — Donnez-vous le temps de voir ce qu'il est, voilà tout ce qu'on vous
25 demande.

SILVIA. — Je le hais assez sans prendre du temps pour le haïr davantage.

LISETTE. — Son valet qui fait l'important ne vous aurait-il point gâté l'esprit sur son compte ?

SILVIA. — Hum, la sotte ! son valet a bien affaire ici !

30 LISETTE. — C'est que je me méfie de lui, car il est raisonneur.

SILVIA. — Finissez vos portraits, on n'en a que faire ; j'ai soin que ce valet me parle peu, et dans le peu qu'il m'a dit, il ne m'a jamais rien dit que de très sage.

LISETTE. — Je crois qu'il est homme à vous avoir conté des histoires maladroites, pour faire briller son bel esprit.

35 SILVIA. — Mon déguisement ne m'expose-t-il pas à m'entendre dire de jolies choses ! À qui en avez-vous ? D'où vous vient la manie d'imputer à ce garçon une répugnance à laquelle il n'a point de part ? Car enfin, vous m'obligez à le justifier ; il n'est pas question de le brouiller avec son maître, ni d'en faire un fourbe, pour me faire, moi, une imbécile qui écoute ses histoires.

40 LISETTE. — Oh, Madame, dès que vous le défendez sur ce ton-là, et que cela va jusqu'à vous fâcher, je n'ai plus rien à dire.

SILVIA. — Dès que je le défends sur ce ton-là ! Qu'est-ce que c'est que le ton dont vous dites cela vous-même ? Qu'entendez-vous par ce discours, que se passe-t-il dans votre esprit ?

Antoine Watteau (1684-1721). *Les comédiens italiens* (probablement 1720).
National Gallery of Art, Washington, États-Unis.

45   LISETTE. — Je dis, Madame, que je ne vous ai jamais vue comme vous êtes, et que je ne conçois rien à votre aigreur. Eh bien, si ce valet n'a rien dit, à la bonne heure, il ne faut pas vous emporter pour le justifier, je vous crois, voilà qui est fini, je ne m'oppose pas à la bonne opinion que vous en avez, moi.

SILVIA. — Voyez-vous le mauvais esprit, comme elle tourne les choses ! Je me sens

50   dans une indignation… qui… va jusqu'aux larmes.

LISETTE. — En quoi donc, Madame ? Quelle finesse entendez-vous à ce que je dis ?

SILVIA. — Moi, j'y entends finesse ! moi, je vous querelle pour lui ! j'ai bonne opinion de lui ! Vous me manquez de respect jusque-là ! Bonne opinion, juste ciel ! bonne opinion ! Que faut-il que je réponde à cela ? Qu'est-ce que cela veut dire, à qui parlez-

55   vous ? Qui est-ce qui est à l'abri de ce qui m'arrive, où en sommes-nous ?

LISETTE. — Je n'en sais rien, mais je ne reviendrai de longtemps de la surprise où vous me jetez.

SILVIA. — Elle a des façons de parler qui me mettent hors de moi ; retirez-vous, vous m'êtes insupportable, laissez-moi, je prendrai d'autres mesures.

QUESTIONS DE COMPRÉHENSION ET D'ANALYSE

1. La manière dont Silvia désigne Dorante au tout début de l'extrait n'est pas très flatteuse. Pourquoi ? Quelle image utilise-t-elle ?

2. Quelle partie du texte permet de comprendre un peu plus loin que, à l'époque, les mariages étaient organisés sans le consentement des jeunes femmes ?

3. Quand Silvia clame « [j]e le hais assez sans prendre du temps pour le haïr davantage », qu'est-elle en train de révéler ? Peut-on penser qu'elle est détachée et neutre à l'égard de son promis ? Pourquoi ?

4. Quel passage montre que la servante a bien saisi les sentiments de sa maîtresse ?

5. Comment réagit alors Silvia ? Qu'est-ce qui montre la hiérarchie entre les deux personnages qui discutent à la fin ?

Sujet d'analyse : Montrez en quoi le personnage de Silvia incarne bien l'expression des émotions typique du drame bourgeois.

LES DÉBUTS DU «DRAME BOURGEOIS»
COMME REPRÉSENTATION ET CRITIQUE SOCIALES

Au XVIIIe siècle, certains dramaturges sont attirés par la vie contemporaine et le mélange des genres comique et sérieux qui rendent bien la réalité. Le drame dit «bourgeois», inauguré par Denis Diderot qui veut éloigner le théâtre des sujets classiques afin de montrer la condition de l'homme ordinaire du XVIIIe siècle, connaît beaucoup de succès. Ce nouveau genre dramatique laisse donc une large place à l'expression des émotions, voire au sentimentalisme, et s'accompagne souvent d'une intention moralisante. Il se distingue aussi par le fait que les personnages de bourgeois ne sont plus cantonnés aux rôles de faire-valoir ou de bouffon : ils sont désormais au centre de l'œuvre. Il s'agit en outre d'une forme de théâtre qui correspond à une représentation de la société qui prend successivement le nom de «comédie larmoyante», «comédie sérieuse», «tragédie bourgeoise», «drame bourgeois», puis simplement «drame».

Pierre Augustin Caron de Beaumarchais (1732-1799)

Beaumarchais, figure dominante du théâtre de cette époque, apporte un souffle nouveau à la comédie en y intégrant la critique sociale et politique. Il innove aussi par ses personnages de roturiers laborieux dont le dynamisme s'oppose à la passivité qui caractérise la classe privilégiée des nobles. La vie même de Beaumarchais — peut-être plus encore que ses œuvres — est à l'image de l'activité fébrile qui caractérise l'esprit des Lumières : aventurier, maître de harpe des filles du roi, entrepreneur, fondateur de la Société des auteurs dramatiques, il vient même en aide aux indépendantistes améri-

cains, en guerre contre l'Angleterre, à qui il vend des armes. Beaumarchais est l'homme d'action du XVIIIe siècle. Il fait entendre sa voix dans tous les débats et n'hésite pas à mettre son art au service de son engagement politique. Ainsi, dans *Le mariage de Figaro*, l'auteur dénonce les abus de pouvoir dont se rend coupable le comte Almaviva, qui entend séduire sa servante avant de la donner en mariage à son valet Figaro.

L'extrait suivant présente une partie de ce qui constitue le plus long monologue du théâtre français d'avant 1789. Dans ce soliloque, les doléances de Figaro à l'égard du comte Almaviva illustrent les récriminations accumulées à l'égard de la noblesse par le peuple à la veille de la Révolution française.

EXTRAIT *LE MARIAGE DE FIGARO*
(écrite en 1778 et jouée pour la première fois en 1784)

Acte V, scène 3 : *FIGARO, seul, se promenant dans l'obscurité, dit du ton le plus sombre :*

Ô femme ! femme ! femme ! créature faible et décevante !... nul animal créé ne peut manquer à son instinct : le tien est-il donc de tromper ?... Après m'avoir obstinément refusé quand je l'en pressais devant sa maîtresse ; à l'instant qu'elle me donne sa parole, au milieu même de la cérémonie... Il riait en lisant, le perfide ! et moi comme

5 un benêt... Non, monsieur le Comte, vous ne l'aurez pas... vous ne l'aurez pas. Parce que vous êtes un grand seigneur, vous vous croyez un grand génie !... Noblesse, fortune, un rang, des places, tout cela rend si fier ! Qu'avez-vous fait pour tant de biens ? Vous vous êtes donné la peine de naître, et rien de plus. Du reste, homme

assez ordinaire ; tandis que moi, morbleu ! perdu dans la foule obscure, il m'a fallu
10 déployer plus de science et de calculs pour subsister seulement, qu'on n'en a mis
depuis cent ans à gouverner toutes les Espagnes : et vous voulez jouter… On vient…
c'est elle… ce n'est personne. — La nuit est noire en diable, et me voilà faisant le sot
métier de mari quoique je ne le sois qu'à moitié ! (*Il s'assied sur un banc.*) Est-il rien
de plus bizarre que ma destinée ? Fils de je ne sais pas qui, volé par des bandits, élevé
15 dans leurs mœurs, je m'en dégoûte et veux courir une carrière honnête ; et partout
je suis repoussé ! J'apprends la chimie, la pharmacie, la chirurgie, et tout le crédit d'un
grand seigneur peut à peine me mettre à la main une lancette vétérinaire. […] Forcé
de parcourir la route où je suis entré sans le savoir, comme j'en sortirai sans le
vouloir, je l'ai jonchée d'autant de fleurs que ma gaieté me l'a permis : encore je dis
20 ma gaieté sans savoir si elle est à moi plus que le reste, ni même quel est ce moi dont
je m'occupe : un assemblage informe de parties inconnues ; puis un chétif être imbécile ; un petit animal folâtre ; un jeune homme ardent au plaisir, ayant tous les goûts
pour jouir, faisant tous les métiers pour vivre ; maître ici, valet là, selon qu'il plaît à
la fortune ; ambitieux par vanité, laborieux par nécessité, mais paresseux… avec
25 délices ! orateur selon le danger ; poète par délassement ; musicien par occasion ;
amoureux par folles bouffées, j'ai tout vu, tout fait, tout usé. Puis l'illusion s'est
détruite et, trop désabusé… Désabusé… ! Suzon, Suzon, Suzon ! que tu me donnes
de tourments !… J'entends marcher… on vient. Voici l'instant de la crise. (*Il se retire
près de la première coulisse à sa droite.*)

QUESTIONS DE COMPRÉHENSION ET D'ANALYSE

1. Quel est l'effet des points d'exclamation au tout début de l'extrait ?

2. Quand Figaro dit que «[n]oblesse, fortune, un rang, des places, tout cela rend si fier ! Qu'avez-vous fait
pour tant de biens ? Vous vous êtes donné la peine de naître, et rien de plus», à qui s'adresse-t-il ? Quel
est le sens de sa critique ?

3. Le personnage est particulièrement hyperbolique dans ce passage : «perdu dans la foule obscure, il m'a
fallu déployer plus de science et de calculs pour subsister seulement, qu'on n'en a mis depuis cent ans à
gouverner toutes les Espagnes». Pourquoi ? Expliquez.

4. Figaro dresse un portrait insolite de sa personne vers la fin de son discours. Que peut-on en déduire ?

5. Quel est l'objet de tous ses transports, de son emportement ?

Sujet d'analyse : En quoi cet extrait du *Mariage de Figaro* est-il une critique des inégalités sociales ?

UN GENRE EN CRISE

Bien que la poésie soit encore présente au siècle des Lumières, la plupart des œuvres produites, pauvres ou frivoles, ne font que perpétuer le formalisme que défendaient les théoriciens du siècle précédent. La littérature française connaît au XVIIIᵉ siècle une véritable crise de la poésie. Toutefois, même si les vrais poètes se font rares à cette époque, il en est au moins un qui parvient à se démarquer : André Chénier.

André Chénier (1762-1794)

Comme beaucoup d'intellectuels, André Chénier place ses espoirs dans la Révolution, mais recule lorsqu'il constate les massacres et les abus qu'elle provoque. Dans les articles qu'il écrit pour le *Journal de Paris*, Chénier dénonce ces pratiques, ce qui lui vaut d'être arrêté en 1794. De sa prison, il rédige entre autres des pamphlets dirigés contre les «bourreaux» de la Terreur, ainsi qu'une ode intitulée «La jeune captive», dans laquelle il décrit le désarroi qui frappe les victimes de la Révolution. André Chénier est guillotiné en 1794, deux jours seulement avant la fin des massacres. Sa mort tragique aura largement contribué à l'élaboration du mythe qui entoure le jeune poète disparu à la fleur de l'âge. Considéré par beaucoup comme le précurseur d'une nouvelle poésie, Chénier, par ses œuvres les plus personnelles, va influencer les romantiques au siècle suivant.

Dans le texte présenté, Chénier use du discours direct dans lequel le poète rapporte les derniers instants d'une prisonnière. Le poème associe la jeune captive à la nature pour faire ressortir le fait que son destin est contre-nature.

EXTRAIT **LA JEUNE CAPTIVE** *(publié à titre posthume)*

«L'épi naissant mûrit de la faux respecté ;
Sans crainte du pressoir, le pampre¹ tout l'été
    Boit les doux présents de l'aurore ;
Et moi, comme lui belle, et jeune comme lui,
5 Quoi que l'heure présente ait de trouble et d'ennui,
    Je ne veux point mourir encore.

Qu'un stoïque aux yeux secs vole embrasser la mort :
Moi je pleure et j'espère. Au noir souffle du nord
    Je plie et relève ma tête.
10 S'il est des jours amers, il en est de si doux !
Hélas ! quel miel jamais n'a laissé de dégoûts ?
    Quelle mer n'a point de tempête ?

L'illusion féconde habite dans mon sein.
D'une prison sur moi les murs pèsent en vain,
15   J'ai les ailes de l'espérance.
Échappée aux réseaux de l'oiseleur cruel,
Plus vive, plus heureuse, aux campagnes du ciel
    Philomèle² chante et s'élance.

Est-ce à moi de mourir ? Tranquille je m'endors
20 Et tranquille je veille ; et ma veille aux remords
        Ni mon sommeil ne sont en proie.
Ma bienvenue au jour me rit dans tous les yeux ;
Sur des fronts abattus, mon aspect dans ces lieux
        Ranime presque de la joie.

25 Mon beau voyage encore est si loin de sa fin !
Je pars, et des ormeaux qui bordent le chemin
        J'ai passé les premiers à peine,
Au banquet de la vie à peine commencé,
Un instant seulement mes lèvres ont pressé
30   La coupe en mes mains encor pleine.

Je ne suis qu'au printemps. Je veux voir la moisson,
Et comme le soleil, de saison en saison,
        Je veux achever mon année.
Brillante sur ma tige et l'honneur du jardin,
35 Je n'ai vu luire encor que les feux du matin ;
        Je veux achever ma journée.

Ô mort ! tu peux attendre ; éloigne, éloigne-toi ;
Va consoler les cœurs que la honte, l'effroi,
        Le pâle désespoir dévore.
40 Pour moi Palès³ encore a des asiles verts,
Les amours des baisers, les muses des concerts.
        Je ne veux point mourir encore. »

Ainsi, triste et captif, ma lyre toutefois
S'éveillait, écoutant ces plaintes, cette voix,
45   Ces vœux d'une jeune captive ;
Et secouant le faix de mes jours languissants,
Aux douces lois des vers je pliais les accents
        De sa bouche aimable et naïve.

Ces chants, de ma prison témoins harmonieux,
50 Feront à quelque amant des loisirs studieux
        Chercher quelle fut cette belle.
La grâce décorait son front et ses discours,
Et comme elle craindront de voir finir leurs jours
        Ceux qui les passeront près d'elle.

---

1. Le raisin, la vigne.
2. Personnification du rossignol.
3. Dieu (ou déesse) protecteur des pâturages et des troupeaux
   dans la mythologie romaine.

QUESTIONS DE COMPRÉHENSION ET D'ANALYSE

1. Les premiers vers « L'épi naissant mûrit de la faux respecté ;/Sans crainte du pressoir, le pampre tout l'été » sont métaphoriques. Que représentent-ils ?

2. Dans la deuxième strophe, qu'est-ce qui donne à penser que le poète ne veut pas mourir ?

3. À quel élément de la nature le poète se compare-t-il ? Soulignez tous les vers où la même image se répète sous différentes formes et expliquez le sens de l'analogie.

4. Quelle est la tonalité principale se dégageant de ce poème ? Appuyez votre réponse par l'analyse d'un passage.

5. Comment comprend-on à la fin que le poète joue à reproduire les plaintes imaginaires de la jeune captive ?

Sujet d'analyse : Montrez comment la nature sert d'image au poète pour dire qu'il n'est pas parvenu au terme de sa vie.

CHAPITRE 5

D'UNE RÉVOLUTION À L'AUTRE

Eugène Delacroix (1798-1863).
Jeune orpheline au cimetière (v. 1824).
Musée du Louvre, Paris, France.

Le **contexte sociohistorique** (1789-1848)

La France du XIXe siècle vit de nombreux bouleversements politiques et sociaux, conséquence à la fois de la période trouble qui suit la Révolution de 1789 et de la révolution industrielle, qui accroît les pouvoirs de la bourgeoisie et entraîne l'émergence d'une nouvelle classe sociale, celle des ouvriers. Ces transformations profondes s'accompagnent d'importants changements de mentalités au sein de la société française.

Bien que la Révolution de 1789 soit l'œuvre du tiers état, c'est-à-dire du peuple de Paris et de la bourgeoisie (marchande et professionnelle), la France n'est pas pour autant une démocratie. Le pouvoir politique devra en effet subir un long et difficile processus de transformation avant de se doter d'un véritable régime démocratique. La Révolution conduit à un gouvernement révolutionnaire appelé Commune de Paris, qui est à l'origine de l'arrestation et de l'exécution du roi. En 1794, après deux années de Terreur[1], les communards sont déportés ou guillotinés en raison de leurs excès, et celle-ci est remplacée par le Directoire. En 1799, la France connaît une grave crise financière et le peuple, écarté du pouvoir, se sent impuissant et dépossédé. Le jeune général Napoléon Bonaparte, vainqueur de nombreuses campagnes militaires et adulé

LA DÉMOCRATISATION DE L'ART

Au moment de la Révolution, une vague de vandalisme[*] s'abat sur Paris, le peuple s'en prenant à tout ce qui peut évoquer la monarchie ou le clergé. Devant cette situation, l'État décide de faire ériger des musées afin de protéger le patrimoine national: musée du Louvre (1793), Muséum d'histoire naturelle (1793), musée des Monuments français (1796). La population peut désormais avoir accès à ce qui était naguère réservé à l'élite, et ces nouvelles institutions publiques deviennent rapidement très populaires. De plus, la création des lycées (1802) ayant fait diminuer l'analphabétisme de façon sensible, il en résulte un développement accéléré des périodiques. Une culture populaire commence à voir le jour, encouragée notamment par l'amélioration des techniques d'impression et la reconnaissance des droits d'auteur. Le statut de l'artiste se modifie en même temps que se produit une réelle démocratisation de l'art.

En ce qui concerne la littérature, les techniques d'impression et de fabrication du papier, jusqu'alors plutôt artisanales, se mécanisent à partir de 1830. En outre, grâce à un nouveau procédé appelé lithographie[**], il est désormais possible d'illustrer les textes. Le premier périodique illustré, *La Caricature*, paraît en 1830. Les œuvres artistiques peuvent aussi être reproduites mécaniquement. Ainsi, l'industrialisation de l'art permet de faire entrer dans les foyers des copies de tableaux célèbres. Par ailleurs, la multiplication des journaux et la baisse des coûts d'abonnement, rendue possible grâce à l'avènement de la publicité, créent une vive concurrence. Les éditeurs de journaux cherchent alors à fidéliser leur clientèle en publiant dans leurs pages des romans-feuilletons[***].

---

[*] Ce terme, employé pour la première fois à cette époque, désigne alors l'attitude destructrice de certains révolutionnaires à l'égard du patrimoine artistique de l'Ancien Régime.

[**] Procédé qui consiste à graver le dessin sur une pierre calcaire au grain très fin. Cette technique a été mise au point en Allemagne en 1796 par Alois Senefelder.

[***] Les journaux sont à l'origine de la «popularisation» des œuvres littéraires. Dès 1836, de nombreux périodiques font paraître des romans par épisodes. Les premiers romans-feuilletons proviennent surtout d'auteurs inconnus ou étrangers; d'autres sont des œuvres déjà publiées sous forme de livre. Devant le succès populaire qui s'ensuit, les éditeurs de périodiques multiplient leurs efforts pour attirer des auteurs renommés. À partir de 1840, la presque totalité des auteurs publient leurs œuvres dans les quotidiens en contrepartie d'une rétribution convenable (le fait qu'ils soient payés au mot peut d'ailleurs expliquer – du moins en partie – la longueur de ces romans).

par la population, va saisir cette occasion pour fomenter un coup d'État. Un nouveau régime appelé Consulat est alors mis sur pied. Nommé Premier consul, Bonaparte cherche d'abord à consolider son pouvoir en appuyant la bourgeoisie (il crée notamment la Banque de France) et en limitant la liberté politique et la liberté de presse[2]. Après s'être fait nommer Premier consul à vie (1802), Bonaparte se proclame empereur en 1804 sous le nom de Napoléon Ier, instituant ainsi le premier Empire.

L'ambition démesurée de l'empereur le pousse à lancer sa grande armée à la conquête de l'Europe. Après une série de campagnes victorieuses qui font oublier au peuple la censure et les troubles politiques, le vent commence à tourner. À partir de 1811, la France est rongée par une crise économique, alors que l'armée française connaît une cuisante défaite en Russie (1812). En 1814, l'empereur est forcé d'abdiquer et il est condamné par les forces alliées à s'exiler à l'île d'Elbe. Napoléon réussit à s'emparer à nouveau du pouvoir pour quelques mois en 1815 (période des Cent-Jours), mais il est défait en Belgique lors de la bataille de Waterloo. Déporté à l'île Sainte-Hélène, il meurt en 1821.

Après la chute de l'empereur, lassés du tumulte et des guerres, les Français accueillent plutôt favorablement le retour de la monarchie. Cette période, est appelée Restauration (1814 à 1830). Pour la première fois de son histoire, la France se dote d'une monarchie parlementaire, à la tête de laquelle se succèdent les frères de Louis XVI : Louis XVIII (jusqu'en 1824) et Charles X (jusqu'en 1830). Les débats d'idées sont alors au cœur de la vie politique, où s'affrontent deux tendances : la droite, représentée par les monarchistes, et la gauche, défendue par les libéraux[3]. Le pays est néanmoins encore agité et l'année 1830 est ponctuée de plusieurs soulèvements populaires, consécutifs à la décision du roi Charles X de dissoudre le Parlement et d'abolir la liberté de la presse. Au mois de juillet 1830, de nombreuses barricades sont installées dans Paris : c'est la révolution de juillet. Louis-Philippe Ier monte alors sur le trône avec le soutien de la bourgeoisie, formant ce qu'il est convenu d'appeler la monarchie de Juillet.

À partir de 1846, la France traverse une série de difficultés économiques, de pénuries alimentaires et de soulèvements ouvriers. Cette période de crise culmine en 1848, avec l'abdication du roi Louis-Philippe, dont l'impopularité n'a fait que croître au fil des ans. Le Parlement en profite pour établir un gouvernement provisoire et proclame la IIe République. Un suffrage universel porte alors au pouvoir le neveu de Napoléon Ier, Louis-Napoléon Bonaparte. En décembre 1851, ce dernier réussit un coup d'État et, au cours de l'année suivante, proclame le Second Empire qu'il dirigera sous le nom de Napoléon III jusqu'en 1870, au moment où la France perd la guerre contre la Prusse et où débute la IIIe République.

---

1. Tribunal criminel mis sur pied par la Commune dans le but de juger toutes les personnes suspectées d'agissements contre-révolutionnaires, entre autres les nobles et les prêtres réfractaires. La Terreur, prolongement du gouvernement, devient une dictature qui fait des milliers de victimes.

2. Des 70 périodiques qui circulaient en 1799, il n'en reste que 4 en 1814. La censure touche aussi les théâtres, qui voient leur nombre réduit à 8 en 1807.

3. Les termes « droite » et « gauche », utilisés en politique, remontent à 1789. Les conservateurs occupaient alors les bancs placés à droite du président, tandis que ceux qui militaient pour le changement occupaient les bancs placés à gauche.

LA **LITTÉRATURE ROMANTIQUE**

Apparu en Allemagne au milieu du XVIIIe siècle, puis en Angleterre, un nouveau mouvement se répand en Europe et atteint la France au début du XIXe siècle. À la fois littéraire, culturel et artistique, le mouvement romantique réagit vigoureusement au classicisme et au rationalisme des Lumières et lutte pour la liberté de l'art en plaçant l'expression individuelle au centre des préoccupations de l'artiste. Jean-Jacques Rousseau est considéré comme le précurseur du romantisme. De fait, certaines œuvres (*Les confessions, Julie ou La nouvelle Héloïse*) de cet écrivain des Lumières contiennent déjà l'une des caractéristiques les plus importantes du romantisme, c'est-à-dire le sentiment de la nature, fondé sur un rapport étroit entre le paysage extérieur et le paysage intérieur (celui de l'âme).

Le romantisme français est marqué par différentes mouvances : les **romantiques de la première génération** (qui correspond à la période allant de la Révolution française à 1830) et ceux de la **deuxième génération** (de 1830 à 1848). Plusieurs écrivains de la première génération, en raison de leur lien avec la noblesse, ont vécu cette période sous le signe de l'inadéquation au nouveau régime, du rejet et de l'exclusion. Forcés de s'exiler après la Révolution — et encore une

Eugène Delacroix (1798-1863). *La liberté guidant le peuple* (1830).
Musée du Louvre, Paris, France.

découvrent les œuvres des romantiques anglais et allemands, notamment celles du groupe Sturm und Drang («tempête et passion»), dans lesquelles s'expriment sans contraintes l'imaginaire et les émotions de leurs auteurs. C'est d'ailleurs un roman allemand (*Les souffrances du jeune Werther*, écrit en 1774 par Goethe) qui servira de modèle à la génération des romantiques. Parce qu'elles traduisent dans un style lyrique et sensible le climat de morosité ressenti par tout un groupe de poètes, les *Méditations poétiques* (1820) de Lamartine sont considérées comme le véritable acte de naissance du romantisme français. Cette mouvance se caractérise avant tout par un désir de faire triompher le sentiment sur la raison et de lutter contre le conformisme bourgeois qui s'est installé au lendemain de la Révolution. À cette nouvelle société fondée sur le matérialisme, l'artiste margi-

nalise oppose son droit à la liberté créatrice et au rêve. Il se tourne vers la nature, confiante ou consolatrice; il se complaît dans la nostalgie d'un Moyen Âge glorieux ou encore il parcourt le monde à la recherche de paysages exotiques qui cadrent davantage avec ses états d'âme. On assiste aussi à un retour du sentiment religieux, écarté pendant la Révolution, en même temps qu'apparaît un intérêt pour l'occultisme.

Par ailleurs, bien qu'un grand nombre d'écrivains romantiques préfèrent s'en tenir à l'intériorisation afin de pouvoir mieux explorer les plus infimes nuances de leurs souffrances, d'autres trouvent dans l'action et l'engagement une façon de combattre la léthargie ambiante et d'orienter positivement leur énergie créatrice. Se sentant investis d'une mission, ces écrivains engagés, en particulier Victor Hugo, se chargent de guider le peuple démuni et opprimé vers un avenir meilleur.

L'ÉCRITURE ROMANTIQUE

Le XIXe siècle voit l'œuvre littéraire se transformer: délaissant la place accordée à la pensée des Lumières et au rationalisme, celle-ci se veut désormais le reflet de l'esprit de l'artiste qui, lui, apparaît comme le guide, le génie inspiré. Ce nouveau rapport à l'œuvre explique les principales caractéristiques de l'écriture romantique: le refus des conventions, la liberté créatrice, la volonté d'adapter l'art au monde moderne, d'élargir les horizons artistiques et esthétiques, de même qu'un goût marqué pour l'Histoire, la nature et le pittoresque. Ces tendances neuves se remarquent autant dans le roman que dans le théâtre et la poésie.

Thèmes dominants
- La rêverie
- La mélancolie
- La nature
- L'exotisme
- L'introspection
- Le mal de vivre
- La fuite
- L'engagement politique et social

DEVANT UN MONDE EN CHANGEMENT

La Révolution et les années qui suivront ne constituent pas une période heureuse pour tous les citoyens français puisque certains, dont les nobles, ne se reconnaissent pas dans cette société en changement. La littérature devient alors un moyen privilégié pour exprimer un malaise relativement répandu. Le romantisme des premières décennies (1789-1830) — souvent appelé «préromantisme» — se définit ainsi principalement par une tendance marquée à l'exaltation du moi et l'expression d'un sentiment généralisé d'inadaptation au monde, ce que Chateaubriand désigne par le «vague des passions».

Le fort penchant pour l'analyse et l'introspection que l'on retrouve chez la plupart des écrivains fait naître quantité de romans à caractère autobiographique. L'un des premiers de ce genre, *René* (1802), va marquer toute la génération romantique, dont George Sand.

François René, vicomte de Chateaubriand (1768-1848)

À la fois homme politique et écrivain, François René, vicomte de Chateaubriand est un exemple convaincant du désarroi provoqué par le chaos qui a suivi la Révolution : monarchiste modéré, il appuie un certain temps Napoléon — auquel il s'oppose ensuite farouchement —, puis soutient Louis XVIII tout en diffusant des idées libérales qui déplaisent à la monarchie. Ayant fui la Révolution, Chateaubriand séjourne en Amérique, où il écrit les *Natchez*, dont il ne publiera que les épisodes d'*Atala* et de *René*, une fiction teintée d'autobiographie.

Le héros éponyme de *René* poursuit sa quête d'absolu à travers des amours inconstantes qui le laissent insatisfait. Hanté par le «vague des passions», il s'embarque pour l'Amérique dans l'espoir de trouver dans ce monde exotique un remède à son mal de vivre. Dans l'extrait qui suit, René raconte ses états d'âme à ses amis Chactas et le père Souël. Chateaubriand met à profit son style marqué d'un puissant lyrisme pour faire ressortir la correspondance entre la nature et les émotions humaines.

EXTRAIT *RENÉ* (1802)

«Mais comment exprimer cette foule de sensations fugitives, que j'éprouvais dans mes promenades? Les sons que rendent les passions dans le vide d'un cœur solitaire, ressemblent au murmure que les vents et les eaux font entendre dans le silence d'un désert : on en jouit, mais on ne peut les peindre.

5 «L'automne me surprit au milieu de ces incertitudes : j'entrai avec ravissement dans les mois des tempêtes. Tantôt j'aurais voulu être un de ces guerriers errant au milieu des vents, des nuages et des fantômes ; tantôt j'enviais jusqu'au sort du pâtre[1] que je voyais réchauffer ses mains à l'humble feu de broussailles qu'il avait allumé au coin d'un bois. J'écoutais ses chants mélancoliques, qui me rappelaient que dans tout

10 pays, le chant naturel de l'homme est triste, lors même qu'il exprime le bonheur. Notre cœur est un instrument incomplet, une lyre où il manque des cordes, et où nous sommes forcés de rendre les accents de la joie sur le ton consacré aux soupirs.

« Le jour, je m'égarais sur de grandes bruyères² terminées par des forêts. Qu'il fallait peu de chose à ma rêverie : une feuille séchée que le vent chassait devant moi, une
15 cabane dont la fumée s'élevait dans la cime dépouillée des arbres, la mousse qui tremblait au souffle du nord sur le tronc d'un chêne, une roche écartée, un étang désert où le jonc flétri murmurait ! Le clocher du hameau, s'élevant au loin dans la vallée, a souvent attiré mes regards ; souvent j'ai suivi des yeux les oiseaux de passage qui volaient au-dessus de ma tête. Je me figurais les bords ignorés, les climats
20 lointains où ils se rendent ; j'aurais voulu être sur leurs ailes. Un secret instinct me tourmentait ; je sentais que je n'étais moi-même qu'un voyageur ; mais une voix du ciel semblait me dire : "Homme, la saison de ta migration n'est pas encore venue ; attends que le vent de la mort se lève, alors tu déploieras ton vol vers ces régions inconnues que ton cœur demande."

25 « Levez-vous vite, orages désirés, qui devez emporter René dans les espaces d'une autre vie ! Ainsi disant, je marchais à grands pas, le visage enflammé, le vent sifflant dans ma chevelure, ne sentant ni pluie ni frimas, enchanté, tourmenté, et comme possédé par le démon de mon cœur.

« La nuit, lorsque l'aquilon³ ébranlait ma chaumière, que les pluies tombaient en
30 torrent sur mon toit, qu'à travers ma fenêtre je voyais la lune sillonner les nuages amoncelés, comme un pâle vaisseau qui laboure les vagues, il me semblait que la vie redoublait au fond de mon cœur, que j'aurais la puissance de créer des mondes. »

---

1. Berger.
2. Lieu où poussent de petites plantes à fleurs violettes ou roses.
3. Vent froid et violent.

QUESTIONS DE COMPRÉHENSION ET D'ANALYSE

1. Au premier paragraphe, le narrateur parle du «vide d'un cœur solitaire». Quelle figure de style utilise-t-il ? En quoi l'analogie avec les éléments naturels qui suit l'éclaire-t-elle ?

2. Qu'est-ce qui permet de voir que le «je» a du vague à l'âme dans le deuxième paragraphe ? De quelle image se sert-il ?

3. Dans le troisième paragraphe, par quel nom commun, utilisé au sens figuré, le narrateur souligne-t-il sa précarité, son état de mortel ?

4. Quel procédé domine dans le quatrième paragraphe ? Dites quel est son effet.

5. Dans le cinquième paragraphe, le narrateur fait une comparaison. Comment cette dernière accentue-t-elle l'impression d'immensité ?

Sujet d'analyse : Montrez que cet extrait de *René* illustre bien l'introspection romantique.

George Sand (1804-1876)

George Sand choque la morale bourgeoise en raison de ses nombreuses relations amoureuses et de ses comportements jugés extravagants (elle fume et s'habille en homme). S'il est vrai que la «femme à l'œil sombre» des poèmes de Musset a aussi été la maîtresse du compositeur Frédéric Chopin, il reste que, au-delà de sa vie sentimentale mouvementée, celle qui écrit sous un nom d'homme pour réussir à se faire publier se démarque par une œuvre diversifiée et riche. Femme engagée et libérée, féministe avant l'heure, George Sand s'intéresse au rôle de la femme dans une société d'hommes et revendique le droit à la passion.

Dans son roman *Indiana*, inspiré de sa propre vie, Sand oppose la violence de la passion féminine au conformisme des hommes pour raconter la difficulté d'être femme dans ce monde. Dans l'extrait suivant, l'auteure décrit le mal de vivre qui ronge Indiana, enchaînée à l'île Bourbon auprès de son mari, le vieux colonel Delmare.

EXTRAIT   *INDIANA* *(1832)*

Élevée au désert, négligée de son père, vivant au milieu des esclaves, pour qui elle n'avait d'autre secours, d'autre consolation que sa compassion et ses larmes, elle s'était habituée à dire: «Un jour viendra où tout sera changé dans ma vie, où je ferai du bien aux autres; un jour où l'on m'aimera, où je donnerai tout mon cœur à celui
5   qui me donnera le sien; en attendant, souffrons; taisons-nous, et gardons notre amour pour récompense à qui me délivrera.» Ce libérateur, ce messie n'était pas venu; Indiana l'attendait encore. Elle n'osait plus, il est vrai, s'avouer toute sa pensée. Elle avait compris sous les charmilles[1] taillées du Lagny que la pensée même devait avoir là plus d'entraves que sous les palmistes sauvages de l'île Bourbon; et,
10   lorsqu'elle se surprenait à dire encore par l'habitude: «Un jour viendra… un homme viendra…», elle refoulait ce vœu téméraire au fond de son âme, et se disait: «Il faudra donc mourir!»

Aussi elle se mourait. Un mal inconnu dévorait sa jeunesse. Elle était sans force et sans sommeil. Les médecins lui cherchaient en vain une désorganisation apparente,
15   il n'en existait pas; toutes ses facultés s'appauvrissaient également, tous ses organes se lésaient avec lenteur; son cœur brûlait à petit feu, ses yeux s'éteignaient, son sang ne circulait plus que par crise et par fièvre; encore quelque temps, et la pauvre captive allait mourir. Mais, quelle que fût sa résignation ou son découragement, le besoin restait le même. Ce cœur silencieux et brisé appelait toujours à son insu un
20   cœur jeune et généreux pour le ranimer. L'être qu'elle avait le plus aimé jusque-là, c'était Noun, la compagne enjouée et courageuse de ses ennuis; et l'homme qui lui avait témoigné le plus de prédilection, c'était son flegmatique cousin sir Ralph. Quels aliments pour la dévorante activité de ses pensées, qu'une pauvre fille ignorante et délaissée comme elle, et un Anglais passionné seulement pour la chasse du renard!

25   Madame Delmare était vraiment malheureuse, et, la première fois qu'elle sentit dans son atmosphère glacée pénétrer le souffle embrasé d'un homme jeune et ardent, la

première fois qu'une parole tendre et caressante enivra son oreille, et qu'une bouche frémissante vint comme un fer rouge marquer sa main, elle ne pensa ni aux devoirs qu'on lui avait imposés, ni à la prudence qu'on lui avait recommandée, ni à l'avenir qu'on lui avait prédit ; elle ne se rappela que le passé odieux, ses longues souffrances, ses maîtres despotiques. Elle ne pensa pas non plus que cet homme pouvait être menteur ou frivole. Elle le vit comme elle le désirait, comme elle l'avait rêvé, et Raymon eût pu la tromper, s'il n'eût pas été sincère.

Mais comment ne l'eût-il pas été auprès d'une femme si belle et si aimante ? Quelle autre s'était jamais montrée à lui avec autant de candeur et d'innocence ? Chez qui avait-il trouvé à placer un avenir si riant et si sûr ? N'était-elle pas née pour l'aimer, cette femme esclave qui n'attendait qu'un signe pour briser sa chaîne, qu'un mot pour le suivre ? Le ciel, sans doute, l'avait formée pour Raymon, cette triste enfant de l'île Bourbon, que personne n'avait aimée, et qui sans lui devait mourir.

Néanmoins un sentiment d'effroi succéda, dans le cœur de madame Delmare, à ce bonheur fiévreux qui venait de l'envahir. Elle songea à son époux si ombrageux, si clairvoyant, si vindicatif, et elle eut peur, non pour elle qui était aguerrie aux menaces, mais pour l'homme qui allait entreprendre une guerre à mort avec son tyran. Elle connaissait si peu la société, qu'elle se faisait de la vie un roman tragique ; timide créature qui n'osait aimer, dans la crainte d'exposer son amant à périr, elle ne songeait nullement au danger de se perdre.

---

1. Allée bordée d'arbres taillés en berceau.

QUESTIONS DE COMPRÉHENSION ET D'ANALYSE

1. Dans le premier paragraphe, quel mode et quel temps verbal expriment la confiance ?

2. Relevez le champ lexical de la détérioration physique dans le deuxième paragraphe.

3. Au troisième paragraphe, le narrateur raconte qu'« elle sentit dans son atmosphère glacée pénétrer le souffle embrasé d'un homme jeune et ardent ». Quelle est la figure de style utilisée et que permet-elle de comprendre ?

4. Au quatrième paragraphe, comment saisit-on que le narrateur a adopté le point de vue de Raymon ?

5. Dans le cinquième paragraphe, il y a une accumulation qui dresse un portrait peu flatteur du mari de madame Delmare. Laquelle ?

Sujet d'analyse : En quoi madame Delmare a-t-elle les traits d'une héroïne romantique ?

D'UNE RÉVOLUTION À L'AUTRE
Les œuvres narratives

DE L'HISTOIRE AU ROMAN

À la suite de la Révolution française, la France vit au rythme de multiples changements radicaux tant sur le plan social que sur le plan politique. Devant cette société qui change à une vitesse ahurissante émerge une volonté d'ordonner toutes les informations, d'en dégager un sens. Ayant le sentiment de vivre un moment marquant de l'histoire de la France, certains auteurs ont la tentation de chercher à comprendre dans quelle logique s'inscrit leur époque.

C'est donc en écrivant l'histoire de la France, en revisitant le passé, que plusieurs écrivains cherchent à donner une signification à ce qu'ils vivent et que l'Histoire croise l'écriture du roman. Cet engouement se mêle à une forme d'exotisme inspirée par les romans d'aventures. Au début du siècle, l'écrivain écossais Walter Scott innove et séduit avec ses épopées gothiques qui font voyager le lecteur dans des mondes révolus. Ses romans *Ivanhoé* (1819) et *Quentin Durward* (1823) ont une grande influence sur les romanciers français, dont Hugo, Dumas et Balzac. La grande nouveauté du roman historique tient surtout au fait que celui-ci parvient à faire le lien entre l'histoire collective et le destin individuel.

Victor Hugo (1802-1885)

Victor Hugo va encore plus loin en ajoutant au roman historique une dimension politique et sociale. Les héros romantiques de Hugo portent l'humanité sur leurs épaules ; ils incarnent le peuple et leur souffrance est celle de tous. Ainsi, dans *Notre-Dame de Paris*, que l'auteur situe au Moyen Âge, les personnages de Quasimodo et d'Esmeralda illustrent le destin misérable du peuple.

Dans l'extrait suivant, conformément à sa volonté de réunir le grotesque et le sublime, Hugo décrit le lien pour ainsi dire biologique qui unit Quasimodo, l'humble sonneur de cloches difforme — et dont la laideur n'a d'égale que la grandeur d'âme —, à la cathédrale Notre-Dame, symbole de perfection artistique et de la puissance de l'Église.

EXTRAIT   *NOTRE-DAME DE PARIS* (1831)

Livre quatrième, III

Or, en 1482, Quasimodo avait grandi. Il était devenu, depuis plusieurs années, sonneur de cloches de Notre-Dame, grâce à son père adoptif Claude Frollo, lequel était devenu archidiacre de Josas, grâce à son suzerain messire Louis de Beaumont, lequel était devenu évêque de Paris en 1472, à la mort de Guillaume Chartier, grâce
5 à son patron Olivier le Daim, barbier du roi Louis XI par la grâce de Dieu.

Quasimodo était donc carillonneur de Notre-Dame.

Avec le temps, il s'était formé je ne sais quel lien intime qui unissait le sonneur à l'église. Séparé à jamais du monde par la double fatalité de sa naissance inconnue et de sa nature difforme, emprisonné dès l'enfance dans ce double cercle infranchis-
10 sable, le pauvre malheureux s'était accoutumé à ne rien voir dans ce monde au delà des religieuses murailles qui l'avaient recueilli à leur ombre. Notre-Dame avait été

successivement pour lui, selon qu'il grandissait et se développait, l'œuf, le nid, la maison, la patrie, l'univers.

Et il est sûr qu'il y avait une sorte d'harmonie mystérieuse et préexistante entre cette créature et cet édifice. Lorsque, tout petit encore, il se traînait tortueusement et par soubresauts sous les ténèbres de ses voûtes, il semblait, avec sa face humaine et sa membrure bestiale, le reptile naturel de cette dalle humide et sombre sur laquelle l'ombre des chapiteaux romans projetait tant de formes bizarres.

Plus tard, la première fois qu'il s'accrocha machinalement à la corde des tours, et qu'il s'y pendit, et qu'il mit la cloche en branle, cela fit à Claude, son père adoptif, l'effet d'un enfant dont la langue se délie et qui commence à parler.

C'est ainsi que peu à peu, se développant toujours dans le sens de la cathédrale, y vivant, y dormant, n'en sortant presque jamais, en subissant à toute heure la pression mystérieuse, il arriva à lui ressembler, à s'y incruster, pour ainsi dire, à en faire partie intégrante. Ses angles saillants s'emboîtaient, qu'on nous passe cette figure, aux angles rentrants de l'édifice, et il en semblait, non seulement l'habitant, mais encore le contenu naturel. On pourrait presque dire qu'il en avait pris la forme, comme le colimaçon prend la forme de sa coquille. C'était sa demeure, son trou, son enveloppe. Il y avait entre la vieille église et lui une sympathie instinctive si profonde, tant d'affinités magnétiques, tant d'affinités matérielles, qu'il y adhérait en quelque sorte comme la tortue à son écaille. La rugueuse cathédrale était sa carapace.

QUESTIONS DE COMPRÉHENSION ET D'ANALYSE

1. Soulignez la répétition que l'on trouve dans le premier paragraphe de l'extrait et expliquez ce qu'elle permet d'exprimer.

2. À la fin du troisième paragraphe, le narrateur dit : « Notre-Dame avait été successivement pour lui, selon qu'il grandissait et se développait, l'œuf, le nid, la maison, la patrie, l'univers. » Quel est le procédé qu'il utilise ? Quel est son effet ?

3. Par la suite, quelle phrase rend explicite la comparaison qui est faite, dans cet extrait, entre Quasimodo et la cathédrale Notre-Dame de Paris ?

4. Sur deux colonnes, mettez en parallèle les caractéristiques qui lient Quasimodo et la cathédrale.

5. Dans le dernier paragraphe, quelle métaphore participe à ce rapprochement entre Quasimodo et la cathédrale ?

Sujet d'analyse : Étudiez le lien entre Quasimodo et la cathédrale.

D'UNE RÉVOLUTION À L'AUTRE
Les œuvres narratives

Alexandre Dumas père (1802-1870)

Écrivain polyvalent et extrêmement prolifique (il a publié 80 romans), Alexandre Dumas père est aussi connu pour avoir traduit les œuvres de Walter Scott. L'immense succès populaire de Dumas est surtout dû à ses romans aux intrigues passionnantes et riches en rebondissements, dont la plupart sont publiés en feuilletons dans les journaux. Le « phénomène » Dumas illustre bien le rôle joué par la presse à l'époque, alors que les lecteurs attendaient impatiemment le prochain numéro pour découvrir un nouvel épisode du roman.

Les trois mousquetaires est sans doute l'une des œuvres les plus populaires d'Alexandre Dumas. Situé au début du XVIIe siècle, ce roman de cape et d'épée relate les aventures des mousquetaires du roi dans leur lutte pour déjouer les manœuvres du cardinal de Richelieu. Dumas prend toutefois certaines libertés avec la réalité historique. Loin de s'en cacher, il écrira même : « L'histoire est le clou auquel j'accroche mes romans. »

EXTRAIT *LES TROIS MOUSQUETAIRES* *(1844)*

I — Les trois présents de M. d'Artagnan père

Un jeune homme… — traçons son portrait d'un seul trait de plume : figurez-vous don Quichotte à dix-huit ans, don Quichotte décorcelé, sans haubert et sans cuissards, don Quichotte revêtu d'un pourpoint de laine dont la couleur bleue s'était transformée en une nuance insaisissable de lie-de-vin et d'azur céleste. Visage long et brun ;
5   la pommette des joues saillante, signe d'astuce ; les muscles maxillaires énormément développés, indice infaillible auquel on reconnaît le Gascon, même sans béret, et notre jeune homme portait un béret orné d'une espèce de plume ; l'œil ouvert et intelligent ; le nez crochu, mais finement dessiné ; trop grand pour un adolescent, trop petit pour un homme fait, et qu'un œil peu exercé eût pris pour un fils de fermier
10 en voyage, sans sa longue épée qui, pendue à un baudrier¹ de peau, battait les mollets de son propriétaire quand il était à pied, et le poil hérissé de sa monture quand il était à cheval.

Car notre jeune homme avait une monture, et cette monture était même si remarquable, qu'elle fut remarquée : c'était un bidet² du Béarn, âgé de douze ou quatorze
15 ans, jaune de robe, sans crins à la queue, mais non pas sans javarts³ aux jambes, et qui, tout en marchant la tête plus bas que les genoux, ce qui rendait inutile l'application de la martingale⁴, faisait encore également ses huit lieues⁵ par jour. Malheureusement les qualités de ce cheval étaient si bien cachées sous son poil étrange et son allure incongrue, que dans un temps où tout le monde se connaissait en chevaux,
20 l'apparition du susdit bidet à Meung, où il était entré il y avait un quart d'heure à peu près par la porte de Beaugency, produisit une sensation dont la défaveur rejaillit jusqu'à son cavalier.

Et cette sensation avait été d'autant plus pénible au jeune d'Artagnan (ainsi s'appelait le don Quichotte de cette autre Rossinante), qu'il ne se cachait pas le côté
25 ridicule que lui donnait, si bon cavalier qu'il fût, une pareille monture ; aussi avait-il fort soupiré en acceptant le don que lui en avait fait M. d'Artagnan père. Il n'ignorait pas qu'une pareille bête valait au moins vingt livres ; il est vrai que les paroles dont le présent avait été accompagné n'avaient pas de prix. [...]

Le même jour le jeune homme se mit en route, muni des trois présents paternels
30 et qui se composaient, comme nous l'avons dit, de quinze écus, du cheval et de la lettre pour M. de Tréville ; comme on le pense bien, les conseils avaient été donnés par-dessus le marché.

Avec un pareil vade-mecum[6], d'Artagnan se trouva, au moral comme au physique, une copie exacte du héros de Cervantes, auquel nous l'avons si heureusement
35 comparé lorsque nos devoirs d'historien nous ont fait une nécessité de tracer son portrait. Don Quichotte prenait les moulins à vent pour des géants et les moutons pour des armées, d'Artagnan prit chaque sourire pour une insulte et chaque regard pour une provocation. Il en résulta qu'il eut toujours le poing fermé depuis Tarbes jusqu'à Meung, et que l'un dans l'autre il porta la main au pommeau de son épée
40 dix fois par jour ; toutefois le poing ne descendit sur aucune mâchoire, et l'épée ne sortit point de son fourreau. Ce n'est pas que la vue du malencontreux bidet jaune n'épanouît bien des sourires sur les visages des passants ; mais, comme au-dessus du bidet sonnait une épée de taille respectable et qu'au-dessus de cette épée brillait un œil
45 plutôt féroce que fier, les passants réprimaient leur hilarité, ou, si l'hilarité l'emportait sur la prudence, ils tâchaient au moins de ne rire que d'un seul côté, comme les masques antiques. D'Artagnan demeura donc majestueux et intact
50 dans sa susceptibilité jusqu'à cette malheureuse ville de Meung.

---

1. Bande de cuir soutenant une arme.
2. Expression familière pour désigner le cheval.
3. Tumeurs au bas des pattes du cheval.
4. Courroie du harnachement du cheval qui relie la sangle à la muserolle.
5. Ancienne unité de distance (une lieue correspond à peu près à cinq kilomètres).
6. Ce que l'on apporte avec soi.

QUESTIONS DE COMPRÉHENSION ET D'ANALYSE

1. À quel grand personnage littéraire d'Artagnan est-il comparé ? Quelle est la différence entre les habits de d'Artagnan et ceux de ce célèbre héros ?

2. Dans le deuxième paragraphe, relevez une hyperbole visant à souligner le ridicule de la monture de d'Artagnan.

3. Les mots « poing fermé » (ligne 38) forment une expression figurée. Que signifie-t-elle ?

4. Dans le dernier paragraphe, comment le narrateur se désigne-t-il lui-même ?

5. Que veut-il nous indiquer par cette phrase : « Don Quichotte prenait les moulins à vent pour des géants et les moutons pour des armées, d'Artagnan prit chaque sourire pour une insulte et chaque regard pour une provocation » ? Quelles en seront les conséquences pour le personnage dont il nous parle ?

Sujet d'analyse : Montrez que l'extrait est dominé par une analogie.

D'UNE RÉVOLUTION À L'AUTRE
Les œuvres narratives

LE ROMAN COMME LIEU DE DÉNONCIATION

Les romantiques se distinguent par leurs revendications politiques et sociales qui s'inscrivent dans leurs œuvres. Le romancier engagé se fait un devoir de mettre son talent au service du peuple et de donner une voix aux plus démunis. Un des plus connus est sans aucun doute Victor Hugo. À travers ses nombreuses prises de position, on retrouve son combat contre la peine de mort, cette « barbarie légale », qui fait l'objet du roman *Le dernier jour d'un condamné*. Dans la préface, Hugo écrit : « Se venger est de l'individu, punir est de Dieu. La société est entre les deux. Le châtiment est au-dessus d'elle, la vengeance au-dessous. Rien de si grand et de si petit ne lui sied. Elle ne doit pas "punir pour se venger" ; elle doit *corriger pour améliorer*. » Ainsi, en donnant la parole au prisonnier dont la condamnation ne résulte pas d'une erreur judiciaire, Hugo cherche à montrer le caractère inhumain de la peine de mort.

Victor Hugo (1802-1885)

Dans *Le dernier jour d'un condamné*, Victor Hugo innove de plusieurs façons. D'une part, son œuvre constitue un des premiers monologues intérieurs de la littérature. D'autre part, il utilise une écriture fragmentaire dont l'inégalité des 49 chapitres aide à faire ressortir le caractère elliptique de la pensée, l'inconstance des sentiments qui oscillent entre l'angoisse, la peur, le déni, la rage et le désespoir. De plus, Hugo est l'un des premiers écrivains à recourir à l'argot et aux patois populaires[1] — ce qu'il conçoit comme « la langue de la misère » — dans le dessein de combattre l'injustice sociale.

EXTRAIT   *LE DERNIER JOUR D'UN CONDAMNÉ* (1829)

Chapitre VI

Je me suis dit :

— Puisque j'ai le moyen d'écrire, pourquoi ne le ferais-je pas ? Mais quoi écrire ? Pris entre quatre murailles de pierre nue et froide, sans liberté pour mes pas, sans horizon pour mes yeux, pour unique distraction machinalement occupé tout le jour à suivre
5 la marche lente de ce carré blanchâtre que le judas de ma porte découpe vis-à-vis sur le mur sombre, et, comme je le disais tout à l'heure, seul à seul avec une idée, une idée de crime et de châtiment, de meurtre et de mort ! Est-ce que je puis avoir quelque chose à dire, moi qui n'ai plus rien à faire dans ce monde ? Et que trouverai-je dans ce cerveau flétri et vide qui vaille la peine d'être écrit ?

10 Pourquoi non ? Si tout, autour de moi, est monotone et décoloré, n'y a-t-il pas en moi une tempête, une lutte, une tragédie ? Cette idée fixe qui me possède ne se présente-t-elle pas à moi à chaque heure, à chaque instant, sous une nouvelle forme, toujours plus hideuse et plus ensanglantée à mesure que le terme approche ? Pourquoi n'essaierais-je pas de me dire à moi-même tout ce que j'éprouve de violent et d'inconnu
15 dans la situation abandonnée où me voilà ? Certes, la matière est riche ; et, si abrégée

que soit ma vie, il y aura bien encore dans les angoisses, dans les terreurs, dans les tortures qui la rempliront, de cette heure à la dernière, de quoi user cette plume et tarir cet encrier. — D'ailleurs ces angoisses, le seul moyen d'en moins souffrir, c'est de les observer, et les peindre m'en distraira.

20   Et puis, ce que j'écrirai ainsi ne sera peut-être pas inutile. Ce journal de mes souffrances, heure par heure, minute par minute, supplice par supplice, si j'ai la force de le mener jusqu'au moment où il me sera *physiquement* impossible de continuer, cette histoire, nécessairement inachevée, mais aussi complète que possible, de mes sensations, ne portera-t-elle point avec elle un grand et profond enseignement ? N'y aurait-

25   il pas dans ce procès-verbal de la pensée agonisante, dans cette progression toujours croissante de douleurs, dans cette espèce d'autopsie intellectuelle d'un condamné, plus d'une leçon pour ceux qui condamnent ? Peut-être cette lecture leur rendra-t-elle la main moins légère, quand il s'agira quelque autre fois de jeter une tête qui pense, une tête d'homme, dans ce qu'ils appellent la balance de la justice ? Peut-être n'ont-

30   ils jamais réfléchi, les malheureux, à cette lente succession de tortures que renferme la formule expéditive d'un arrêt de mort ? Se sont-ils jamais seulement arrêtés à cette idée poignante que dans l'homme qu'ils retranchent il y a une intelligence, une intelligence qui avait compté sur la vie, une âme qui ne s'est point disposée pour la mort ? Non. Ils ne voient dans tout cela que la chute verticale d'un couteau triangulaire, et

35   pensent sans doute que pour le condamné il n'y a rien avant, rien après.

Ces feuilles les détromperont. Publiées peut-être un jour, elles arrêteront quelques moments leur esprit sur les souffrances de l'esprit ; car ce sont celles-là qu'ils ne soupçonnent pas. Ils sont triomphants de pouvoir tuer sans presque faire souffrir le corps. Hé! c'est bien de cela qu'il s'agit ! Qu'est-

40   ce que la douleur physique près de la douleur morale ! Horreur et pitié, des lois faites ainsi ! Un jour viendra, et peut-être ces mémoires, derniers confidents d'un misérable, y auront-ils contribué…

45   À moins qu'après ma mort le vent ne joue dans le préau avec ces morceaux de papier souillés de boue, ou qu'ils n'aillent pourrir à la pluie, collés en étoiles à la vitre cassée d'un guichetier.

QUESTIONS DE COMPRÉHENSION ET D'ANALYSE

1. Globalement, sur quoi s'interroge le condamné dans cet extrait (en dehors de son exécution) ?

2. Relevez, dans le premier paragraphe, une hyperbole désignant l'état mental du prisonnier.

3. Dans le deuxième paragraphe, quels termes nous font comprendre que le récit du condamné ne pourrait qu'être sombre s'il venait à l'écrire ?

4. Quels destinataires le narrateur souhaite-t-il toucher dans le troisième et le quatrième paragraphe ?

5. Que désigne cette périphrase : «la chute verticale d'un couteau triangulaire» ?

Sujet d'analyse : Montrez comment, à travers le monologue intérieur, on sent que le condamné est tourmenté.

D'UNE RÉVOLUTION À L'AUTRE
Les œuvres narratives

PEINDRE LA RÉALITÉ SOCIALE : DU ROMANTISME AU RÉALISME

Après la deuxième Restauration, on assiste au triomphe de l'esprit bourgeois au sein duquel prévaut le sens des réalités concrètes, ce qui invite certains écrivains à adopter un style plus impersonnel et objectif. Ainsi, les romans intimistes du début du siècle font place à des œuvres qui ont pour but de traduire plus fidèlement la réalité, notamment en s'appuyant sur l'Histoire et en évacuant la sensibilité jugée excessive qui imprègne les œuvres romantiques. Stendhal et Balzac sont souvent perçus comme les précurseurs de cette nouvelle esthétique réaliste, tout en étant encore marqués par l'époque dominée par le romantisme dans laquelle ils vivent.

Stendhal (1783-1842)

Henri Beyle, dit Stendhal, se sert de l'écriture à la fois pour exprimer sa sensibilité et pour dresser un portrait réaliste de la société de son époque. Ses romans, dont la plupart sont des fictions autobiographiques, mettent en scène des héros en quête de bonheur et d'amour. Développant le thème de l'ascension sociale sous la Restauration, son roman *Le rouge et le noir* montre le combat de Julien Sorel, fils de paysan, contre l'ordre établi. À travers le drame du héros pris entre ses passions et ses ambitions, Stendhal dénonce une société mesquine qui ne fait aucune place aux individus d'humble condition.

EXTRAIT **LE ROUGE ET LE NOIR** *(1830)*

Livre premier, XXII

Le percepteur des contributions, l'homme des impositions indirectes, l'officier de gendarmerie et deux ou trois autres fonctionnaires publics arrivèrent avec leurs femmes. Ils furent suivis de quelques libéraux riches. On annonça le dîner. Julien, déjà fort mal disposé, vint à penser que, de l'autre côté du mur de la salle à manger,
5 se trouvaient de pauvres détenus, sur la portion de viande desquels on avait peut-être *grivelé*[1] pour acheter tout ce luxe de mauvais goût dont on voulait l'étourdir.

Ils ont faim peut-être en ce moment, se dit-il à lui-même ; sa gorge se serra, il lui fut impossible de manger et presque de parler. Ce fut bien pis un quart d'heure après ; on entendait de loin en loin quelques accents d'une chanson populaire, et, il faut
10 l'avouer, un peu ignoble, que chantait l'un des reclus. M. Valenod regarda un de ses gens en grande livrée, qui disparut, et bientôt on n'entendit plus chanter. Dans ce moment, un valet offrait à Julien du vin du Rhin, dans un verre vert, et Mme Valenod avait soin de lui faire observer que ce vin coûtait neuf francs la bouteille pris sur place. Julien, tenant son verre vert, dit à M. Valenod :

15 — On ne chante plus cette vilaine chanson.

— Parbleu ! je le crois bien, répondit le directeur triomphant, j'ai fait imposer silence aux gueux.

Ce mot fut trop fort pour Julien ; il avait les manières, mais non pas encore le cœur de son état. Malgré toute son hypocrisie si souvent exercée, il sentit une grosse larme couler le long de sa joue.

Il essaya de la cacher avec le verre vert, mais il lui fut absolument impossible de faire honneur au vin du Rhin. *L'empêcher de chanter !* se disait-il à lui-même, ô mon Dieu ! et tu le souffres !

Par bonheur, personne ne remarqua son attendrissement de mauvais ton. Le percepteur des contributions avait entonné une chanson royaliste. Pendant le tapage du refrain, chanté en chœur : Voilà donc, se disait la conscience de Julien, la sale fortune à laquelle tu parviendras, et tu n'en jouiras qu'à cette condition et en pareille compagnie ! Tu auras peut-être une place de vingt mille francs, mais il faudra que, pendant que tu te gorges de viandes, tu empêches de chanter le pauvre prisonnier ; tu donneras à dîner avec l'argent que tu auras volé sur sa misérable pitance, et pendant ton dîner il sera encore plus malheureux ! — Ô Napoléon ! qu'il était doux de ton temps de monter à la fortune par les dangers d'une bataille ; mais augmenter lâchement la douleur du misérable !

J'avoue que la faiblesse dont Julien fait preuve dans ce monologue me donne une pauvre opinion de lui. Il serait digne d'être le collègue de ces conspirateurs en gants jaunes, qui prétendent changer toute la manière d'être d'un grand pays, et ne veulent pas avoir à se reprocher la plus petite égratignure.

_____

1. Escroqué, tiré profit.

QUESTIONS DE COMPRÉHENSION ET D'ANALYSE

1. Quels mots ou quelles expressions permettent de voir que la richesse est un thème important dans cet extrait ?

2. Au deuxième paragraphe, qu'est-ce qui permet de comprendre que Julien réfléchit ? Qu'est-ce qui le préoccupe tant ?

3. Entre les lignes 27 et 33, à qui renvoie le pronom «tu» ?

4. Dans ce même passage, comment saisit-on que l'histoire se déroule durant la Restauration ?

5. Dans le dernier paragraphe, il y a un rapprochement entre l'attitude de Julien et celle des «conspirateurs en gants jaunes» (lignes 36-37) (les gants jaunes étant, à l'époque de Stendhal, un signe de raffinement et d'aisance financière). Ce passage constitue une antiphrase. En comparant les idées de Julien et le reproche fait aux «conspirateurs en gants jaunes», montrez que le rapprochement n'est pas pertinent et peut être seulement un trait d'ironie.

Sujet d'analyse : Expliquez en quoi cet extrait critique la montée de l'esprit bourgeois.

Honoré de Balzac (1799-1850)

Honoré de Balzac est un des romanciers les plus importants du XIXe siècle. À travers son œuvre, qu'il a rassemblée sous le titre général de *La comédie humaine*, Balzac se propose de brosser un portrait de la France qui englobe tous les aspects de la société de son époque (politique, histoire, classes sociales, morale, religion, philosophie, etc.). Cette gigantesque mosaïque comprend 95 romans et nouvelles, sans compter les 48 autres ouvrages ébauchés ou prévus. Balzac poursuit inlassablement son ambition de montrer la réalité sociale dans toute sa complexité, car il est convaincu qu'en exposant les travers de l'humanité il contribuera à son amélioration. *Le père Goriot*, qui s'intègre dans le groupe des œuvres qualifiées d'études de mœurs (les deux autres étant les études philosophiques et les études analytiques), met en scène Jean-Joachim Goriot, un négociant qui s'est retiré après avoir richement marié ses deux filles. Celles-ci abusent de la générosité de leur père afin de satisfaire leur goût excessif pour le luxe. L'obsession du père Goriot pour le bonheur de ses filles ingrates lui fera tout sacrifier pour elles. Abandonné par sa famille, il finira ses jours dans le plus grand dénuement. Dans l'extrait suivant, le père Goriot explique les débordements de son amour paternel à Eugène de Rastignac.

Honoré Daumier (1808-1879). *La lecture* (v. 1857). Rijksmuseum, Amsterdam, Pays-Bas.

EXTRAIT **LE PÈRE GORIOT** (1834-1835)

— Oui, dit Eugène. Mais, monsieur Goriot, comment, en ayant des filles aussi richement établies que sont les vôtres, pouvez-vous demeurer dans un taudis pareil?

— Ma foi, dit-il d'un air en apparence insouciant, à quoi cela me servirait-il d'être
5 mieux? Je ne puis guère vous expliquer ces choses-là; je ne sais pas dire deux paroles de suite comme il faut. Tout est là, ajouta-t-il en se frappant le cœur. Ma vie, à moi, est dans mes deux filles. Si elles s'amusent, si elles sont heureuses, bravement mises, si elles marchent sur des tapis, qu'importe de quel drap je sois vêtu, et comment est l'endroit où je me couche? Je n'ai point froid si elles ont
10 chaud, je ne m'ennuie jamais si elles rient. Je n'ai de chagrins que les leurs. Quand vous serez père, quand vous vous direz, en voyant gazouiller vos enfants: «C'est sorti de moi!», que vous sentirez ces petites créatures tenir à chaque goutte de votre sang, dont elles ont été la fine fleur, car c'est ça! vous vous croirez attaché à leur peau, vous croirez être agité vous-même par leur marche. Leur
15 voix me répond partout. Un regard d'elles, quand il est triste, me fige le sang. Un jour vous saurez que l'on est bien plus heureux de leur bonheur que du sien propre. Je ne peux pas vous expliquer ça: c'est des mouvements intérieurs qui répandent l'aise partout. Enfin, je vis trois fois. Voulez-vous que je vous dise une drôle de chose? Eh bien! quand j'ai été père, j'ai compris Dieu. Il est tout entier
20 partout, puisque la création est sortie de lui. Monsieur, je suis ainsi avec mes filles. Seulement j'aime mieux mes filles que Dieu n'aime le monde, parce que le monde n'est pas si beau que Dieu, et que mes filles sont plus belles que moi.

QUESTIONS DE COMPRÉHENSION ET D'ANALYSE

1. Au tout début, quand il interroge le père Goriot, Rastignac illustre la situation familiale à l'aide d'une antithèse. Laquelle? Quelle est cette situation?

2. Dans les premières phrases de sa réponse, le père Goriot semble justifier l'exclusion qu'il vit. Comment?

3. Relevez, dans son discours, une hyperbole soulignant l'angoisse qu'apporte la paternité.

4. Quelle phrase présente cette paternité à l'aide de la métaphore du vampirisme?

5. Le père Goriot se compare à Dieu. Quel parallélisme exprime une nuance dans cette comparaison?

Sujet d'analyse: Montrez comment le père Goriot est victime de sa vision de la paternité.

LA POÉSIE COMME MOYEN POUR CHANGER LE MONDE

Pour bien des écrivains, c'est d'abord dans et par la poésie que se manifeste le courant romantique. Aux yeux des poètes, celle-ci revêt une signification inédite et supérieure, et elle seule est en mesure de changer le monde et de satisfaire un besoin d'absolu. Abandonnant l'idée du beau au profit de l'authenticité du sentiment, la poésie est désormais perçue, selon Lamartine, comme un «chant intérieur», l'instrument qui permet d'exprimer ses rêves, ses désirs ou ses désespoirs. Or, les épanchements de l'âme n'empêchent pas le poète de rendre compte du tumulte social et politique dans lequel il vit: les thèmes du vertige du temps, de l'inadéquation au monde de même que les revendications de liberté et de justice se retrouvent dans nombre d'œuvres.

Alphonse de Lamartine (1790-1869)

Issu d'une famille d'aristocrates, Alphonse de Lamartine poursuit une carrière politique parallèlement à sa vocation littéraire et connaît un immense succès avec ses *Méditations poétiques*, publiées en 1820. Ses œuvres lyriques traduisent par l'intermédiaire de la nature, objet de contemplation, les sentiments et les angoisses de l'écrivain.

La passion de Lamartine pour Julie Charles, une jeune femme mariée qui mourra bientôt de tuberculose, est à l'origine du poème «Le lac», dans lequel il évoque la fuite du temps et la mort de celle qui avait coutume d'aller contempler cet endroit avec lui.

EXTRAIT *MÉDITATIONS POÉTIQUES* (1820)

Le lac

Ainsi, toujours poussés vers de nouveaux rivages,
Dans la nuit éternelle emportés sans retour,
Ne pourrons-nous jamais sur l'océan des âges
Jeter l'ancre un seul jour?

5 Ô lac! l'année à peine a fini sa carrière,
Et près des flots chéris qu'elle devait revoir,
Regarde! je viens seul m'asseoir sur cette pierre
Où tu la vis s'asseoir!

Tu mugissais ainsi sous ces roches profondes;
10 Ainsi tu te brisais sur leurs flancs déchirés;
Ainsi le vent jetait l'écume de tes ondes
Sur ses pieds adorés.

Un soir, t'en souvient-il? nous voguions en silence;
On n'entendait au loin, sur l'onde et sous les cieux,
15 Que le bruit des rameurs qui frappaient en cadence
Tes flots harmonieux.

Tout à coup des accents inconnus à la terre
Du rivage charmé frappèrent les échos ;
Le flot fut attentif, et la voix qui m'est chère
20 Laissa tomber ces mots :

« Ô temps, suspends ton vol ! et vous, heures propices,
Suspendez votre cours !
Laissez-nous savourer les rapides délices
Des plus beaux de nos jours !

25 « Assez de malheureux ici-bas vous implorent,
Coulez, coulez pour eux ;
Prenez avec leurs jours les soins[1] qui les dévorent,
Oubliez les heureux.

« Mais je demande en vain quelques moments encore,
30 Le temps m'échappe et fuit ;
Je dis à cette nuit : Sois plus lente ; et l'aurore
Va dissiper la nuit.

« Aimons donc, aimons donc ! de l'heure fugitive,
Hâtons-nous, jouissons !
35 L'homme n'a point de port, le temps n'a point de rive ;
Il coule, et nous passons ! »

Temps jaloux, se peut-il que ces moments d'ivresse,
Où l'amour à longs flots nous verse le bonheur,
S'envolent loin de nous de la même vitesse
40 Que les jours de malheur ?

Eh quoi ! n'en pourrons-nous fixer au moins la trace ?
Quoi ! passés pour jamais ? quoi ! tout entiers perdus ?
Ce temps qui les donna, ce temps qui les efface,
Ne nous les rendra plus ?

45 Éternité, néant, passé, sombres abîmes,
Que faites-vous des jours que vous engloutissez ?
Parlez : nous rendrez-vous ces extases sublimes
Que vous nous ravissez ?

---

1. Inquiétudes.

D'UNE RÉVOLUTION À L'AUTRE
Les œuvres poétiques

William Turner (1775-1851). *Le soir du déluge* (v. 1843). National Gallery of Art, Washington, États-Unis.

Ô lac! rochers muets! grottes! forêt obscure!
50 Vous, que le temps épargne ou qu'il peut rajeunir,
Gardez de cette nuit, gardez, belle nature,
Au moins le souvenir!

Qu'il soit dans ton repos, qu'il soit dans tes orages,
Beau lac, et dans l'aspect de tes riants coteaux,
55 Et dans ces noirs sapins, et dans ces rocs sauvages
Qui pendent sur tes eaux.

Qu'il soit dans le zéphyr qui frémit et qui passe,
Dans les bruits de tes bords par tes bords répétés,
Dans l'astre au front d'argent qui blanchit ta surface
60 De ses molles clartés.

Que le vent qui gémit, le roseau qui soupire
Que les parfums légers de ton air embaumé,
Que tout ce qu'on entend, l'on voit ou l'on respire,
Tout dise: Ils ont aimé!

QUESTIONS DE COMPRÉHENSION ET D'ANALYSE

1. À qui s'adresse le poète? Pour quelle raison?

2. Dans la troisième strophe, comment perçoit-on que ce destinataire est agité?

3. Il y a une figure de style qui domine dans les vers suivants: «Du rivage charmé frappèrent les échos;/Le flot fut attentif, et la voix qui m'est chère/Laissa tomber ces mots». Laquelle?

4. Dans les strophes 6 à 9, soulignez les expressions montrant que le locuteur s'inquiète du temps qui passe.

5. D'après la structure des strophes, comment perçoit-on le changement de rythme quand le narrateur cite les paroles de l'être aimé?

Sujet d'analyse: Montrez comment Lamartine se sert de la nature pour exprimer sa douleur.

L'ENGAGEMENT SOCIAL ET POLITIQUE DE L'ARTISTE

En ce début de siècle tourmenté, les préoccupations des créateurs se situent bien au-delà de la simple recherche formelle. Ainsi, alors que certains écrivains se tournent vers l'introspection et l'expression des émotions personnelles, d'autres optent pour l'engagement social et politique. L'écrivain devient alors le porte-étendard des revendications des plus faibles et des plus démunis, et sa lutte pour la liberté de l'art est aussi une lutte pour la liberté des individus. Cette recherche d'indépendance s'inscrit dans une forme de révolution artistique qui s'oppose à la tradition classique.

Victor Hugo (1802-1885)

Victor Hugo, symbole de l'écrivain romantique engagé, traite abondamment dans ses œuvres du rôle social qui échoit au poète. Dans «La fonction du poète» — tiré du recueil *Les rayons et les ombres* —, l'écrivain devient le mage, le guide auquel le peuple peut se fier. Fidèle à son engagement, Hugo s'évertuera durant toute sa vie à donner une voix aux «misérables», ceux dont la bonne société préfère généralement taire l'existence.

EXTRAIT **LES RAYONS ET LES OMBRES** *(1839)*

La fonction du poète

Dieu le veut, dans les temps contraires,
Chacun travaille et chacun sert.
Malheur à qui dit à ses frères :
Je retourne dans le désert !
5   Malheur à qui prend ses sandales
Quand les haines et les scandales
Tourmentent le peuple agité !
Honte au penseur qui se mutile
Et s'en va, chanteur inutile,
10   Par la porte de la cité !

Le poète en des jours impies
Vient préparer des jours meilleurs.
Il est l'homme des utopies,
Les pieds ici, les yeux ailleurs.
15   C'est lui qui sur toutes les têtes,
En tout temps, pareil aux prophètes,
Dans sa main, où tout peut tenir,
Doit, qu'on l'insulte ou qu'on le loue,
Comme une torche qu'il secoue,
20   Faire flamboyer l'avenir !

Il voit, quand les peuples végètent!
Ses rêves, toujours pleins d'amour,
Sont faits des ombres que lui jettent
Les choses qui seront un jour.
25   On le raille. Qu'importe! il pense.
Plus d'une âme inscrit en silence
Ce que la foule n'entend pas.
Il plaint ses contempteurs frivoles;
Et maint faux sage à ses paroles
30   Rit tout haut et songe tout bas!

[…]

Peuples! écoutez le poète!
Écoutez le rêveur sacré!
Dans votre nuit, sans lui complète,
35   Lui seul a le front éclairé.
Des temps futurs perçant les ombres,
Lui seul distingue en leurs flancs sombres
Le germe qui n'est pas éclos.
Homme, il est doux comme une femme.
40   Dieu parle à voix basse à son âme
Comme aux forêts et comme aux flots.

C'est lui qui, malgré les épines,
L'envie et la dérision,
Marche, courbé dans vos ruines,
45   Ramassant la tradition.
De la tradition féconde
Sort tout ce qui couvre le monde,
Tout ce que le ciel peut bénir.
Toute idée, humaine ou divine,
50   Qui prend le passé pour racine
A pour feuillage l'avenir.

Il rayonne! il jette sa flamme
Sur l'éternelle vérité!
Il la fait resplendir pour l'âme
55   D'une merveilleuse clarté.
Il inonde de sa lumière
Ville et désert, Louvre et chaumière,
Et les plaines et les hauteurs;
À tous d'en haut il la dévoile;
60   Car la poésie est l'étoile
Qui mène à Dieu rois et pasteurs.

QUESTIONS DE COMPRÉHENSION ET D'ANALYSE

1. Dans la première strophe, quelles sont les trois expressions qui font référence à la démission du poète?

2. Dans la deuxième strophe, Hugo expose de manière métaphorique la fonction du poète. Quelle est-elle? Citez des passages appropriés pour appuyer votre réponse.

3. Dans la quatrième strophe, quelle expression figurée évoque l'ignorance des peuples?

4. Dans la cinquième strophe, quelle métaphore le narrateur utilise-t-il pour illustrer le temps?

5. Dans la dernière strophe, quel champ lexical permet de voir que le poète est un guide?

Sujet d'analyse: Montrez quelle est la fonction du poète selon Victor Hugo.

LE « MAL DU SIÈCLE »

Le début du XIXe siècle marque une rupture avec l'époque des Lumières, au cours de laquelle le progrès inspirait confiance et espoir. Au lieu d'une nouvelle société équitable, la France voit triompher un monde mercantiliste et individualiste où chacun cherche à protéger ses acquis. Les aristocrates ont perdu leurs privilèges et le peuple est toujours dominé. Seule la bourgeoisie, portée par l'industrialisation naissante, semble sortir gagnante de cette situation. Elle peut maintenant imposer à la société entière ses valeurs et sa morale.

La rapidité avec laquelle la société se transforme fait naître un nouveau rapport au temps qui bouleverse les sensibilités individuelles. Pris dans le tourbillon de l'Histoire, les individus – en particulier les artistes – cherchent en vain un espace où s'affirmer et en ressentent un profond sentiment de détresse. Ils sont nombreux à s'interroger sur leur place dans cette société conformiste et à prendre conscience qu'ils ne peuvent plus espérer de réels changements de l'extérieur. L'artiste désabusé n'a plus qu'à se tourner vers lui-même et à explorer son monde intérieur dans l'espoir de se retrouver. Au tumulte social et politique correspond un tumulte intérieur qui engendre un malaise indéfinissable : c'est le « mal du siècle ». L'artiste romantique va alors mettre à profit son énergie et son génie créateur pour exprimer son désarroi, ce « mal de vivre » qui l'accable. On retrouve ce trait chez Alfred de Musset, mais aussi chez Alfred de Vigny et Gérard de Nerval.

Alfred de Musset (1810-1857)

Alfred de Musset fréquente le Cénacle (voir p. 184) pendant un certain temps avant de prendre ses distances. Contrairement à Hugo, il refuse de s'engager politiquement, jugeant que l'émotion essentielle à l'inspiration ne peut naître que dans la solitude. Menant une vie de plaisirs (vin, jeu, femmes), qui sont autant de baumes éphémères sur sa souffrance intérieure, ce jeune auteur brillant a écrit la presque totalité de son œuvre poétique avant l'âge de 25 ans.

En 1833, Musset fait la rencontre de George Sand (de son vrai nom Aurore Dupin), dont il tombe éperdument amoureux. Leur relation houleuse, ponctuée de nombreuses ruptures, prendra fin deux ans plus tard. C'est à ce moment que Musset écrit son recueil *Les nuits* – d'où le poème suivant est tiré –, dans lequel s'affirme son génie désespéré. De tous les romantiques, Musset est sans doute celui qui a su le mieux allier la légèreté à la souffrance.

EXTRAIT   *LES NUITS* (1835)

La nuit de décembre

Le poète

Du temps que j'étais écolier,
Je restais un soir à veiller
Dans notre salle solitaire.
Devant ma table vint s'asseoir
5   Un pauvre enfant vêtu de noir,
Qui me ressemblait comme un frère.

Son visage était triste et beau :
À la lueur de mon flambeau,
Dans mon livre ouvert il vint lire.
10 Il pencha son front sur sa main,
Et resta jusqu'au lendemain,
Pensif, avec un doux sourire.

Comme j'allais avoir quinze ans
Je marchais un jour, à pas lents,
15 Dans un bois, sur une bruyère.
Au pied d'un arbre vint s'asseoir
Un jeune homme vêtu de noir,
Qui me ressemblait comme un frère.

Je lui demandai mon chemin ;
20 Il tenait un luth d'une main,
De l'autre un bouquet d'églantines.
Il me fit un salut d'ami,
Et, se détournant à demi,
Me montra du doigt la colline.

25 À l'âge où l'on croit à l'amour,
J'étais seul dans ma chambre un jour,
Pleurant ma première misère.
Au coin de mon feu vint s'asseoir
Un étranger vêtu de noir,
30 Qui me ressemblait comme un frère.

Il était morne et soucieux ;
D'une main il montrait les cieux,
Et de l'autre il tenait un glaive.
De ma peine il semblait souffrir,
35 Mais il ne poussa qu'un soupir,
Et s'évanouit comme un rêve.

À l'âge où l'on est libertin,
Pour boire un toast en un festin,
Un jour je soulevais mon verre.
40 En face de moi vint s'asseoir
Un convive vêtu de noir,
Qui me ressemblait comme un frère.

Il secouait sous son manteau
Un haillon de pourpre en lambeau,
45 Sur sa tête un myrte stérile.
Son bras maigre cherchait le mien,
Et mon verre, en touchant le sien,
Se brisa dans ma main débile.

D'UNE RÉVOLUTION À L'AUTRE

Les œuvres poétiques

Un an après, il était nuit ;
50 J'étais à genoux près du lit
Où venait de mourir mon père.
Au chevet du lit vint s'asseoir
Un orphelin vêtu de noir,
Qui me ressemblait comme un frère.

55 Ses yeux étaient noyés de pleurs ;
Comme les anges de douleurs,
Il était couronné d'épine ;
Son luth à terre était gisant,
Sa pourpre de couleur de sang,
60 Et son glaive dans sa poitrine.

Je m'en suis si bien souvenu,
Que je l'ai toujours reconnu
À tous les instants de ma vie.
C'est une étrange vision,
65 Et cependant, ange ou démon,
J'ai vu partout cette ombre amie.

[...]

Eugène Lami (1800-1890). *La nuit de décembre* (sans date). Châteaux de Malmaison
et de Bois-Préau, Rueil-Malmaison, France.

Qui donc es-tu, spectre de ma jeunesse,
Pèlerin que rien n'a lassé?
70 Dis-moi pourquoi je te trouve sans cesse
Assis dans l'ombre où j'ai passé.
Qui donc es-tu, visiteur solitaire,
Hôte assidu de mes douleurs?
Qu'as-tu donc fait pour me suivre sur terre?
75 Qui donc es-tu, qui donc es-tu, mon frère,
Qui n'apparais qu'au jour des pleurs?

La vision

— Ami, notre père est le tien.
Je ne suis ni l'ange gardien,
Ni le mauvais destin des hommes.
80 Ceux que j'aime, je ne sais pas
De quel côté s'en vont leurs pas
Sur ce peu de fange où nous sommes.

Je ne suis ni dieu ni démon,
Et tu m'as nommé par mon nom
85 Quand tu m'as appelé ton frère;
Où tu vas, j'y serai toujours,
Jusques au dernier de tes jours,
Où j'irai m'asseoir sur ta pierre.

Le ciel m'a confié ton cœur.
90 Quand tu seras dans la douleur,
Viens à moi sans inquiétude.
Je te suivrai sur le chemin;
Mais je ne puis toucher ta main,
Ami, je suis la Solitude.

QUESTIONS DE COMPRÉHENSION ET D'ANALYSE

1. Dans le récit du «Poète», on note une répétition importante qui contribue au rythme des strophes ainsi qu'au sens de tout le poème. Laquelle? Que désigne-t-elle?

2. Cinq strophes du récit du «Poète» commencent par un vers contenant un repère temporel. Citez les cinq vers.

3. Dites avec vos mots, pour chacune des cinq strophes, à quelle activité se livre alors le poète.

4. Ces activités ont toutes quelque chose en commun, à l'exception de celle qui est décrite aux strophes 7 et 8. Quel est ce point commun? Pourquoi l'activité décrite aux strophes 7 et 8 est-elle différente?

5. Qu'est-ce qui nous permet de comprendre à la toute fin que la «vision» est une personnification de la condition du poète?

Sujet d'analyse: En quoi la «vision» est-elle un reflet de l'état d'âme du poète?

D'UNE RÉVOLUTION À L'AUTRE
Les œuvres poétiques

Alfred de Vigny (1797-1863)

Alfred de Vigny mène de front la carrière de militaire et celle d'écrivain. Il fréquente les romantiques qui gravitent autour de Victor Hugo et participe à tous les débats littéraires du groupe. Son roman *Cinq-Mars* (1826) connaît un grand succès, mais à la suite de la mort de sa mère (1837) et de sa rupture avec l'actrice Marie Dorval (1838), Vigny s'éloigne des milieux littéraires et s'isole du monde pour se consacrer à la poésie. Selon lui, seuls le silence et la solitude peuvent apaiser les souffrances. Mais contrairement à la plupart des poètes romantiques, Vigny évite les épanchements personnels et le style lyrique afin de mieux traduire l'inquiétude des hommes qui n'attendent de consolation ni de la nature ni de Dieu. Dans ses poèmes à tendance philosophique, Vigny laisse toutefois entrevoir une lueur d'espoir lorsqu'il se donne pour mission de guider l'humanité vers un avenir moins sombre.

Entre 1836 et 1844, il écrit «La maison du berger», un long poème de plus de trois cents vers dans lequel il fait état de la fragilité de l'être. Dans ce poème, la «maison» peut apparaître à la fois comme un asile d'amour, notamment après sa rupture avec Marie Dorval, et comme un refuge contre la civilisation industrielle.

EXTRAIT · *LA MAISON DU BERGER* (entre 1836 et 1844)

À Éva, III

Éva[1], j'aimerai tout dans les choses créées,
Je les contemplerai dans ton regard rêveur
Qui partout répandra ses flammes colorées,
Son repos gracieux, sa magique saveur :
5 Sur mon cœur déchiré viens poser ta main pure,
Ne me laisse jamais seul avec la Nature,
Car je la connais trop pour n'en pas avoir peur.

Elle me dit : «Je suis l'impassible théâtre
Que ne peut remuer le pied de ses acteurs ;
10 Mes marches d'émeraude et mes parvis d'albâtre[2],
Mes colonnes de marbre ont les dieux pour sculpteurs.
Je n'entends ni vos cris ni vos soupirs ; à peine
Je sens passer sur moi la comédie humaine
Qui cherche en vain au ciel ses muets spectateurs.

15 Je roule avec dédain, sans voir et sans entendre,
À côté des fourmis les populations ;
Je ne distingue pas leur terrier de leur cendre,
J'ignore en les portant les noms des nations.
On me dit une mère et je suis une tombe,
20 Mon hiver prend vos morts comme son hécatombe,
Mon printemps ne sent pas vos adorations.

«Avant vous j'étais belle et toujours parfumée,
J'abandonnais au vent mes cheveux tout entiers :
Je suivais dans les cieux ma route accoutumée,
25 Sur l'axe harmonieux des divins balanciers,
Après vous, traversant l'espace où tout s'élance,
J'irai seule et sereine, en un chaste silence
Je fendrai l'air du front et de mes seins altiers. »

C'est là ce que me dit sa voix triste et superbe,
30 Et dans mon cœur alors je la hais, et je vois
Notre sang dans son onde et nos morts sous son herbe
Nourrissant de leurs sucs la racine des bois.
Et je dis à mes yeux qui lui trouvaient des charmes :
«Ailleurs tous vos regards, ailleurs toutes vos larmes,
35 Aimez ce que jamais on ne verra deux fois. »

Oh! qui verra deux fois ta grâce et ta tendresse,
Ange doux et plaintif qui parle en soupirant?
Qui naîtra comme toi portant une caresse
Dans chaque éclair tombé de ton regard mourant,
40 Dans les balancements de ta tête penchée,
Dans ta taille indolente³ et mollement couchée,
Et dans ton pur sourire amoureux et souffrant?

Vivez froide Nature, et revivez sans cesse
Sous nos pieds, sur nos fronts, puisque c'est votre loi ;
45 Vivez et dédaignez, si vous êtes déesse,
L'homme, humble passager, qui dut vous être un roi ;
Plus que tout votre règne et que ses splendeurs vaines,
J'aime la majesté des souffrances humaines ;
Vous ne recevrez pas un cri d'amour de moi.

50 Mais toi, ne veux-tu pas, voyageuse indolente⁴,
Rêver sur mon épaule, en y posant ton front?
Viens du paisible seuil de la maison roulante
Voir ceux qui sont passés et ceux qui passeront.
Tous les tableaux humains qu'un Esprit pur m'apporte
55 S'animeront pour toi quand devant notre porte
Les grands pays muets longuement s'étendront.

Nous marcherons ainsi, ne laissant que notre ombre
Sur cette terre ingrate où les morts ont passé ;
Nous nous parlerons d'eux à l'heure où tout est sombre,
60 Où tu te plais à suivre un chemin effacé,
À rêver, appuyée aux branches incertaines,
Pleurant, comme Diane⁵ au bord de ses fontaines,
Ton amour taciturne⁶ et toujours menacé.

---

1. Nom que Vigny donne à Marie Dorval.
2. Variété de gypse très blanc ou peu coloré.
3. Qui agit avec nonchalance.
4. Insensible, indifférente.
5. Déesse romaine. Il était interdit aux humains de la regarder, sous peine de châtiment.
6. Silencieux, morose.

QUESTIONS DE COMPRÉHENSION ET D'ANALYSE

1. L'un des thèmes de ce poème est la nature. Relevez dans la deuxième strophe une métaphore illustrant l'un de ses aspects.

2. Dans la troisième strophe, il y a une métaphore exprimant un autre aspect de la nature. Laquelle?

3. Soulignez, dans la troisième et la septième strophe, le vocabulaire péjoratif associé à la nature.

4. Formulez dans vos mots ce qui caractérise la nature, selon le narrateur du poème.

5. Quel est le vocabulaire mélioratif associé à l'humain et à sa condition dans la septième strophe?

Sujet d'analyse : En quoi la nature, thème propre aux romantiques, devient-elle dans ce poème la personnification de ce qui rend futile la condition humaine?

D'UNE RÉVOLUTION À L'AUTRE
Les œuvres poétiques

Gérard de Nerval (1808-1855)

Gérard Labrunie, dit Gérard de Nerval, mène une existence vagabonde et publie ses premiers poèmes à l'âge de dix-huit ans. Passionné de littérature allemande, il se fait connaître par ses traductions, d'abord celle du *Faust* de Goethe, puis celle des *Contes fantastiques* d'Ernst Hoffmann. Par ailleurs, ses désordres mentaux et ses amours malheureuses avec l'actrice Jenny Colon le conduisent à de graves dépressions. Nerval se sert de l'écriture à la fois pour explorer sa souffrance et pour lutter contre celle-ci. Poète mystique et ésotérique, il laisse libre cours à la fascination qu'exerce sur lui le rêve, qu'il perçoit comme une seconde vie. En 1854 paraît son recueil de nouvelles, *Les filles du feu*, qui comprend une série de sonnets rassemblés sous le titre *Les chimères*. Ces sonnets ont été rédigés entre 1843 et 1853, principalement au cours de périodes d'internement. En 1854, peu après la parution de son recueil, Nerval écrit à son médecin qu'il a «de la peine à séparer la vie réelle de celle du rêve». Il se suicide l'année suivante.

Dans le premier sonnet du recueil, «El Desdichado[1]», Nerval recourt à des figures oniriques et mythologiques pour exprimer la nostalgie et la sombre destinée du poète.

Francisco de Goya (1746-1828). *Le sommeil de la raison produit des monstres* (1799). National Gallery of Art , Washington, États-Unis.

EXTRAIT   *LES FILLES DU FEU* (1854)

El Desdichado

Je suis le ténébreux, — le veuf, — l'inconsolé,
Le prince d'Aquitaine à la tour abolie :
Ma seule *étoile* est morte, — et mon luth constellé
Porte le *soleil noir* de la *Mélancolie*.

5 Dans la nuit du tombeau, toi qui m'as consolé,
Rends-moi le Pausilippe[2] et la mer d'Italie,
La *fleur* qui plaisait tant à mon cœur désolé,
Et la treille[3] où le pampre[4] à la rose s'allie.

Suis-je Amour ou Phébus[5], Lusignan ou Biron[6] ?
10 Mon front est rouge encor du baiser de la reine ;
J'ai rêvé dans la grotte où nage la sirène...

Et j'ai deux fois vainqueur traversé l'Achéron[7],
Modulant tour à tour sur la lyre d'Orphée[8]
Les soupirs de la sainte et les cris de la fée.

---

1. En français, « Le déshérité ». Ce nom est inspiré d'un personnage du roman *Ivanhoé*, de Walter Scott.
2. Promontoire près de Naples où serait le tombeau de Virgile.
3. Cep de vigne qui grimpe le long des murs ou des arbres.
4. Branche de vigne avec ses grappes et ses feuilles.
5. Phébus est un autre nom pour Apollon, le dieu de la raison, de la beauté et des arts.
6. Nerval pensait descendre d'une ancienne famille apparentée aux Lusignan ou aux Biron.
7. Dans la mythologie grecque, dieu fleuve coulant entre la Terre et les Enfers.
8. Dans la mythologie grecque, Orphée doit aller aux Enfers pour retrouver Eurydice.

QUESTIONS DE COMPRÉHENSION ET D'ANALYSE

1. La première strophe est révélatrice de l'état du poète. Quel est-il et quels termes nous permettent de le saisir ?

2. À qui s'adresse le poète dans la deuxième strophe ?

3. Dans la troisième strophe, on peut voir que le poète ne se compare pas à n'importe qui. Comment ?

4. Quel pronom, maintes fois utilisé, montre que l'un des thèmes du poème est l'identité ?

5. Quel verbe au présent de l'indicatif met ce thème de l'identité en évidence ?

Sujet d'analyse : Montrez que le poète fait dans l'hyperbole pour décrire son état.

LE DRAME ROMANTIQUE AU CŒUR DES DÉBATS

Certaines grandes batailles romantiques se déroulent sur le terrain du théâtre, soumis depuis la période classique à des règles nombreuses et contraignantes. C'est d'ailleurs dans ce genre que l'influence étrangère se fait le plus sentir, avec, entre autres, les pièces de l'Allemand Schiller et de l'Anglais Shakespeare.

Se dressant dans la lignée du drame bourgeois instauré par Diderot et par Beaumarchais, le drame romantique se caractérise par sa forme, qui rejette les règles classiques d'unité de lieu et de temps, et se situe dans le croisement de la comédie avec la tragédie, mêlant «le grotesque au sublime» (Hugo, Préface de *Cromwell*, 1827).

En 1830, Victor Hugo présente *Hernani*, qui rencontre une vive opposition de la part des défenseurs du classicisme. Ces derniers vont tenter par différents moyens de faire tomber la pièce. Les premières représentations d'*Hernani* donnent lieu à des émeutes, mais l'œuvre remporte par la suite un franc succès. *Hernani* constitue une victoire du romantisme, mais aussi une victoire politique, car pour Hugo et ses alliés, la politique et l'art sont indissociables. Toutefois, la pièce que la postérité retiendra comme étant la plus représentative du romantisme est une œuvre écrite en 1834 qui sera jouée pour la première fois en 1896 : *Lorenzaccio* d'Alfred de Musset. Cette pièce illustre bien la dualité propre au drame romantique par le personnage principal qui est destiné à une mission révolutionnaire (sublime) alors qu'il est prisonnier de sa débauche (grotesque).

Alfred de Musset (1810-1857)

Le plus incontestable succès théâtral de l'époque revient à Alfred de Musset, considéré comme le plus grand dramaturge du romantisme. Dans *Lorenzaccio*, qu'il écrit à l'âge de 24 ans, Musset applique tous les changements souhaités par les dramaturges romantiques, et même davantage : l'intensité psychologique, la liberté totale à l'égard des théories et des règles, le mélange des genres, sans oublier l'éclat du style.

Lorenzaccio a pour toile de fond la ville de Florence au XVIe siècle. Ce drame historique et psychologique est basé sur un fait réel. Lorenzo de Médicis veut assassiner son cousin, le cruel Alexandre de Médicis, duc de Florence, et libérer par ce geste la ville du despote. Pour réaliser son plan, le héros feint un comportement débauché, mais il finit par se laisser corrompre par le vice. Malheureusement, la mort du tyran n'apporte aucun changement, et Lorenzo finira assassiné à son tour.

Musset dresse un parallèle avec la révolution manquée de 1830 et montre la rupture entre l'idéal et la réalité, où toute tentative individuelle pour faire changer le cours des choses reste vaine. Dans l'extrait qui suit, Lorenzo dévoile son plan d'assassinat à Philippe Strozzi, un chef républicain qui hait Alexandre.

EXTRAIT *LORENZACCIO* *(1834)*

Acte III, scène 3

LORENZO. — Il est trop tard. Je me suis fait à mon métier. Le vice a été pour moi un vêtement ; maintenant il est collé à ma peau. Je suis vraiment un ruffian[1], et quand je plaisante sur mes pareils, je me sens sérieux comme la mort au milieu de ma gaieté. Brutus a fait le fou pour tuer Tarquin[2], et ce qui m'étonne en lui, c'est qu'il
5 n'y ait pas laissé sa raison. Profite de moi, Philippe, voilà ce que j'ai à te dire : ne travaille pas pour ta patrie.

PHILIPPE. — Si je te croyais, il me semble que le ciel s'obscurcirait pour toujours, et que ma vieillesse serait condamnée à marcher à tâtons. Que tu aies pris une route dangereuse, cela peut être ; pourquoi ne pourrais-je en prendre une autre qui me
10 mènerait au même point ? Mon intention est d'en appeler au peuple, et d'agir ouvertement.

LORENZO. — Prends garde à toi, Philippe, celui qui te le dit sait pourquoi il le dit. Prends le chemin que tu voudras, tu auras toujours affaire aux hommes.

PHILIPPE. — Je crois à l'honnêteté des républicains.

15 LORENZO. — Je te fais une gageure. Je vais tuer Alexandre ; une fois mon coup fait, si les républicains se comportent comme ils le doivent, il leur sera facile d'établir une république, la plus belle qui ait jamais fleuri sur la terre. Qu'ils aient pour eux le peuple, et tout est dit. Je te gage que ni eux ni le peuple ne feront rien. Tout ce que je te demande, c'est de ne pas t'en mêler ; parle, si tu le veux, mais prends garde à
20 tes paroles, et encore plus à tes actions. Laisse-moi faire mon coup ; tu as les mains pures, et moi, je n'ai rien à perdre.

PHILIPPE. — Fais-le, et tu verras.

LORENZO. — Soit, — mais souviens-toi de ceci. Vois-tu dans cette petite maison cette famille assemblée autour d'une table ? ne dirait-on pas des hommes ? Ils ont un
25 corps, et une âme dans ce corps. Cependant, s'il me prenait envie d'entrer chez eux, tout seul, comme me voilà, et de poignarder leur fils aîné au milieu d'eux, il n'y aurait pas un couteau de levé sur moi.

PHILIPPE. — Tu me fais horreur. Comment le cœur peut-il rester grand avec des mains comme les tiennes ?

30 [...]

---

1. Débauché.
2. Il y a ici confusion entre le Brutus qui a chassé Tarquin et celui qui a tué Jules César, son père adoptif.

Les œuvres théâtrales

LORENZO. — Tu me demandes cela en face ? Regarde-moi un peu. J'ai été beau, tranquille et vertueux.

PHILIPPE. — Quel abîme ! quel abîme tu m'ouvres !

LORENZO. — Tu me demandes pourquoi je tue Alexandre ? Veux-tu donc que je m'empoisonne, ou que je saute dans l'Arno[1] ? Veux-tu donc que je sois un spectre, et qu'en frappant sur ce squelette (*il frappe sa poitrine*), il n'en sorte aucun son ? Si je suis l'ombre de moi-même, veux-tu donc que je rompe le seul fil qui rattache aujourd'hui mon cœur à quelques fibres de mon cœur d'autrefois ? Songes-tu que ce meurtre,

35

Alfons Mucha (1860-1939). Affiche de la pièce
Lorenzaccio d'Alfred de Musset montrant
Sara Bernhardt dans le rôle-titre (1896).
Musée Pouchkine, Moscou, Russie.

40 c'est tout ce qui me reste de ma vertu? Songes-tu que je glisse depuis deux ans sur
un rocher taillé à pic, et que ce meurtre est le seul brin d'herbe où j'aie pu cramponner mes ongles? Crois-tu donc que je n'aie plus d'orgueil, parce que je n'ai plus de
honte? Et veux-tu que je laisse mourir en silence l'énigme de ma vie? Oui, cela est
certain, si je pouvais revenir à la vertu, si mon apprentissage du vice pouvait s'évanouir, j'épargnerais peut-être ce conducteur de bœufs. Mais j'aime le vin, le jeu et
45 les filles; comprends-tu cela? Si tu honores en moi quelque chose, toi qui me parles,
c'est mon meurtre que tu honores, peut-être justement parce que tu ne le ferais pas.
Voilà assez longtemps, vois-tu, que les républicains me couvrent de boue et d'infamie; voilà assez longtemps que les oreilles me tintent, et que l'exécration des
hommes empoisonne le pain que je mâche; [...] J'en ai assez d'entendre brailler en
50 plein vent le bavardage humain; il faut que le monde sache un peu qui je suis, et qui
il est. Dieu merci, c'est peut-être demain que je tue Alexandre; dans deux jours
j'aurai fini. Ceux qui tournent autour de moi avec des yeux louches, comme autour
d'une curiosité monstrueuse apportée d'Amérique, pourront satisfaire leur gosier et
vider leur sac à paroles. Que les hommes me comprennent ou non, qu'ils agissent
55 ou n'agissent pas, j'aurai dit tout ce que j'ai à dire; je leur ferai tailler leurs plumes,
si je ne leur fais pas nettoyer leurs piques, et l'humanité gardera sur sa joue le soufflet de mon épée marqué en traits de sang. Qu'ils m'appellent comme ils voudront,
Brutus ou Érostrate[2], il ne me plaît pas qu'ils m'oublient. Ma vie entière est au bout
de ma dague, et que la Providence retourne ou non la tête, en m'entendant frapper,
60 je jette la nature humaine à pile ou face sur la tombe d'Alexandre; dans deux jours
les hommes comparaîtront devant le tribunal de ma volonté.

---

1. Fleuve qui traverse la ville de Florence.
2. Pour se rendre célèbre, Érostrate a brûlé le temple d'Artémis en –351.

QUESTIONS DE COMPRÉHENSION ET D'ANALYSE

1. Lorenzo agit avec Philippe comme une personne d'expérience et se permet de lui donner des conseils. Quel mode verbal, utilisé entre les lignes 1 et 14, le confirme?

2. Lorenzo est résolu à devenir un assassin. Par quel mode et quel temps verbal exprime-t-il la fermeté de sa résolution?

3. Dans la tirade des lignes 34 à 61, quelle hyperbole souligne l'importance du projet de meurtre?

4. Par quelle comparaison Lorenzo y décrit-il la perplexité qu'il crée autour de lui?

5. Dans cette même tirade, on constate que Lorenzo s'accroche à son projet de meurtre comme au seul acte qui puisse le distinguer d'un simple débauché. Quelle antithèse exprime cette idée?

Sujet d'analyse: Montrez comment, à travers ses projets de meurtre, Lorenzo fait une réflexion sur la condition humaine.

D'UNE RÉVOLUTION À L'AUTRE
Les œuvres théâtrales

LE DRAME DE LA PENSÉE

Dans la préface de sa pièce *Chatterton*, Vigny écrit qu'il cherche à créer un «drame de la pensée», c'est-à-dire un drame construit à partir d'une idée, d'une thèse. Le dramaturge souligne trois éléments sous-jacents à sa thèse: d'abord, que le poète est investi d'une mission dans la société; puis, que le poète est un paria, un marginal; enfin, que le poète produit une œuvre plus importante que l'homme d'action. Vigny considère donc que la société devrait prendre en charge les poètes et leur venir en aide pour éviter que ces derniers, marginalisés, en viennent à s'exclure totalement, ce qui pourrait les pousser jusqu'au suicide.

Alfred de Vigny (1797-1863)

La pièce *Chatterton* d'Alfred de Vigny remporte un véritable triomphe au moment de sa présentation. Basé sur la vie de l'écrivain anglais Thomas Chatterton qui a vécu à Londres et est mort en 1770, ce drame montre le désarroi d'un aristocrate sans fortune amoureux de la femme d'un riche industriel et qui éprouve de la difficulté à s'intégrer dans une société qu'il méprise. Chatterton, en proie à un désespoir extrême, «étouffé par la société matérialiste» comme l'écrit Vigny dans sa préface, finit par s'enlever la vie. L'extrait présente le moment où Chatterton s'adresse à la seule personne qui semble comprendre pleinement le drame vécu par le jeune homme. Dans cet échange, il est possible de retrouver tous les éléments de la thèse du «drame de la pensée» de Vigny.

EXTRAIT *CHATTERTON* (1835)

Acte I, scène 5

Le Quaker — Quel âge as-tu donc? Ton cœur est pur et jeune comme celui de Rachel, et ton esprit expérimenté est vieux comme le mien.

Chatterton — J'aurai demain dix-huit ans.

Le Quaker — Pauvre enfant!

5   Chatterton — Pauvre? oui. — Enfant? non… J'ai vécu mille ans!

Le Quaker — Ce ne serait pas assez pour savoir la moitié de ce qu'il y a de mal parmi les hommes. — Mais la science universelle, c'est l'infortune.

Chatterton — Je suis donc bien savant!… Mais j'ai cru que mistress Bell était ici. — Je viens d'écrire une lettre qui m'a bien coûté.

10 Le Quaker — Je crains que tu ne sois trop bon. Je t'ai bien dit de prendre garde à cela. Les hommes sont divisés en deux parts: martyrs et bourreaux. Tu seras toujours martyr de tous, comme la mère de cet enfant-là.

Chatterton, *avec un élan violent.* — La bonté d'un homme ne le rend victime que jusqu'où il le veut bien, et l'affranchissement est dans sa main.

15 Le Quaker — Qu'entends-tu par là?

CHATTERTON, *embrassant Rachel, dit de la voix la plus tendre.* — Voulons-nous faire peur à cette enfant ? et si près de l'oreille de sa mère.

LE QUAKER — Sa mère a l'oreille frappée d'une voix moins douce que la tienne, elle n'entendrait pas. — Voilà trois fois qu'il la demande !

20 CHATTERTON, *s'appuyant sur le fauteuil où le quaker est assis.* — Vous me grondez toujours ; mais dites-moi seulement pourquoi on ne se laisserait pas aller à la pente de son caractère, dès qu'on est sûr de quitter la partie quand la lassitude viendra ? Pour moi, j'ai résolu de ne me point masquer et d'être moi-même jusqu'à la fin, d'écouter, en tout, mon cœur dans ses épanchements comme dans ses indignations,
25 et de me résigner à bien accomplir ma loi. À quoi bon feindre le rigorisme, quand on est indulgent ? On verrait un sourire de pitié sous ma sévérité factice, et je ne saurais trouver un voile qui ne fût transparent. — On me trahit de tout côté, je le vois, et me laisse tromper par dédain de moi-même, par ennui de prendre ma défense. J'envie quelques hommes en voyant le plaisir qu'ils trouvent à triompher de moi par des
30 ruses grossières ; je les vois de loin en ourdir les fils, et je ne me baisserais pas pour en rompre un seul, tant je suis devenu indifférent à ma vie. Je suis d'ailleurs assez vengé par leur abaissement, qui m'élève à mes yeux et il me semble que la Providence ne peut laisser aller longtemps les choses de la sorte. N'avait-elle pas son but en me créant ? Ai-je le droit de me roidir contre elle pour réformer la nature ? Est-ce
35 à moi de démentir Dieu ?

LE QUAKER — En toi, la rêverie continuelle a tué l'action.

CHATTERTON — Eh ! qu'importe, si une heure de cette rêverie produit plus d'œuvres que vingt jours de l'action des autres ? Qui peut juger entre eux et moi ? N'y a-t-il pour l'homme que le travail du corps ? et le labeur de la tête n'est-il pas digne de
40 quelque pitié ? Eh ! grand Dieu ! la seule science de l'esprit, est-ce la science des nombres ? Pythagore est-il le Dieu du monde ? Dois-je dire à l'inspiration ardente : « Ne viens pas, tu es inutile » ?

LE QUAKER — Elle t'a marqué au front de son caractère fatal. Je ne te blâme pas, mon enfant, mais je te pleure.

QUESTIONS DE COMPRÉHENSION ET D'ANALYSE

1. Quel est le procédé employé quand Chatterton dit « J'ai vécu mille ans » ?

2. Qu'est-ce qui définit la vision de l'humanité du Quaker ? Où situe-t-il Chatterton ?

3. La tirade de Chatterton laisse entrevoir que le personnage est intègre. Quel passage permet de le comprendre ?

4. Vers la fin de sa tirade, Chatterton utilise une personnification. Laquelle ? Quel est son sens ?

5. De quelle façon la dernière prise de parole de Chatterton souligne-t-elle l'opposition entre le travail du poète et d'autres types de labeur ?

Sujet d'analyse : Montrez comment cet extrait traduit le « drame de la pensée » de Vigny.

PRÉSENTER LE CHANGEMENT

Puisque le romantisme cherche à transformer l'art en profondeur, nombre d'œuvres sont accompagnées d'une préface ou d'une postface visant à expliquer la démarche sous-jacente au projet artistique. Ainsi, pour ces artistes, l'art ne peut plus être pensé à partir du principe de l'imitation, c'est-à-dire comme un art qui cherche à représenter la nature. L'artiste n'est plus un artisan, celui qui possède un talent, il est désormais un génie dont l'œuvre permet de saisir ce qui échappe au commun des mortels. Certaines préfaces en viennent même à dépasser en importance l'œuvre qu'elles sont censées présenter. C'est le cas de la préface de la pièce *Cromwell* de Victor Hugo.

Victor Hugo (1802-1885)

Chef de file des romantiques, Victor Hugo ambitionne de faire du romantisme une révolution littéraire : «Je mis un bonnet rouge au vieux dictionnaire[1]», écrira-t-il pour expliquer la présence du langage populaire dans ses œuvres et son refus de distinguer le langage noble du langage «bas». Le Cénacle, groupe d'écrivains rassemblés autour de Hugo, définit ainsi les objectifs de ce mouvement qui reflète les aspirations partagées par l'ensemble des créateurs : la liberté dans l'art et l'individu au cœur des préoccupations.

Le Cénacle entreprend de lutter contre le formalisme classique qui entrave l'esprit créatif depuis plus de deux siècles, en particulier au théâtre. En 1827, Hugo écrit sa pièce *Cromwell*, qui est une illustration de la nouvelle esthétique romantique. La longue préface annexée au texte dramatique jouera un rôle plus grand que la pièce elle-même[2] dans ce nouveau combat des Anciens et des Modernes. Dans sa Préface de *Cromwell*, qui se présente comme un manifeste du nouveau drame romantique, Hugo s'en prend à la tragédie classique et plaide en faveur du mélange des genres et de l'abolition des règles liées à l'unité de temps et de lieu.

EXTRAIT *CROMWELL* (1827)

Préface

L'unité de temps n'est pas plus solide que l'unité de lieu. L'action, encadrée de force dans les vingt-quatre heures, est aussi ridicule qu'encadrée dans le vestibule. Toute action a sa durée propre comme son lieu particulier. Verser la même dose de temps à tous les événements ! Appliquer la même mesure sur tout ! On rirait d'un cordon
5 nier qui voudrait mettre le même soulier à tous les pieds. Croiser l'unité de temps à l'unité de lieu comme les barreaux d'une cage, et y faire pédantesquement entrer, de par Aristote, tous ces faits, tous ces peuples, toutes ces figures que la providence déroule à si grandes masses dans la réalité ! c'est mutiler hommes et choses, c'est faire grimacer l'histoire. Disons mieux : tout cela mourra dans l'opération ; et c'est
10 ainsi que les mutilateurs dogmatiques arrivent à leur résultat ordinaire : ce qui était vivant dans la chronique est mort dans la tragédie. Voilà pourquoi, bien souvent, la cage des unités ne renferme qu'un squelette. [...]

Il suffirait enfin, pour démontrer l'absurdité de la règle des deux unités, d'une dernière raison, prise dans les entrailles de l'art. C'est l'existence de la troisième

15 unité, l'unité d'action, la seule admise de tous parce qu'elle résulte d'un fait : l'œil ni l'esprit humain ne sauraient saisir plus d'un ensemble à la fois. Celle-là est aussi nécessaire que les deux autres sont inutiles. C'est elle qui marque le point de vue du drame ; or, par cela même, elle exclut les deux autres. Il ne peut pas plus y avoir trois unités dans le drame que trois horizons dans un tableau. Du reste, gardons-nous de

20 confondre l'unité avec la simplicité d'action. L'unité d'ensemble ne répudie en aucune façon les actions secondaires sur lesquelles doit s'appuyer l'action principale. Il faut seulement que ces parties, savamment subordonnées au tout, gravitent sans cesse vers l'action centrale et se groupent autour d'elle aux différents étages ou plutôt sur les divers plans du drame. L'unité d'ensemble est la loi de perspective du théâtre.

---

1. Citation tirée de « Réponse à un acte d'accusation », écrit en 1856. Le bonnet rouge fait référence au bonnet phrygien que portaient les révolutionnaires.
2. À vrai dire, la pièce *Cromwell* est considérée comme étant injouable en raison de sa longueur (6920 vers).

QUESTIONS DE COMPRÉHENSION ET D'ANALYSE

1. Relevez des exemples du procédé syntaxique dont Victor Hugo se sert pour souligner le ridicule de la règle des trois unités.

2. Quel est le sens de cette analogie : « On rirait d'un cordonnier qui voudrait mettre le même soulier à tous les pieds » ?

3. Pourquoi Hugo utilise-t-il l'adverbe « pédantesquement » dans le premier paragraphe ? Comment cela connote-t-il son discours ?

4. Relevez deux personnifications et expliquez leur utilité.

5. Quel est le ton adopté par Hugo de manière générale dans cet extrait ? Appuyez votre réponse sur l'analyse d'au moins un passage.

Sujet d'analyse : Comment, dans cet extrait de la Préface de *Cromwell*, Hugo cherche-t-il à imposer une esthétique au théâtre, en rupture avec celle qui précède ?

ANNEXES

Salomon Koninck (1609–1656). *L'ermite* (1643).
Gemäldegalerie Alte Meister, Dresde, Allemagne.

Le Moyen Âge (476-1453)	La Renaissance (1453-1610)	Le Grand Siècle (1610-1715)

Courants littéraires

Le courant épique

Les récits épiques racontent principalement de hauts faits historiques en les magnifiant; ils célèbrent les vertus des chevaliers qui deviennent ainsi des héros légendaires. Ces chevaliers obéissent à des règles guerrières où priment la loyauté envers le seigneur, la piété, la largesse et le courage.

Le courant courtois

Les œuvres courtoises dépeignent une vision idéalisée de l'amour, au centre de laquelle se trouve la Dame inaccessible, pour qui le chevalier accomplit des exploits fabuleux afin de lui prouver son amour et sa loyauté.

Le courant bourgeois

La littérature bourgeoise reflète les valeurs d'une classe de marchands qui cherchent à se divertir et qui préfèrent des œuvres humoristiques comme les fabliaux, les farces et les sotties. Ces genres que l'on peut qualifier de « populaires » sont à l'opposé du style courtois, dont par ailleurs ils se moquent volontiers. Ils privilégient la satire et les situations cocasses et mettent en scène des personnages qui ne font pas nécessairement partie de la noblesse.

L'humanisme

L'humanisme est un mouvement intellectuel qui se définit par un nouveau système de valeurs issu de la convergence de plusieurs événements ayant contribué à transformer la perception que l'on avait du monde et à ébranler l'ensemble des certitudes; il traduit donc un nouveau rapport de l'homme au monde. Ainsi, l'homme et les valeurs humaines se trouvent désormais au centre d'une vision où l'individu en tant que tel prend une importance qu'il n'avait pas auparavant. L'humanisme se caractérise également par un retour aux textes antiques : on met l'accent sur l'apprentissage des langues anciennes (grec, hébreu, latin), car on préconise la lecture du texte original.

Le baroque

Le baroque est un courant qui concerne non seulement la littérature, mais aussi tous les domaines artistiques ; il établit un pont entre l'humanisme et le classicisme, et rayonne durant la première moitié du Grand Siècle. Le baroque se caractérise par la démesure, l'irrégularité des formes, le mouvement ainsi que par une grande liberté d'expression où l'émotion domine.

Le classicisme

Le classicisme se caractérise par la recherche de l'équilibre et l'application de normes où domine la raison. On se soucie de la vraisemblance et de la bienséance, tout en respectant la règle des trois unités (lieu, action, temps) au théâtre, genre privilégié durant cette période.

Le siècle des Lumières
(1715-1789)

D'une révolution à l'autre
(1789-1848)

Les Lumières

Véhiculée par les écrivains-philosophes, la pensée du siècle des Lumières se caractérise par la volonté d'éclairer les esprits en combattant les préjugés et l'intolérance. Les réflexions sur la nature humaine font naître de nouveaux concepts philosophiques. Le courant dominant en littérature est donc le **courant philosophique**. Les œuvres qui s'en réclament analysent de manière critique la condition et la nature humaines, proposent de nouvelles valeurs fondées sur la morale et la libre pensée plutôt que sur la religion, et établissent un nouvel art de vivre fondé sur le bonheur, l'ordre naturel, la liberté, la raison et la justice. De manière parallèle, on retrouve également le **courant préromantique**, ou **sensualiste**, ainsi que la **littérature de libertinage**.

Le romantisme

À la fois littéraire, culturel et artistique, le mouvement romantique réagit vigoureusement au classicisme et au rationalisme des Lumières ; il lutte pour la liberté de l'art en plaçant l'expression individuelle au centre des préoccupations de l'artiste. Le romantisme français est marqué par différentes mouvances : les **romantiques de la première génération** et les **romantiques de la deuxième génération**. Les écrivains de la première génération expriment leur sentiment d'inadéquation à la nouvelle société, alors que ceux de la deuxième génération se caractérisent plutôt par leur lutte contre le conformisme bourgeois qui s'est installé au lendemain de la Révolution.

Le Moyen Âge (476-1453)	La Renaissance (1453-1610)	Le Grand Siècle (1610-1715)

Caractéristiques de l'écriture

Le Moyen Âge marque le passage d'une tradition orale à une tradition écrite. La plupart des œuvres gardent des traces de cette oralité. Qu'il s'agisse de chansons de geste, de poésie lyrique, de fabliaux ou de romans, toutes les œuvres médiévales sont destinées à être mémorisées pour être souvent chantées ou jouées devant un public. C'est sans doute ce qui est à l'origine des nombreux procédés littéraires fondés sur le rythme ou la répétition qui caractérisent la plupart des œuvres médiévales.

La Renaissance est le moment clé pour le développement non seulement de la forme poétique, mais aussi des formes narratives. Les écrivains s'inspirent des Anciens et de l'Italie, notamment sur le plan formel en poésie. Du côté du récit, c'est l'époque où l'écriture se transforme ; les écrivains délaissent définitivement la versification pour la prose. Si le roman évolue pendant cette période, c'est aussi la mode des récits brefs, qui fera naître un nouveau genre littéraire : la nouvelle. De manière générale, on remarque que les auteurs humanistes ont à la fois le souci de plaire et celui d'éduquer. On note d'ailleurs, parallèlement, une plus grande rigueur logique dans les discours.

Le baroque
Le style baroque, aux multiples accents, est souvent dominé par de grandes envolées et une abondance d'images et d'hyperboles qui rendent bien le mouvement et l'instabilité ainsi que la fantaisie et l'imagination. Il s'agit d'une écriture qui refuse les règles et privilégie les excès et la liberté plutôt que la forme harmonieuse, symétrique et figée qu'imposera le classicisme sous Louis XIV.

Le classicisme
L'écriture classique se caractérise par la recherche de l'équilibre et l'application de normes où domine la raison. Fortement influencées par la culture antique, seul modèle digne d'être copié, les œuvres classiques visent une forme universelle à travers une langue pure et claire.

Thèmes dominants

Le courant épique
- Le courage
- La loyauté
- La piété
- La largesse

Le courant courtois
- L'amour idéalisé et chaste
- L'inaccessibilité de la Dame
- La loyauté envers la Dame
- La valeur du chevalier

Le courant bourgeois
- La tromperie
- L'adultère
- La courtoisie

- La culture antique
- La culture française
- L'éducation et la quête de connaissances
- Les voyages
- La fuite du temps
- Les grandes explorations

Le baroque
- L'inconstance, le provisoire, la métamorphose (le changement)
- L'imaginaire, l'illusion et le rêve dans leur rapport à la réalité
- La religion
- La fragilité de la vie et la mort
- La vie émotionnelle, la passion et la folie
- La nuit et l'obscurité

Le classicisme
- Les grands sentiments universels (amour, haine, jalousie, orgueil, etc.)
- La morale et la foi
- Le monde de l'Antiquité

Le siècle des Lumières (1715-1789)

D'une révolution à l'autre (1789-1848)

Le siècle des Lumières est surtout dominé par la prose argumentative, ou littérature d'idées. Cette littérature se caractérise par l'utilisation de la tonalité polémique et de la tonalité didactique. L'écriture, souvent militante, privilégie un style clair qui appelle parfois l'ironie pour amener le lecteur à adopter un point de vue critique.

Le XIXᵉ siècle voit l'œuvre littéraire se transformer : délaissant la place accordée à la pensée des Lumières et au rationalisme, elle se veut désormais le reflet de l'esprit de l'artiste qui, lui, apparaît comme le guide, le génie inspiré. Ce nouveau rapport à l'œuvre explique les principales caractéristiques de l'écriture romantique : le refus des conventions, la liberté créatrice, la volonté d'adapter l'art au monde moderne, d'élargir les horizons artistiques et esthétiques, de même qu'un goût marqué pour l'Histoire, la nature et le pittoresque. Ces tendances nouvelles se remarquent tant dans le roman que dans le théâtre et la poésie. Par ailleurs, la hiérarchie des genres littéraires prend fin avec le romantisme.

- La science (naturelle) et la raison
- Le bonheur terrestre
- Les inégalités, l'intolérance et les injustices
- La superstition
- Les voyages
- L'exotisme

- La rêverie
- La mélancolie
- La nature
- L'exotisme
- L'introspection
- Le mal de vivre
- La fuite
- L'engagement politique et social

Les genres littéraires ont considérablement évolué du Moyen Âge jusqu'au romantisme. La section suivante retrace leur histoire et précise ce qui les distingue les uns des autres.

A. LE TEXTE POÉTIQUE

Avant le XIVe siècle, un texte poétique se caractérisait par sa thématique, son contenu et son ton. À partir du XIVe siècle, on voit se développer le poème à forme fixe et une certaine importance est accordée au travail formel sur la longueur du vers et de la strophe, ainsi que sur la disposition des rimes. Malgré tout, la poésie reste intimement liée à l'oralité et à la musique, dimensions essentielles dès l'apparition de la littérature autour du XIe siècle.

Durant tout le Moyen Âge, le poète est vu comme un artisan qui maîtrise un art, une technique. À la Renaissance, on le perçoit plutôt comme un être inspiré, qui a accès à des réalités cachées. La poésie devient porteuse d'une connaissance initiatique, et le rôle de l'artiste se transforme peu à peu. Vers la fin du XVe siècle et au début du XVIe, des gens riches cherchent à s'entourer d'artistes et deviennent mécène. En contrepartie, l'artiste fait étalage de sa virtuosité dans les louanges qu'il rédige à l'intention de son bienfaiteur. Les œuvres de ces artistes, appelés « grands rhétoriqueurs », sont souvent des commandes pour de grandes occasions telles que les mariages et les anniversaires. Dans ces poèmes de circonstance où la virtuosité du style prime sur le contenu, les poètes privilégient la rime et la césure. En ce qui concerne les formes poétiques, ils utilisent le rondeau, la ballade et le chant royal, et développent l'épître et l'épigramme. À partir de 1550, la plupart des poètes adhèrent aux idées défendues par le groupe de la Pléiade. Ces auteurs proposent une réflexion sur l'art et sur l'acte d'écrire qui les amène à s'interroger sur le rôle du poète et sur sa place dans la société. Leurs poésies ont pour thèmes l'amour, le temps qui passe[1], la terre natale, la mythologie et l'Antiquité.

Les formes poétiques

On distingue les poèmes à forme fixe et les poèmes à forme régulière.

Les poèmes à forme fixe se caractérisent par un nombre préétabli de vers et de strophes (voir la définition dans le tableau qui suit).

- **Ballade :** poème formé de trois strophes égales et qui se termine par une strophe plus courte. (voir Villon, « L'épitaphe Villon », p. 34)
- **Rondeau :** poème de forme fixe, sur deux rimes avec des vers répétés. (voir Voiture, « Rondeau », p. 81)
- **Sonnet :** poème à forme fixe composé de deux quatrains et de deux tercets. (voir Labé, *Sonnets*, p. 56)

Les poèmes à forme régulière se définissent en fonction de leur thématique.

- **Blason :** jeu littéraire qui consiste à décrire un élément très précis tel qu'un objet ou une partie du corps. Souvent écrit en octosyllabes ou en décasyllabes, le blason est construit comme si l'auteur s'adressait à l'objet en question (apostrophe). (voir Marot, « Le beau tétin », p. 52)
- **Chant royal :** composition qui a pour objet la monarchie.
- **Élégie :** poème lyrique qui exprime la tristesse, chant de complainte. (voir Lamartine, « Le lac », p. 164)
- **Épigramme :** texte poétique satirique.
- **Épître :** lettre écrite en vers. (voir Pisan, *Épître au dieu d'amour*, p. 22)
- **Fable :** court récit écrit en vers qui se termine par une morale.
- **Hymne :** chant ou poème lyrique qui célèbre un être ou une chose.
- **Ode :** poème lyrique à strophes et versifications symétriques. (voir Ronsard, « À Cassandre », p. 60)

Les éléments constitutifs et les procédés littéraires propres au genre

STRUCTURE	Définitions	Exemples
Strophe	Ensemble de vers qui forme une unité. Le nom que l'on donne à la strophe dépend du nombre de vers.	Distique (2 vers), tercet (3 vers), quatrain (4 vers), quintil (5 vers), sizain (6 vers), huitain (8 vers), dizain (10 vers).
Versification	Assemblage de mots mesuré et cadencé selon certaines règles et constituant une unité rythmique. L'appellation du vers se fait en fonction du nombre de syllabes qu'il contient. Pour compter le nombre de syllabes dans un vers, on doit suivre certaines règles : ■ le « e » ne doit pas être compté s'il est suivi d'une voyelle ou s'il termine le vers ; ■ deux voyelles consécutives peuvent être comptées comme deux syllabes (**diérèse**) ou comme une seule syllabe (**synérèse**). Le but de ce procédé est de pouvoir mettre l'accent sur un mot ou de permettre de respecter le nombre de syllabes voulu.	Pentasyllabe (5 syllabes), hexasyllabe (6 syllabes), octosyllabe (8 syllabes), décasyllabe (10 syllabes), alexandrin (12 syllabes). **Diérèse dans un décasyllabe :** La/ **vi/e/** m'est/ et/ trop/ mol/le et/ trop/ dure./ (Labé, « Sonnet VIII », p. 56) **Synérèse dans un alexandrin :** Quand/ vous/ se/rez/ **bien/ vieille,**/ au/ soir,/ à/ la/ chan/delle,/ (Ronsard, *Sonnets pour Hélène*, p. 61)

---

1. La question du temps est souvent à lier au *carpe diem* d'Horace (–65 à –8). On peut traduire cette expression par « cueille le jour sans te soucier du lendemain ». La postérité s'en est plutôt servie comme d'une incitation à « saisir l'instant », dans une perspective de satisfaction immédiate et sans conséquence, ce qui fait fi de toute la discipline de vie qui était rattachée à ce concept.

SONORITÉS	Définitions	Exemples
Rime	Répétition d'un ou de plusieurs sons à la fin d'un vers. On les appelle **rimes pauvres** s'il n'y a qu'un seul son identique, **rimes suffisantes** s'il y en a deux et **rimes riches** quand il y en a plus que deux. Le nom que l'on donne à la rime dépend de sa disposition : AABB — Il s'agit de rimes **plates**, **suivies** ou **jumelles**. ABAB — Ce sont des rimes **croisées** ou **alternées**. ABBA — Ces rimes sont **embrassées**.	**Rimes suivies :** Tétin refait, plus blanc qu'un œuf, Tétin de satin blanc tout neuf, Tétin qui fait honte à la rose, Tétin plus beau que nulle chose Rimes suffisantes Rimes riches (Marot, « Le beau tétin », p. 52) **Rimes croisées :** Donc pour excuse, et cause légitime Je ne me dois grandement ébahir, Si ma très sainte, et sage Diotime Toujours m'enseigne à aimer, et haïr. (Scève, *Delie...*, p. 54) **Rimes embrassées :** Baise m'encor, rebaise-moi et baise ; Donne m'en un de tes plus savoureux, Donne m'en un de tes plus amoureux : Je t'en rendrai quatre plus chauds que braise. Rimes suffisantes Rimes riches (Labé, « Sonnet XVIII », p. 56)
Allitération	Répétition d'un même son (consonne) à l'intérieur d'un ou de plusieurs vers.	De te tâter, de te tenir (Marot, « Le beau tétin », p. 53)

Assonance	Répétition d'un même son (voyelle) à l'intérieur d'un ou de plusieurs vers.
	
	Dans la chanson de geste, l'assonance a une fonction d'identification. Par exemple, dans *La Chanson de Roland*, l'assonance du son « an » est associée au personnage de Roland, le son « e » à Olivier et le son « a » à Charles.
		174
		Ço sent Rollant que la mort le tresprent,
		Devers la teste sur le quer
		    li descent.
		Desuz un pin i est alet curant,
		Sur l'erbe verte s'i est culchet adenz,
		Desuz lui met s'espee e l'olifan,
		Turnat se teste vers la paiene gent :
		Pur ço l'at fait que il voelt veirement
		Que Carles diet e trestute sa gent,
		Li gentilz quens, qu'il fut mort
		    cunquerant.
		Cleimet sa culpe e menut e suvent,
		Pur ses pecchez Deu en puroffrid
		    li guant. AOI
		(*La Chanson de Roland*, p. 10)

RYTHME	Définitions	Exemples
Enjambement	Prolongement d'une phrase sur un autre vers.	Quand reverrai-je, hélas, **de mon petit village Fumer la cheminée**, et en quelle saison (Du Bellay, *Les regrets*, p. 58)
Rejet	Prolongement de un ou de deux mots seulement.	Même il m'est arrivé quelquefois de manger **Le berger**. (La Fontaine, « Les animaux malades de la peste », p. 101)
Contre-rejet	Phrase débutant à la fin d'un vers.	« [...] De l'escrime et du bal ». **Je discourais ainsi** Et me vantais en moi d'apprendre tout ceci, (Du Bellay, *Les regrets*, p. 59)
Césure	Façon dont le vers est divisé. Quand la césure est au milieu du vers et le divise en deux parties égales, on l'appelle « césure à l'hémistiche ». La césure se fait en fonction de l'accent, c'est-à-dire de l'augmentation de l'intensité de la voix sur une syllabe (soit la dernière syllabe non muette d'un mot long ou d'un petit groupe de mots, soit la dernière syllabe du vers).	Quand/ vous/ se/rez/ bien/ vieille,// au/ soir,/ à/ la/ chan/delle, **Césure** **Hémistiches** (Ronsard, *Sonnets pour Hélène*, p. 61)

B. LE TEXTE THÉÂTRAL

L'origine du théâtre remonte à l'Antiquité grecque. Le mot désigne un lieu où l'on donne un spectacle. Dans sa *Poétique*, Aristote (philosophe grec ayant vécu de −384 à −322) réfléchit sur la fonction du théâtre et parle d'un pouvoir propre à la représentation (« mimésis »), consistant à appréhender avec plaisir ce qui dans la réalité pose problème.

Au Moyen Âge, les premières pièces jouées en France sont d'abord de nature religieuse et se tiennent dans les églises. Elles en sortiront et deviendront peu à peu profanes. Cette nouvelle forme dramatique fait partie de la littérature bourgeoise. Il s'agit essentiellement d'un théâtre comique et satirique dont les deux genres principaux sont la sottie et la farce.

À partir de 1548, la représentation des mystères[1] est interdite. Dans sa volonté de contrôler la création artistique, l'État complique la tâche des artisans en leur imposant un ensemble de règles qui est perçu comme une forme de censure. Cet encadrement strict survient à la suite de pressions exercées par les dévots, ces fervents croyants qui n'en finissent plus de s'acharner contre les gens de théâtre. En outre, l'État tend à favoriser la tragédie au détriment de la comédie en raison du caractère subversif de cette dernière : la comédie

---

1. Mystère : genre théâtral d'origine médiévale qui met en scène des sujets religieux.

permet en effet de rire de l'autorité et de transgresser les règles.

La popularité des troupes italiennes en France, avec la *commedia dell'arte*, va par ailleurs permettre à la comédie française de se renouveler. Progressivement, celle-ci va acquérir ses lettres de noblesse : les auteurs écrivent de plus en plus leurs pièces en alexandrins (à l'image de la tragédie) et s'efforcent de toucher un public exigeant et cultivé. Durant l'époque classique, c'est surtout grâce à Molière (voir p. 94) que la comédie va devenir un des grands genres du théâtre.

De manière générale, le théâtre classique est marqué par la réglementation et le rejet de la démesure qui caractérisait le baroque : du théâtre « irrégulier », on passe au théâtre « régulier ». Les théories sur la dramaturgie, notamment la redécouverte de la *Poétique* d'Aristote, vont imposer à la création théâtrale un nouveau cadre, fondé sur le rapport entre la vérité et le beau, la nature et la raison. Pour atteindre cet idéal, le dramaturge doit se soumettre à la **règle des trois unités** :

- l'**unité de temps** : l'action s'étend sur une période d'au plus 24 heures ;
- l'**unité de lieu** : l'action se déroule dans un seul lieu ;
- l'**unité d'action** : l'intrigue correspond à une seule action principale.

À ces règles incontournables s'ajoutent le respect de l'**unité de ton**, qui proscrit le mélange des genres, ainsi que la nécessité de la **vraisemblance** et de la **bienséance**, qui incite les auteurs à s'éloigner des caractères individuels pour se consacrer d'une façon plus générale à l'être humain. Dans cette société fortement hiérarchisée, les genres sont classés en fonction des règles qui leur sont imposées. Ainsi, plus il y a de règles, plus le genre est noble. Au premier rang de ce classement arrive la tragédie, qui atteint des sommets à l'époque classique avec les dramaturges Corneille (voir p. 82) et Racine (voir p. 90).

Les genres théâtraux

Comédie (genre populaire provenant de l'Antiquité) : Pièce destinée à faire rire, qui dépeint les travers des mœurs et des caractères de la société.

Commedia dell'arte : Comédie à l'italienne où les acteurs, pour la plupart masqués, improvisent à partir d'un canevas et misent sur leur gestuelle emphatique[1] pour divertir le public. D'une pièce à l'autre, on retrouve les mêmes personnages fortement typés : le vieux libidineux qui convoite la jeune femme, les vieillards, les valets, les soldats, sans oublier le couple d'amoureux ingénus.

Drame (genre n'apparaissant qu'au XVIIIe siècle) : Pièce de théâtre écrite en vers ou en prose qui traite d'un sujet tragique ou pathétique accompagné d'éléments réalistes, familiers ou comiques.

Farce : Comédie d'origine médiévale s'inspirant de la tradition des jongleurs et mettant en scène des personnages fortement typés. On y exploite les travers des gens et les abus de toutes sortes. L'effet comique repose en partie sur les retournements de situation.

Tragédie (provient de la Grèce antique et représente bien l'esprit classique) : Œuvre dramatique en vers relatant les aventures d'un personnage héroïque qui connaît un destin exceptionnel et malheureux. La tragédie classique obéit à certains codes : elle met en scène un sujet historique ou mythologique avec des personnages issus de la noblesse ; elle comporte cinq actes ; elle obéit aux règles classiques (trois unités, vraisemblance, ton, bienséance) ; le destin est inéluctable et le dénouement, tragique.

Tragicomédie (typique de l'époque baroque) : Traditionnellement, comédie et tragédie s'opposent selon quatre critères : le sujet (historique ou non) ; les personnages (d'origine noble ou modeste) ; le dénouement (triste ou heureux) ; et le style (élevé ou familier). Cependant, l'intérêt pour la comédie incite des dramaturges à mêler les genres en intégrant dans l'un certaines caractéristiques habituellement réservées à l'autre. Le nouveau genre théâtral qui en résulte apparaît comme un mélange de comique et de tragique, avec une intrigue amoureuse et un dénouement heureux.

Vaudeville : Comédie légère dont l'intrigue repose sur des quiproquos.

Les éléments constitutifs propres au genre

Acte et scène : Les actes sont les divisions principales d'une pièce de théâtre ; les scènes constituent les divisions à l'intérieur d'un acte.

Aparté : Paroles qui ne s'adressent qu'aux spectateurs ou à un personnage, à l'insu des autres protagonistes[2] de la pièce.

Dialogue : Le dialogue fait référence à l'ensemble des répliques entre deux ou plusieurs personnages. Lorsqu'une réplique est particulièrement longue, il s'agit d'une tirade.

Didascalie : Indications scéniques adressées par l'auteur aux lecteurs et au metteur en scène.

Monologue : Scène pendant laquelle un personnage parle seul. Si le discours d'un personnage s'adresse à lui-même, il s'agit d'un soliloque.

Réplique : Réponse d'un personnage à un autre.

C. LE TEXTE NARRATIF

Le texte narratif apparaît dès les débuts de la littérature française, soit au Moyen Âge. Défini comme un genre où un narrateur décrit le déroulement d'une histoire imaginée par un ou des auteurs (selon les époques), il se présente d'abord, avec *La Chanson de Roland* (p. 8) notamment, sous une forme versifiée permettant aux conteurs de le mémoriser. Puis, à partir de la fin du XIIe siècle et après les romans en vers de Chrétien de Troyes (p. 18), le récit sera de plus en plus écrit en prose, se distinguant alors sur le plan formel du genre poétique lui-même.

À la Renaissance, le roman aux couleurs humanistes (voir Rabelais, p. 42) et la nouvelle (voir Marguerite de Navarre, p. 50) sont les formes narratives qui s'imposent. Le roman se distingue de la nouvelle par sa longueur — il s'étire sur un plus grand nombre de pages — et par une élaboration plus étoffée de l'histoire, où peuvent se multiplier les péripéties et les personnages.

Si le Grand Siècle est l'âge d'or du théâtre (quoique le roman ait sa place au sein des courants baroque et classique), le siècle des Lumières voit se diversifier les formes narratives. Ainsi, la nouvelle et le roman continuent d'évoluer (avec l'apparition de nouvelles tendances : le roman épistolaire, le roman-mémoire et le roman sentimental), mais on assiste également à l'émergence de nouveaux types de récits tels que le conte philosophique (voir Voltaire, p. 128) et celui que l'on nommera plus tard l'autobiographie (voir Rousseau, p. 130).

Le début du XIXe siècle est tout aussi prolifique pour le récit. D'une part, le romantisme français redéfinit ce genre littéraire de telle sorte qu'il constitue un véritable reflet de l'esprit et des aspirations de son époque. D'autre part, la hiérarchie des genres littéraires prend fin à cette époque, et le roman peut désormais être considéré comme une œuvre littéraire à part entière. Il devient même le genre le plus prisé et sa popularité ne cesse de croître, favorisée entre autres par le progrès technologique, qui fait diminuer les coûts de production, et par la diffusion des romans dans les journaux sous forme de feuilletons. On observe deux tendances majeures dans les œuvres de la période romantique : le roman autobiographique et le roman historique. Par ailleurs, au plus fort du mouvement romantique, émerge un nouveau courant qualifié de « réaliste ».

Les éléments constitutifs propres au genre

La narration et la focalisation

Dans la narration, il convient d'abord de distinguer l'auteur, celui qui a écrit l'œuvre, du narrateur, c'est-à-dire celui qui raconte l'histoire d'un récit. Il existe plusieurs types de narrateur en fonction de son lien avec ce qui est narré : il peut être un

---

1. Emphatique : qui se manifeste de manière excessive, avec exagération.

2. Protagoniste : personnage principal d'une histoire.

narrateur personnage s'il raconte son histoire à la première personne; un **narrateur témoin** s'il relate une histoire qu'il a observée sans en être le principal protagoniste; un **narrateur omniscient** s'il connaît les tenants et les aboutissants de tous les acteurs de l'histoire de même que leurs pensées.

La focalisation désigne le point de vue adopté par le narrateur. Ainsi, dans la **focalisation externe**, le narrateur en sait moins long que le personnage. Dans la **focalisation interne**, le narrateur en sait autant que le personnage. Dans la **focalisation zéro**, ou **focalisation omnisciente**, le narrateur en sait plus long que le personnage.

Le schéma narratif

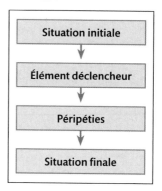

D. LA LITTÉRATURE D'IDÉES

La littérature d'idées, ou prose argumentative, présente un discours qui vise à informer le lecteur ou à le convaincre de la pertinence d'une idée. Il s'agit alors d'appuyer son opinion ou sa proposition sur des arguments ou des explications. Dans la littérature française, on voit apparaître cette prose argumentative à partir de la Renaissance, le Moyen Âge n'étant guère une période propice à ce type d'écrits. La défense de la langue française (voir Du Bellay, p. 65), mais aussi le désir chez certains écrivains d'exprimer librement leur pensée dans un texte de forme libre (voir Montaigne, p. 66) contribuent grandement à l'émergence de ce genre. Au XVIIe siècle, un penseur comme Descartes (voir p. 86) ou encore un théoricien comme Boileau (voir p. 110) favorisent aussi cette «littérature d'idées», qui sera privilégiée durant la querelle des Anciens et des Modernes.

Enclenché à la fin du XVIIe siècle, ce débat se poursuit au tournant du XVIIIe. Pour diffuser leurs idées, les Modernes ont recours à plusieurs formes littéraires argumentatives telles que le pamphlet, le discours, l'article, la lettre et l'essai. En raison de l'alphabétisation croissante, pour la première fois dans l'Histoire, le débat s'étend à un lectorat plus vaste, ce qui favorise l'éclosion d'une force jusque-là sous-estimée: l'opinion publique. Plutôt que de chercher à plaire à une élite aristocratique, les écrivains et autres intellectuels du temps se donnent

pour mission d'éduquer la population; celle-ci peut désormais se doter des moyens qui lui permettront d'exercer son jugement: la France est prête à accueillir les Lumières.

Avec la prose argumentative, les auteurs du XVIIIe siècle cherchent à convaincre et/ou séduire le lectorat dans le but de l'amener à réagir. Selon l'idéologie des Lumières, l'émergence de ce nouveau pouvoir qu'est l'opinion publique va faire progresser la lutte contre l'intolérance et la superstition. Peu à peu, la critique populaire prend l'allure d'un tribunal et s'arroge le droit de juger tout le monde, même le roi. Dans ce contexte, les gens de lettres s'affirment de plus en plus comme des défenseurs de la justice, exposant dans leurs écrits les abus et les erreurs du pouvoir, tant religieux que monarchique. Ainsi, des pamphlets dénoncent l'absurdité des affaires Calas (1762) et La Barre (1764): dans l'affaire Calas, un père est accusé d'avoir assassiné son fils parce que celui-ci voulait renier sa religion; dans l'affaire La Barre, un chevalier est exécuté pour avoir mutilé un crucifix. Dans l'ensemble, les causes portées devant le tribunal de l'opinion publique — et défendues entre autres par Voltaire et Diderot — ont trait à l'intolérance religieuse, aux abus commis par la noblesse, à l'esclavagisme ou encore à l'enfermement des filles dans les couvents.

Les différentes formes de la littérature d'idées

Le style argumentatif se retrouve de façon explicite dans les diverses formes de la littérature d'idées dont le but est de livrer ses impressions sur un sujet (essai, mémoires, réflexions), d'ouvrir un débat en s'adressant à un public (lettre ouverte, pamphlet, discours) ou encore d'aborder un sujet précis en vue d'instruire et d'éduquer (article). L'auteur prend alors position de façon personnelle en écrivant au « je », ou bien il écrit au nom d'une communauté de savants qui se porte garante de sa probité intellectuelle et sociale. Au cours du XVIIIe siècle, cette tendance à argumenter sur des sujets polémiques a parfois donné lieu à une condamnation des auteurs qui étaient trop explicites.

Le style argumentatif se retrouve aussi de façon implicite dans d'autres genres littéraires qui proposent une morale et un système de valeurs (fable), explorent certaines notions philosophiques (conte philosophique), ou encore mettent en scène des personnages victimes, ou témoins, d'abus de pouvoir et de diverses formes d'inégalité (récit, théâtre). Des débats houleux autour des questions de l'abolition de l'esclavage, de l'égalité ou de la fin de la monarchie sont ainsi transposés dans les récits, les contes philosophiques et les pièces de théâtre. L'objectif de l'auteur est alors d'amener le lecteur à ressentir de l'empathie pour le personnage principal et les valeurs qu'il véhicule et de l'antipathie pour son opposant.

Théodore Géricault (1791–1824). *Le Radeau de la Méduse* (1818-1819). Musée du Louvre, Paris, France.

Les procédés littéraires sont des outils qui permettent d'analyser les textes. Certains procédés sont spécifiques à divers genres littéraires (par exemple, les procédés d'énonciation servent surtout à analyser les textes narratifs), alors que d'autres, comme les figures de style, se retrouvent dans tous les genres littéraires (poésie, récit, théâtre, littérature d'idées).

A. LES PROCÉDÉS D'ÉNONCIATION

Les procédés d'énonciation permettent de comprendre qui parle dans un texte (le locuteur), à qui ce texte est adressé (le destinataire), dans quelle situation le locuteur se trouve (les traces spatiotemporelles), quel est son point de vue (la modalisation) et comment les propos sont formulés (le discours rapporté).

Définition	Exemple	Effet de sens, ou interprétation
Le **locuteur** désigne la personne qui parle (personnage, auteur ou narrateur).	Frères humains qui après **nous** vivez, N'ayez les cœurs contre **nous** endurcis, Car, si pitié de **nous** pauvres avez, Dieu en aura plus tôt de vous merci. Vous **nous** voyez ci attachés, **cinq, six**: Quand de la chair, que trop avons nourrie, Elle est pièça dévorée et pourrie, Et **nous, les os**, devenons cendre et poudre. (Villon, « L'épitaphe Villon », p. 34)	Dans ce poème, l'utilisation du « nous » indique que le locuteur parle au nom de plusieurs personnes, mais aussi de lui-même. Quand il emploie l'expression « les os » comme synonyme du groupe, on comprend qu'il est mort et qu'il s'agit d'une voix d'outre-tombe.
Le **destinataire**, ou interlocuteur, est le sujet à qui s'adresse le locuteur. Cette personne peut être un autre personnage ou le lecteur même.	C'est après une nuit orageuse, et pendant laquelle je n'ai pas fermé l'œil; c'est après avoir été sans cesse ou dans l'agitation d'une ardeur dévorante, ou dans l'entier anéantissement de toutes les facultés de mon âme, que je viens chercher auprès de **vous, Madame**, un calme dont j'ai besoin, et dont pourtant je n'espère pas pouvoir jouir encore. En effet, la situation où je suis en **vous** écrivant me fait connaître, plus que jamais, la puissance irrésistible de l'amour; (Laclos, *Les liaisons dangereuses*, p. 134)	Dans cet extrait, la destinataire est mentionnée de façon explicite au début de la lettre: il s'agit de Mme de Tourvel. L'utilisation des termes « vous » et « Madame » pour désigner la destinataire montre que le locuteur cherche à faire preuve d'estime et de respect envers elle, ce qui contraste grandement avec la situation dans laquelle il écrit la lettre.
La **modalisation** est l'ensemble de termes (verbes, adverbes, qualificatifs) qui révèlent la subjectivité au sein du texte (du locuteur, d'un personnage, etc.).	Quant aux arts libéraux, géométrie, arithmétique et musique, **je t'en ai donné le goût** quand tu étais encore petit, à cinq ou six ans; **continue**: de l'astronomie, **apprends** toutes les règles. Mais **laisse-moi** l'astrologie divinatoire et l'art de Lullius, qui ne sont qu'**abus et futilités**. Du droit civil, je veux que tu saches par cœur les **beaux** textes et **me les confères avec philosophie**. (Rabelais, *Pantagruel*, p. 43)	Dans ce discours de Gargantua à son fils Pantagruel, l'utilisation du verbe « continue » qui invite le fils à poursuivre ses études et de l'adjectif mélioratif « beaux » pour désigner les textes de droit civil montre notamment que le personnage accorde de la valeur à certaines disciplines. Parallèlement, les qualificatifs « abus » et « futilités » révèlent qu'il dénigre l'astrologie et « l'art de Lullius » (l'alchimie).

Le **discours rapporté** désigne toute énonciation citée par le locuteur.

Le **discours rapporté direct** est une citation exacte faite par le locuteur sans qu'il en modifie le contenu. Celle-ci est souvent placée entre guillemets.

« Pour moi Palès encore a des asiles verts,
Les amours des baisers, les muses des
    concerts.
    Je ne veux point mourir encore. »

Ainsi, triste et captif, ma lyre toutefois
S'éveillait, écoutant ces plaintes, cette voix,
    Ces vœux d'une jeune captive ;

(Chénier, « La jeune captive », p. 143)

Dans ce poème, le locuteur rapporte les émois d'une jeune femme. Le discours direct permet au poète d'agir en témoin de la détresse vécue par cette « jeune captive », ce qui facilite la compassion que le lecteur peut avoir à l'égard de cette dernière.

Le **discours rapporté indirect** permet au locuteur de faire état de propos qu'il résume en ses mots et qu'il introduit par un terme indiquant qu'il rapporte ces propos.

Après qu'ils nous eurent donné le tout à entendre, **nous leur avons démontré** leur erreur, et **dit** que leur Cudragny est un mauvais esprit, qui les abuse et **leur avons dit** qu'il n'est qu'un Dieu, qui est au ciel, lequel nous donne toutes les choses nécessaires, et est créateur de toutes choses et que c'est à lui que nous devons croire seulement, et qu'il faut être baptisé, ou aller en enfer, et **il leur fut démontré** plusieurs autres choses de notre foi. Ce que facilement ils ont cru, et appelé leur Cudragny, Agouinonda, tellement que plusieurs fois ils ont prié notre capitaine de les faire baptiser, et sont venus ledit seigneur Taignoagny, Dom Agaya, et tout le peuple de leur ville pour être baptisés.

(Cartier, *Bref récit...*, p. 63)

Dans cet extrait, l'objectif du locuteur est de faire état des démarches entreprises par les explorateurs à l'endroit des autochtones. Au lieu de reproduire les dialogues, il fait le choix de résumer les propos qui se sont échangés, ce qu'indiquent les verbes « dire » et « démontrer ».

Le **discours rapporté indirect libre** ressemble beaucoup au discours indirect. Toutefois, il n'est pas introduit par un subordonnant. Ainsi, pour le reconnaître, il faut avoir recours au contexte.

Le vieux, que la nourriture et le vin laissaient blème, parlait de ses fils morts en Crimée. Ah ! **Si les petits avaient vécu, il aurait eu du pain tous les jours.**

(Zola, *L'assommoir*, 1877)

Ici, les paroles du « vieux » sont rapportées lorsqu'il parle du fait que ses petits auraient dû vivre pour qu'il ait « du pain tous les jours ».

Définition	Exemple	Effet de sens, ou interprétation
Les **traces spatio-temporelles** sont les différents indices de temps et de lieu (adverbes, groupes prépositionnels ou groupes nominaux) qui permettent de situer le locuteur.	Je me suis dit : — Puisque j'ai le moyen d'écrire, pourquoi ne le ferais-je pas ? Mais quoi écrire ? **Pris entre quatre murailles de pierre nue et froide, sans liberté pour mes pas, sans horizon pour mes yeux, pour unique distraction machinalement occupé tout le jour à suivre la marche lente de ce carré blanchâtre** que **le judas de ma porte découpe vis-à-vis sur le mur sombre**, et, comme je le disais tout à l'heure, **seul à seul avec une idée**, une idée de crime et de châtiment, de meurtre et de mort ! est-ce que je puis avoir quelque chose à dire, moi qui n'ai plus rien à faire dans ce monde ? Et que trouverai-je dans ce cerveau flétri et vide qui vaille la peine d'être écrit ? (Hugo, *Le dernier jour d'un condamné*, p. 158)	Dans cet extrait, la description de ce qui entoure le locuteur au moment présent permet de comprendre son isolement. Il se décrit comme étant «pris entre quatre murailles de pierre nue», «seul à seul avec une idée», indices que la prison dans laquelle il se trouve est autant physique que psychologique.

B. L'ANALYSE DU VOCABULAIRE

L'analyse du vocabulaire permet de constater que le texte littéraire est rarement neutre et que, au contraire, il laisse entrevoir l'importance accordée à certaines idées et/ou points de vue.

Le champ lexical

Définition	Exemple	Effet de sens, ou interprétation
Le **champ lexical** est constitué par un ensemble de termes ayant une thématique commune.	Enfin, il n'est rien de si doux, que de triompher de la résistance d'une belle personne ; et j'ai sur ce sujet l'ambition des **conquérants**, qui volent perpétuellement de **victoire en victoire**, et ne peuvent se résoudre à borner leurs souhaits. Il n'est rien qui puisse arrêter l'impétuosité de mes désirs, je me sens un cœur à aimer toute la terre ; et comme **Alexandre**, je souhaiterais qu'il y eût d'autres mondes, pour pouvoir étendre mes **conquêtes** amoureuses. (Molière, *Dom Juan*, p. 99)	Dans cet extrait, Don Juan a recours au champ lexical de la guerre. L'emploi de mots tels que «conquérants», «victoire», «conquêtes» ainsi que l'évocation d'une figure comme celle d'«Alexandre» montrent qu'il perçoit la séduction comme un combat qu'il se doit de gagner.

La dénotation et la connotation

Définition	Exemples	Effet de sens, ou interprétation
Dans l'analyse du vocabulaire employé, la **dénotation** correspond au sens usuel, propre, du terme que l'on retrouve normalement dans le dictionnaire. La **connotation** renvoie à un sens figuré qui doit être interprété en fonction de plusieurs critères : le contexte d'écriture (le texte même, le courant littéraire ou encore le style d'écriture), l'aspect culturel (le contexte sociohistorique, religieux, etc.) ou encore l'aspect appréciatif, c'est-à-dire s'il s'agit d'une **modalisation méliorative** (lorsqu'un élément est présenté de façon favorable, positive) ou d'une **modalisation péjorative** (qui exprime un jugement défavorable, négatif).	Jacques demanda à son maître s'il n'avait pas remarqué que, quelle que fût la misère des petites gens, n'ayant pas de pain pour eux, ils avaient tous des **chiens** ; s'il n'avait pas remarqué que ces **chiens**, étant tous instruits à faire des tours, à marcher à deux pattes, à danser, à rapporter, à sauter pour le roi, pour la reine, à faire le mort, cette éducation les avait rendus les plus malheureuses bêtes du monde. D'où il conclut que tout homme voulait commander à un autre ; et que l'animal se trouvant dans la société immédiatement au-dessous de la classe des derniers citoyens commandés par toutes les autres classes, ils prenaient un animal pour commander aussi à quelqu'un. «Eh bien ! dit Jacques, chacun a son **chien**. Le ministre est le **chien** du roi, le premier commis est le **chien** du ministre, la femme est le **chien** du mari, ou le mari le **chien** de la femme ; Favori est le **chien** de celle-ci, et Thibaud est le **chien** de l'homme du coin. […]» (Diderot, *Jacques le fataliste et son maître*, p. 132)	Dans cet extrait, le narrateur emploie le mot «chien» dans une **acception dénotative**. Cependant, lorsque Jacques s'adresse à son maître, le terme «chien» est employé avec une **connotation péjorative**. Le «chien» est alors celui qui obéit aux ordres d'une personne qui le domine.

Les procédés stylistiques

La **figure de style** est un **trope**, c'est-à-dire un segment de discours ou de texte qui ne renvoie pas à son sens habituel ; il opère en effet un détournement de sens, ce dernier différant du sens littéral. La figure de style est alors repérable, catégorisable et a une fonction dans le texte qui peut être interprétée.

Définition	Exemples	Effet de sens, ou interprétation
Figures d'analogie (Ces figures effectuent un rapprochement entre deux éléments comparables.)		
Allégorie: représentation d'une notion abstraite par un élément concret.	Ainsi **Amour inconstamment me mène** ; Et, quand je pense avoir plus de douleur, Sans y penser je me trouve hors de peine. Puis, quand je crois ma joie être certaine, Et être au haut de mon désiré heur, **Il me remet en mon premier malheur.** (Labé, «Sonnet VIII», p. 56)	Dans ce poème de Labé, la personnification de l'amour (notion abstraite) illustre de manière concrète les effets contradictoires et très changeants de l'état amoureux.
Comparaison: rapprochement, à l'aide d'un outil de comparaison, entre deux éléments ayant quelque chose en commun.	Quand quelqu'un donc souhaite lire, il bande, avec une grande quantité de toutes sortes de clefs, cette machine, puis il tourne l'aiguille sur le chapitre qu'il désire écouter, et au même temps il sort de cette noix **comme de la bouche d'un homme, ou d'un instrument de musique,** tous les sons distincts et différents qui servent, entre les grands lunaires, à l'expression du langage. (Cyrano de Bergerac, *L'autre monde ou Les états et empires de la lune*, p. 74)	Dans cet extrait, Cyrano de Bergerac décrit un objet qui n'existe que dans l'univers de son œuvre. La comparaison employée effectue un rapprochement entre ce qui est présenté par le narrateur et un instrument de musique, laissant entendre que ces deux appareils ont une fonction similaire, mais aussi que l'auteur remplace l'écriture par la voix.
Métaphore: rapprochement, sans outil de comparaison, de deux éléments ayant quelque chose en commun, ce qui crée une image. Si la métaphore est développée tout au long d'un extrait, il s'agit d'une **métaphore filée.**	C'était sa demeure, son trou, son enveloppe. Il y avait entre la vieille église et lui une sympathie instinctive si profonde, tant d'affinités magnétiques, tant d'affinités matérielles, qu'il y adhérait en quelque sorte comme la tortue à son écaille. **La rugueuse cathédrale était sa carapace.** (Hugo, *Notre-Dame de Paris*, p. 155)	Dans cet extrait, Hugo décrit la cathédrale comme étant l'excroissance de Quasimodo, «sa carapace». Il n'y a plus de distinction entre l'édifice et le personnage, les deux ne formant qu'un.
	Donc, si vous me croyez, mignonne, Tandis que votre âge **fleuronne** En sa plus verte nouveauté, **Cueillez, cueillez** votre jeunesse : Comme à cette fleur la vieillesse Fera ternir votre beauté. (Ronsard, «À Cassandre», p. 60)	Dans ce poème de Ronsard, l'utilisation des verbes est métaphorique. En effet, une jeune femme peut difficilement «fleuronner» et «cueillir» sa jeunesse, mais on comprend que le poète lui conseille de profiter de la vie tant qu'elle est jeune.

| **Personnification:** figure qui confère des sentiments humains à des idées ou à des choses. | «Malheureux! Arrêtez-vous, et retournez, si vous le pouvez encore! Mais non, la voie est sans retour, déjà la force de l'amour vous entraîne et jamais plus vous n'aurez de joie sans douleur. **C'est le vin herbé qui vous possède**, le breuvage d'amour que votre mère, Iseut, m'avait confié. Seul le roi Marc devait le boire avec vous; mais **l'Ennemi s'est joué de nous trois**, et c'est vous qui avez vidé le hanap. Ami Tristan, Iseut amie, en châtiment de la male garde que j'ai faite, je vous abandonne mon corps, ma vie; car, par mon crime, dans la coupe maudite, vous avez bu l'amour et la mort!»

(*Tristan et Iseut*, p. 17) | Dans cet extrait, lorsque Brangien avertit les amoureux du sort qui les attend, elle emploie la personnification «vin herbé qui vous possède», ce qui confère au breuvage un pouvoir typiquement humain, indépendant des actions de ceux qui l'ont absorbé. De plus, en ajoutant que «l'Ennemi s'est joué de nous trois», elle semble mettre la faute sur le Destin, c'est-à-dire sur une force à laquelle ils ne pouvaient échapper et qui, par l'utilisation de la majuscule, se trouve personnifiée. |

Figures de substitution (Ces figures remplacent un terme par un autre.)

| **Métonymie:** remplacement d'un terme par un autre, avec lequel il entretient un lien logique (cause/effet, contenant/contenu, etc.). | Viens, mon fils, viens, mon **sang**,

(Corneille, *Le Cid*, p. 83) | Avec l'expression «viens, mon sang», Don Diègue fait référence au lien qui l'unit à son fils et souligne ainsi que Rodrigue aura à verser son sang pour sauver l'honneur de la famille. |
| **Périphrase:** recours à plusieurs mots ou plusieurs phrases pour exprimer ce qui aurait pu l'être de façon beaucoup plus succincte. | Je conclus que tout homme raisonnable
Doit les femmes priser, chérir, aimer;
Qu'il ait souci de ne jamais blâmer
Celle de qui tout homme est descendu.

(Pisan, *Épître au dieu d'amour*, p. 22) | Plutôt que de nommer le personnage d'Ève dans la Genèse, Pisan souligne par la périphrase «celle de qui tout homme est descendu» que l'homme doit son existence à la femme. |

Figures de construction symétrique (Ces figures résultent d'une construction de la phrase où certains éléments syntaxiques sont disposés de façon symétrique.)

| **Chiasme:** phrase ou groupe de phrases dont l'organisation syntaxique est symétrique. | C'est leur satire et celle de ce qui les entoure. Elles **n'aiment personne**; **personne** ne les **aime**: et elles jettent aux chiens un sentiment dont elles ne savent que faire.

(Diderot, *Jacques le fataliste et son maître*, p. 133) | Par ce chiasme, Diderot montre le manque d'intérêt réciproque entre les grandes dames et les gens de leur entourage. |

Définition	Exemples	Effet de sens, ou interprétation
Parallélisme: phrase ou groupe de phrases dont l'organisation syntaxique est similaire tout en indiquant deux réalités différentes.	Ce temps qui les donna, ce temps qui les efface, Ne nous les rendra plus? (Lamartine, *Le lac*, p. 165)	Par ce parallélisme, Lamartine cherche à montrer l'effet contradictoire du temps.

Figures d'amplification et d'insistance (Ces figures visent à intensifier le propos.)

Accumulation: ajout de termes ou d'expressions qui renvoient tous à une même situation ou à un sentiment semblable.	Je suis le ténébreux, – le veuf, – l'inconsolé, Le prince d'Aquitaine à la tour abolie: Ma seule *étoile* est morte, – et mon luth constellé Porte le *soleil noir* de la *Mélancolie*. (Nerval, «El Desdichado», p. 177)	L'accumulation de ces sentiments négatifs permet à Nerval de faire comprendre au lecteur l'extrême détresse émotive vécue par le narrateur.
Anaphore: répétition d'un mot ou d'un groupe de mots au début de phrases.	**174** Ço sent Rollant que la mort le trespret, [...] **175** Ço sent Rollant de sun tens n'i ad plus: [...] (*La Chanson de Roland*, p. 10)	Dans la chanson de geste, la laisse débute par le nom du personnage pour annoncer que toutes les actions qui suivent portent sur ce dernier.
	Plus me plaît le séjour qu'ont bâti mes aïeux, Que des palais romains le front audacieux, **Plus** que le marbre dur me plaît l'ardoise fine, **Plus** mon Loire gaulois, que le Tibre latin, **Plus** mon petit Liré, que le mont Palatin, Et **plus** que l'air marin la douceur angevine. (Du Bellay, *Les regrets*, p. 58)	Dans le poème de Du Bellay, l'anaphore «plus» sert à mettre l'accent sur la préférence de l'auteur pour la culture française; il la considère comme égale, voire supérieure à la culture antique.
Énumération: fait d'énoncer successivement des éléments.	Le Loup se mit à courir de toute sa force par le chemin qui était le plus court, et la petite fille s'en alla par le chemin le plus long, s'amusant à **cueillir des noisettes, à courir après les papillons, et à faire des bouquets des petites fleurs** qu'elle rencontrait. (Perrault, «Le petit chaperon rouge», p. 108)	L'énumération de plusieurs actions enfantines sert à démontrer l'innocence et la jeunesse du Petit Chaperon rouge.

Gradation : augmentation ou diminution de l'intensité dans la série des termes employés.	Je vais les déplorer : **va, cours, vole,** et nous venge. (Corneille, *Le Cid*, p. 83) Notre-Dame avait été successivement pour lui, selon qu'il grandissait et se développait, **l'œuf, le nid, la maison, la patrie, l'univers**. (Hugo, *Notre-Dame de Paris*, p. 154)	Dans cette réplique de Don Diègue, la gradation sert à montrer l'urgence qu'il ressent à avoir réparation. Dans cette description de la cathédrale, Hugo montre que cet édifice représente tout pour Quasimodo : de sa naissance par l'image de « l'œuf », en passant par la « maison », donc l'endroit où il a grandi, pour aboutir à son « univers », c'est-à-dire l'ensemble de son monde, de ce qu'il connaît.
Hyperbole : figure de style consistant à employer une expression exagérée.	Noblesse, fortune, un rang, des places, tout cela rend si fier ! Qu'avez-vous fait pour tant de biens ? Vous vous êtes donné la peine de naître, et rien de plus. Du reste, homme assez ordinaire ; tandis que moi, morbleu ! perdu dans la foule obscure, il m'a fallu déployer plus de science et de calculs pour subsister seulement, **qu'on n'en a mis depuis cent ans à gouverner toutes les Espagnes** [...]. (Beaumarchais, *Le mariage de Figaro*, p. 140)	Ici, l'hyperbole utilisée par Figaro sert à démontrer que, quelles que soient les actions entreprises pour sortir de sa situation d'« homme assez ordinaire », il ne peut rivaliser contre un noble comte qui n'a qu'à « naître, et rien de plus ».
Pléonasme : répétition de mots ayant le même sens.	Je serai sous la terre et **fantôme sans os**, Par les ombres myrteux je prendrai mon repos, Vous serez au foyer une vieille accroupie, Regrettant mon amour et votre fier dédain. Vivez, si m'en croyez, n'attendez à demain : Cueillez dès aujourd'hui les roses de la vie. (Ronsard, *Sonnets pour Hélène*, p. 61)	Dans ce poème, Ronsard se sert du pléonasme « fantôme sans os » pour souligner la totale disparition de son être, le corps s'évanouissant complètement au profit de son souvenir.
Répétition : emploi à plusieurs reprises d'un mot ou d'un groupe de mots.	« [...] Ah ! qu'ai-je pensé ? **Iseut est votre femme**, et moi votre vassal. **Iseut est votre femme**, et moi votre fils. **Iseut est votre femme**, et ne peut pas m'aimer. » (*Tristan et Iseut*, p. 15)	La répétition sert à accentuer un sentiment ou une idée. En répétant « Iseut est votre femme », Tristan semble vouloir lutter contre la passion qui l'anime. Il est à noter que cette répétition est anaphorique.

Définition	Exemples	Effet de sens, ou interprétation
Figures d'atténuation (Ces figures visent à minimiser ou à adoucir le sujet.)		
Euphémisme: emploi d'une expression qui atténue une réalité.	La faim, d'autres appétits lui faisant éprouver tour à tour diverses manières d'exister, il y en eut une qui l'invita à perpétuer son espèce; et ce **penchant aveugle**, dépourvu de tout sentiment du cœur, ne produisait qu'un acte purement animal. (Rousseau, *Discours sur l'origine...*, p. 119)	Rousseau utilise l'euphémisme «penchant aveugle» pour désigner le désir sexuel «animal», «dépourvu de tout sentiment du cœur».
Litote: expression disant moins pour exprimer plus.	TARTUFFE. Ah! pour être dévot, **je n'en suis pas moins homme**; Et lorsqu'on vient à voir vos célestes appas, Un cœur se laisse prendre, et ne raisonne pas. (Molière, *Tartuffe*, p. 95)	En répondant par la litote «je n'en suis pas moins homme», Tartuffe laisse deviner qu'il a des désirs charnels à la vue des «célestes appas» d'Elmire.
	Et puis, ce que j'écrirai ainsi **ne sera peut-être pas inutile**. (Hugo, *Le dernier jour d'un condamné*, p. 159)	Quand le narrateur observe que ce qu'il écrira «ne sera peut-être pas inutile», il veut dire en fait que cela sera bel et bien utile.
Figures d'opposition (Ces figures utilisent des mots de sens contraire.)		
Antithèse: utilisation de deux mots ou groupes de mots qui ont des significations opposées.	Je vis, je meurs; je me brûle et me noie; (Labé, «Sonnet VIII», p. 56)	Avec l'emploi des antithèses «vis» et «meurs», «brûle» et «noie», l'auteure illustre l'ambivalence de l'amour.
Oxymore: juxtaposition de deux mots de sens contraire employée pour créer un effet de contraste ou pour représenter la dichotomie (la double nature) d'un élément, d'un sentiment ou d'une personne.	Pour moi, la beauté me ravit partout, où je la trouve; et je cède facilement à cette **douce violence**, dont elle nous entraîne; j'ai beau être engagé, l'amour que j'ai pour une belle, n'engage point mon âme à faire injustice aux autres; je conserve des yeux pour voir le mérite de toutes, et rends à chacune les hommages, et les tributs où la nature nous oblige. (Molière, *Dom Juan*, p. 99)	Par l'oxymore «douce violence», Don Juan désigne le plaisir et l'intensité du désir.

Figures de pensée (Ces figures s'interprètent en fonction du contexte.)

Antanaclase: figure qui consiste à une reprise des mêmes mots dans un sens différent.	Pour votre amour j'ai quitté franchement
	Ce que j'avais acquis bien sûrement;
	Car on m'aimait, et j'avais quelque empire
	    Où vous savez.
	
	Je n'attends pas tout le contentement
	Qu'on peut donner aux peines d'un amant,
	Et qui pourrait me tirer de martyre:
	À si grand bien mon courage n'aspire,
	Mais laissez-moi vous toucher seulement
	    Où vous savez.
	
	(Voiture, «Rondeau», p. 81)
		Ici, l'antanaclase «où vous savez» crée un jeu syntaxique. Ainsi, le poète commence en présentant la femme comme objet de désir, avant d'effectuer un glissement sémantique dans la chute pour laisser entrevoir que le véritable objet de désir est physique.

Antiphrase: mot ou groupe de mots employé dans le sens contraire de sa signification usuelle. Cette figure participe de la tonalité ironique.	J'ai reçu, Monsieur, votre nouveau livre contre le genre humain, **je vous en remercie**. [...] On n'a jamais employé tant d'esprit à vouloir nous rendre bêtes. Il prend envie de marcher à quatre pattes quand on lit votre ouvrage. (Voltaire, *Lettre à Rousseau*, p. 121)	«[J]e vous en remercie» est une antiphrase, car le texte accusateur qui suit montre que Voltaire n'éprouve pas vraiment de reconnaissance à l'égard de Rousseau.
Équivoque: expression qui renvoie à deux sens différents.	Un fil n'eût point assez rassuré votre amante. Compagne du péril qu'il vous fallait chercher, Moi-même devant vous j'aurais voulu marcher; Et Phèdre au Labyrinthe avec vous descendue Se serait avec vous **retrouvée**, ou **perdue**. (Racine, *Phèdre*, p. 91)	Lorsque Phèdre affirme qu'elle se serait «retrouvée» ou «perdue», ces termes peuvent faire référence au fait d'être capable de trouver une issue et de sortir du labyrinthe, mais aussi au fait de se perdre moralement.

Les tonalités

La tonalité détermine l'impression d'ensemble qui ressort d'un texte ou d'un extrait donné.

- La **tonalité comique** vise à faire rire le lecteur ou le spectateur.

- L'utilisation de la **tonalité didactique** (qui cherche à instruire, à éduquer) se voit le plus souvent dans l'argumentation explicite, mais on la retrouve dans certains récits, poèmes ou pièces de théâtre. Il s'agit en outre d'user d'un style sobre et solennel pour transmettre une réflexion ou des connaissances au lecteur.

- La **tonalité dramatique** suscite une émotion intense chez le lecteur ou le spectateur à cause d'une narration d'actions tendues, d'événements violents qui se succèdent sans lui laisser le temps de reprendre haleine. Elle est en lien avec les registres tragique et pathétique.

- La **tonalité épique** ressort d'une œuvre qui relate les aventures héroïques d'un personnage plus grand que nature.

- La **tonalité ironique** se caractérise par le fait de faire entendre le contraire de ce qui est énoncé. Son procédé littéraire principal est l'antiphrase.

Lorsque ce qui est laissé à entendre est méchant, on parle plutôt de sarcasme.

- La **tonalité lyrique** est très présente en poésie. À l'origine, le terme «lyrique» désignait l'instrument de musique, la lyre, qui était utilisé pour accompagner le poème chanté. La tonalité lyrique renvoie à la façon évocatrice avec laquelle le poète exprime ses sentiments intimes (amour, tristesse, malheur, joie, etc.).

- La **tonalité merveilleuse** se caractérise par l'intrusion dans le texte d'éléments surnaturels (comme des figures divines, des anges ou des créatures merveilleuses) ou inexplicables.

- La **tonalité polémique** vise à susciter un débat, voire à provoquer l'indignation ou la réprobation.

- La **tonalité tragique** fait référence au destin malheureux et aux épreuves douloureuses que doivent subir le personnage principal, le narrateur ou le poète, souvent confrontés à un dilemme déchirant, à un destin peu enviable ou à une forme de souffrance.

Arcimboldo (1530-1593). *Le bibliothécaire* (v. 1566).
Skoklosters Slott, Balsta, Suède.

Dans le cadre du cours 101, vous devez produire ce qu'on appelle une **analyse littéraire**. Il s'agit d'une dissertation — comportant une **introduction**, deux ou trois **paragraphes de développement** et une **conclusion** — dans laquelle vous analysez un texte qui est à l'étude.

A. QU'EST-CE QUE L'ANALYSE LITTÉRAIRE ?

Analyser un texte suppose d'abord de le **comprendre** pour l'**interpréter** (l'**expliquer**) ensuite. Par conséquent, avant de pouvoir rédiger un plan détaillé qui mènera à une dissertation, il faut réaliser deux étapes essentielles.

1) Vous devez commencer par lire une première fois le texte à l'étude et vous assurer que vous saisissez de quoi parle ce texte. Pour vérifier que vous avez bien compris, faites l'exercice de résumer ce qui s'y passe. Si certains mots vous échappent, cherchez-les dans le dictionnaire (c'est un réflexe à acquérir dès maintenant !).

2) Vous devez ensuite relire le texte afin d'expliquer ce qui s'y passe et de dégager le sens que lui donnent tant son contenu que sa forme.

À NOTER
La littérature est un domaine qui accorde autant d'importance au contenu (ce qui est dit : l'histoire, les propos des personnages, les idées, les thèmes, etc.) qu'à la forme (la manière dont c'est dit, raconté, représenté : style, ton, structure, etc.). La difficulté est donc de saisir comment la forme et le contenu fonctionnent ensemble et permettent de saisir le sens et la particularité d'un texte.

Ainsi, dans l'extrait « Le philtre d'amour » de *Tristan et Iseut*, le thème (élément de contenu) de la passion se révèle, chez le personnage Iseut, comme un état à la fois enivrant et douloureux exprimé par l'antithèse (élément formel) suivante : « Elle voulait le haïr, et ne pouvait, **irritée en son cœur de cette tendresse plus douloureuse que la haine.** » (*Tristan et Iseut*)

Pour expliquer le texte à l'étude, vous devez repérer plusieurs éléments.

- Le genre : le texte est-il un poème, une pièce de théâtre ou un texte narratif (roman, récit, essai) ? Selon le genre, les aspects susceptibles de servir à l'analyse peuvent varier.

- Les thèmes importants : par exemple, la mort, l'amour, la trahison, la foi, etc.

- Le narrateur : qui parle ? Un personnage ? Un narrateur en dehors de l'histoire ? Un « je » anonyme, comme on le voit souvent en poésie ?

- La connotation : le texte est-il neutre ou laisse-t-il transparaître un certain ton (tragique, colérique, épique, moraliste, etc.) ou certaines traces de subjectivité ?

- Les procédés stylistiques : par exemple, une phrase qui se répète souvent, ou encore une image ou une expression qui vise à représenter un sentiment, une chose ou une action comme « prendre ses jambes à son cou », etc.

- Tout autre effet ou particularité qui vous semble important(e).

À NOTER

Une analyse n'est pas un texte d'opinion. L'analyse littéraire exige l'emploi d'un style neutre et objectif. Le rédacteur de l'analyse littéraire doit adopter un point de vue objectif devant le texte étudié. On évitera donc de recourir aux pronoms personnels qui désignent le rédacteur (je, nous), mais aussi à ceux qui désignent le lecteur (vous, tu).

À éviter : «Je vais tenter de vous le montrer par»
À retenir: «On le verra par»

On évitera l'utilisation du passé simple comme temps de base de l'analyse littéraire.

À éviter : «Chateaubriand fut l'un des seuls écrivains du 19e siècle à»
À retenir : «Chateaubriand a été l'un des seuls écrivains du 19e siècle à» ou «Chateaubriand est l'un des seuls écrivains du 19e siècle à»

B. L'EXPLICATION DE TEXTE ET L'ANALYSE : COMMENT FAIRE ?

Une fois les deux premières étapes réalisées, vous pouvez passer à une troisième étape qui est la rédaction du **plan détaillé**. Pour vous éviter d'avoir à faire un brouillon et de perdre du temps dans une étape supplémentaire, nous vous conseillons d'écrire des phrases complètes dans votre plan et de l'étoffer le plus possible. Si votre plan est suffisamment détaillé, vous pourrez passer directement au propre en ajoutant les marqueurs de relation (comme illustré p. 217) qui permettent d'assurer une certaine logique entre vos idées et les différentes parties de votre dissertation/analyse.

À NOTER

Pour définir les différentes parties d'un paragraphe de développement, nous avons utilisé une terminologie et une structure dont se sert une majorité de professeurs. Un professeur peut utiliser une autre terminologie ou structurer différemment le paragraphe. Dans ce cas, il faut suivre ce que ce dernier vous demande.

Pour la rédaction du plan, nous vous conseillons de commencer par développer les paragraphes de votre dissertation/analyse (vous rédigerez l'introduction générale ultérieurement, voir plus loin). Voici donc les différentes étapes à suivre pour construire ces paragraphes.

Les paragraphes de développement

Les paragraphes de développement constituent le lieu où vous analysez le texte.

a) Le sujet de l'analyse

Afin de savoir par où commencer, il faut d'abord prendre connaissance du sujet imposé (la consigne) à partir duquel vous devez travailler, s'il y en a un.

Exemple de sujet

> Dans l'extrait de *La Chanson de Roland* (laisses 173 à 175), montrez que le personnage de Roland correspond à l'idéal du héros épique.

En général, vous aurez un sujet imposé. Sinon, il vous faut déterminer ce qui, dans le texte étudié, vous semble le plus important et que vous expliquerez ensuite. Par ailleurs, gardez en tête qu'il faut aller à l'essentiel pour que le travail soit efficace ; vous ne pourrez pas tout expliquer en une seule analyse/dissertation.

b) Les idées principales à développer

Après avoir pris connaissance du sujet, vous devez choisir au moins deux idées ou aspects principaux que vous allez développer par la suite dans l'explication. Vous devez absolument développer ces idées, c'est-à-dire les décortiquer en au moins deux autres sous-idées qui les expliquent.

Les deux ou trois idées directrices de l'analyse sont souvent appelées **idées principales**. C'est l'idée principale qui indique ce qu'un paragraphe va expliquer et qui en est donc, aussi, la phrase d'introduction.

Exemple d'idée principale

> Dans l'extrait à l'étude, Roland est présenté comme un être ayant des qualités propres non seulement au héros, mais tout particulièrement au héros épique de la chanson de geste.

Gardez en tête que l'idée principale démontre ce qu'affirme le sujet de l'analyse. Lorsque vous l'énoncez, il faut que le lien avec le sujet soit clair et que l'on puisse comprendre facilement pourquoi vous avez choisi cette idée pour l'illustrer.

Il arrive que la consigne vous indique déjà les deux idées principales à développer, ce qui n'est pas le cas avec l'exemple utilisé ici. En effet, comme la définition du héros épique comporte plus de deux éléments, il peut y avoir de nombreuses idées principales et, par conséquent, de nombreux paragraphes de développement.

Toutefois, si la consigne comporte déjà deux éléments à démontrer, par exemple : **montrez comment Roland est, d'une part, courageux et, d'autre part, béni de Dieu**, vous savez que le plus simple sera de faire deux paragraphes, un pour expliquer comment Roland est courageux et un autre pour montrer comment il est béni de Dieu.

c) Les idées secondaires

Lorsque vous savez quelles seront les deux idées principales de votre explication, vous devez déterminer les sous-idées de chacune d'elles. Ces sous-idées, appelées **idées secondaires**, vont développer, illustrer et approfondir l'idée principale du paragraphe. Vous les énoncez dans des phrases qui introduisent les preuves (citations et explications supplémentaires) et qui mettent donc aussi en contexte la citation qui vient.

À NOTER

Il peut arriver qu'un professeur vous demande de faire deux phrases : une première qui indique l'idée secondaire et une deuxième qui contextualise le passage du texte que vous avez choisi dans l'extrait. Nous vous suggérons fortement de procéder de la sorte.

Exemples d'idées secondaires

> 1. En effet, le personnage fait valoir **son courage et son honneur** au moment de sa mort, quand il tourne la tête vers l'ennemi.
>
> 2. Aussi, on comprend qu'il s'agit d'un être **hors du commun** lorsque la mort le prend et que les envoyés de Dieu viennent eux-mêmes le chercher.

À NOTER

Comme les idées secondaires expliquent et décortiquent l'idée principale du paragraphe, il peut arriver qu'elles reprennent son propos. Dans l'exemple ci-dessus, les deux idées secondaires précisent les valeurs évoquées dans l'idée principale, tout en contextualisant l'extrait qui sera cité.

d) Les preuves

Après chacune de vos idées secondaires, vous devez vous appuyer sur une preuve irréfutable, c'est-à-dire solide, pertinente, qui prouve ce que vous dites. La preuve est, en général, constituée d'une **citation du texte** et de son **explication** (**analyse**). Parfois, la preuve résume ce qui se passe dans le texte puisqu'aucune phrase tirée du texte ne peut illustrer à elle seule l'explication. Dans ce genre de résumé, vous pouvez utiliser des parties du texte (mots, expressions, etc.) même si vous ne citez aucune phrase proprement dite.

Il faut ici soit « faire parler » le texte en utilisant les procédés littéraires appropriés et donc en évitant de répéter ce que le texte dit déjà très bien lui-même (dans ce cas, on cite), soit faire ressortir certains aspects en les expliquant soi-même (à l'aide d'une énumération, par exemple).

Exemples de preuves (pour chacune des idées secondaires)

> 1. « Il place sous lui son épée et son cor et tourne la tête du côté de la race des païens. » (l. 22-24) Ici, le fait de tourner la tête du côté de l'ennemi est signe de courage, les païens désignant les Sarrasins contre qui le roi Charles et son vassal Roland se battent. On peut ajouter que, en cette époque chrétienne, le terme « païen » ne peut qu'être péjoratif puisqu'il symbolise l'ancienne croyance attribuée aux barbares. Finalement, le texte explique aussi que Roland, en faisant ce geste, veut montrer à son roi et à ses proches qu'il « est mort en conquérant. » (l. 25-26)
>
> 2. D'abord, Roland « tend son gant vers Dieu » (l. 28), ce qui apparaît comme un rituel visant à « faire pardonner ses péchés » (l. 27-28). De plus, à la fin de la dernière laisse de l'extrait, le même geste rituel est répété et le héros qui « tend vers Dieu son gant droit » (l. 36) voit que « les anges du ciel descendent jusqu'à lui. » (l. 36-37) Non seulement la répétition montre l'importance du geste qui s'adresse à Dieu, mais le fait que les anges viennent jusqu'à lui en dernier lieu confirme aussi que Roland est un être hors du commun.

À NOTER

Ici, on remarque que les preuves (citations + explications) ne sont pas une simple répétition de ce que dit le texte : il y a une ANALYSE du texte à l'étude puisque l'énoncé **explique** ce qui se passe dans le texte non seulement en y faisant référence, mais aussi en donnant des indications supplémentaires.

C'est donc au niveau des preuves que se situe véritablement le cœur de votre analyse, qui démontre votre capacité à **interpréter** un texte. C'est à cette étape de la démonstration (explication) que les procédés littéraires appropriés vous aideront le plus, tout comme les connaissances que vous allez acquérir dans les cours et lors de vos lectures concernant, par exemple, les genres des diverses époques, ou encore le contexte historique dans lequel sont parues les œuvres.

e) La mini-conclusion/transition

Afin de bien terminer un paragraphe de développement, il faut le conclure et «ouvrir» sur le paragraphe suivant, s'il y en a un, en rédigeant une mini-conclusion/transition. Une simple phrase permet aussi de synthétiser (phrase-synthèse) ce que vous avez montré en reprenant succinctement l'idée principale du paragraphe, sans la répéter.

Exemple de mini-conclusion/transition

> On peut donc avancer que le comportement de Roland défiant encore l'ennemi lors de sa mort souligne son courage, et que la présence des anges, à la fin, indique qu'il n'est pas un guerrier ordinaire. D'ailleurs, tout au long de l'extrait, l'accent mis sur le caractère religieux montre que Roland est un héros épique digne de l'époque de Charlemagne.

À NOTER

Dans cet exemple, la première phrase reprend l'idée principale du paragraphe de développement en d'autres termes et synthétise ce qui a été montré. La deuxième phrase indique qu'un autre paragraphe suivra probablement puisqu'elle ouvre sur un autre aspect de l'extrait et du sujet à l'étude, soit le caractère religieux.

Une fois ces étapes élaborées, vous obtenez un premier paragraphe de développement. Si on récapitule l'exemple donné à partir de *La Chanson de Roland*, voici le résultat.

RÉCAPITULATION D'UN PARAGRAPHE DE DÉVELOPPEMENT

Idée principale	Dans l'extrait à l'étude, Roland est présenté comme un être ayant des qualités propres non seulement au héros, mais tout particulièrement au héros épique de la chanson geste. **En effet**, le personnage fait
Idée secondaire	valoir son courage et son honneur au moment de sa mort, quand il tourne la tête vers l'ennemi : « Il place sous lui son épée et son cor et
Preuve (citations et explications)	tourne la tête du côté de la race des païens. » (l. 22-24) Ici, le fait de tourner la tête du côté de l'ennemi est signe de courage, les païens désignant les Sarrasins contre qui le roi Charles et son vassal Roland se battent. On peut ajouter que, en cette époque chrétienne, le terme « païen » ne peut qu'être péjoratif puisqu'il symbolise l'ancienne croyance attribuée aux barbares. **Finalement**, le texte explique aussi que Roland, en faisant ce geste, veut montrer à son roi et à ses proches qu'il « est mort en conquérant. » (l. 25-26) **Aussi**, on
Idée secondaire 2	comprend qu'il s'agit d'un être hors du commun lorsque la mort le prend et que les envoyés de Dieu viennent eux-mêmes le chercher.
Preuve (citations et explications)	**D'abord**, Roland « tend son gant vers Dieu » (l. 28), ce qui apparaît comme un rituel visant à « faire pardonner ses péchés » (l. 27-28). **De plus**, à la fin de la dernière laisse de l'extrait, le même geste rituel est répété et le héros qui « tend vers Dieu son gant droit » (l. 36) voit que « les anges du ciel descendent jusqu'à lui. » (l. 36-37) Non seulement la répétition montre l'importance du geste qui s'adresse à Dieu, mais le fait que les anges viennent jusqu'à lui en dernier lieu confirme aussi que Roland est un être hors du commun. On peut **donc** avancer que le comportement de Roland défiant encore l'ennemi lors de sa mort souligne son courage, et que la présence des anges, à la fin, indique qu'il n'est pas un guerrier ordinaire. **D'ailleurs**, tout au long de l'ex-
Mini-conclusion et transition	trait, l'accent mis sur le caractère religieux montre que Roland est un héros épique digne de l'époque de Charlemagne.

À NOTER

Nous attirons ici votre attention sur deux autres éléments.

1. Dans ce paragraphe de développement, on évite de répéter deux fois la même chose et on fait évoluer l'analyse du texte ;

2. Le propos est cohérent puisque les phrases sont liées entre elles. On obtient cette cohérence en utilisant, lorsque cela est nécessaire, des marqueurs de relation (ils sont en gras dans le texte ci-dessus pour vous aider à les repérer).

Une fois que vous avez rédigé le plan détaillé de vos deux ou trois paragraphes de développe- ment (selon les indications de votre professeur), vous pouvez faire le plan de votre introduction générale et de votre conclusion.

ANNEXE 4

L'introduction générale

Avant de débuter l'analyse du texte, il faut toujours l'introduire, ce que nous vous conseillons de faire une fois que vous aurez construit vos paragraphes de développement. L'introduction générale comporte trois parties importantes : le **sujet amené**, le **sujet posé** et le **sujet divisé**. Ces trois parties forment un seul paragraphe au moment d'écrire votre dissertation. Toutefois, dans le plan, on les sépare afin de faciliter leur révision par la suite.

a) Le sujet amené

Cette première partie de l'introduction générale est essentielle, et elle est aussi la plus longue. Vous devez y « amener » le sujet à l'étude. Les éléments suivants doivent s'y retrouver :

- L'époque et le contexte de l'œuvre (le pays de publication)
- Son année de publication
- L'auteur
- Le genre littéraire de l'œuvre
- Un bref résumé mettant en contexte l'extrait à l'étude

Exemple

> La chanson de geste, ou poésie épique, apparaît en France au XIIe siècle. Écrite sous forme de vers regroupés en laisses, elle raconte les exploits de chevaliers inspirés de personnages historiques. La plus ancienne et la plus célèbre est *La Chanson de Roland*. Issue de l'imaginaire de plusieurs auteurs anonymes, celle-ci raconte en l'idéalisant la bataille de Roncevaux (778) menée par le roi Charlemagne. Dans ce texte d'abord transmis oralement, on retrouve le fidèle vassal du roi, Roland, qui réalise plusieurs exploits. Dans les laisses 173 à 175, Roland est blessé mortellement et vit ses derniers moments.

À NOTER

Veillez à la formulation de l'introduction générale. Il ne s'agit pas de faire une simple énumération des éléments cités ci-dessus, telle une liste d'épicerie (erreur souvent commise). Tout comme dans un paragraphe de développement, vos phrases doivent bien s'enchaîner les unes aux autres ; il faut donc utiliser, ici aussi, les marqueurs de relation et prêter attention à l'ordre dans lequel vous énoncez les informations pertinentes pour amener le sujet à l'étude.

Veillez également à ne pas donner des informations inutiles et surtout à ne pas commencer avec une phrase trop large (évitez les idées reçues) qui ne veut rien dire telle que : **Depuis le début des temps, l'homme a prouvé sa valeur**. Cela vous fait perdre du temps et de la pertinence (une introduction est plutôt courte).

b) Le sujet posé

Cette deuxième partie de l'introduction expose ce qui sera précisément étudié dans l'analyse. Il s'agit du sujet sur lequel on vous demande de travailler à partir d'une consigne telle que : Dans l'extrait de *La Chanson de Roland* (laisses 173 à 175), montrez que le personnage de Roland correspond à l'idéal du héros épique.

L'énoncé du sujet qui vous est proposé ne doit pas être retranscrit tel quel. Vous devez l'inclure dans la logique de votre propos.

Exemple

> En lisant cet extrait, on remarque que le personnage de Roland incarne parfaitement le héros épique caractéristique de la littérature médiévale, et ce, à partir de plusieurs aspects distincts.

c) Le sujet divisé

Cette troisième et dernière partie présente succinctement la manière dont vous allez vous y prendre afin de démontrer/analyser le sujet. Il s'agit d'un résumé des idées principales de chacun des paragraphes de développement.

Exemple

> En effet, Roland y est montré comme un être courageux, ayant de l'honneur et hors du commun, ce qui est le propre du héros épique. Par ailleurs, le caractère chrétien qui imprègne les derniers moments du célèbre personnage permet d'y reconnaître un des traits du chevalier de la chanson de geste.

À NOTER

Lorsque le sujet qui vous est proposé inclut déjà les deux idées principales de vos paragraphes de développement, il vous faut détailler davantage cette troisième partie de l'introduction, au risque de répéter l'énoncé du sujet.

RÉCAPITULATION DE L'INTRODUCTION GÉNÉRALE

Sujet amené	La chanson de geste, ou poésie épique, apparaît en France au XIIe siècle. Écrite sous forme de vers regroupés en laisses, elle raconte les exploits de chevaliers inspirés de personnages historiques. La plus ancienne et la plus célèbre est *La Chanson de Roland*. Issue de l'imaginaire de plusieurs auteurs anonymes, celle-ci raconte en l'idéalisant la bataille de Roncevaux (778) menée par le roi Charlemagne. Dans ce texte d'abord transmis oralement, on retrouve le fidèle vassal du roi, Roland, qui réalise plusieurs exploits.
Sujet posé	Dans les laisses 173 à 175, Roland est blessé mortellement et vit ses derniers moments. En lisant cet extrait, on remarque que le personnage de Roland incarne parfaitement le héros épique caractéristique de la littérature médiévale, et ce, à partir de plusieurs aspects distincts. En effet, Roland y
Sujet divisé	est montré comme un être courageux, ayant de l'honneur et hors du commun, ce qui est le propre du héros épique. Par ailleurs, le caractère chrétien qui imprègne les derniers moments du célèbre personnage permet d'y reconnaître un des traits du chevalier de la chanson de geste.

La conclusion

Comme on ne termine pas une analyse complète par un paragraphe de développement, on doit rédiger une conclusion. Celle-ci, à l'instar de l'introduction générale, comporte trois parties : le **rappel du sujet**, la **synthèse** et l'**ouverture**. Ces trois parties forment également un seul paragraphe.

a) Le rappel du sujet

Cette première partie reprend d'une autre manière le sujet qui a été à l'étude tout au long de l'analyse. Il faut simplement dire, en une ou deux phrases, ce que vous avez démontré. N'oubliez pas de mentionner au moins l'œuvre et l'extrait.

Exemple

> À l'aide de l'analyse des laisses 173 à 175 de *La Chanson de Roland*, on a pu constater que le personnage de Roland incarne bien le héros typique de la chanson de geste.

À NOTER

Évitez de commencer votre paragraphe en disant : « En conclusion ». On sait que vous êtes en train de conclure ! Trouvez une autre formulation plus intéressante.

b) La synthèse

Cette deuxième partie fait la synthèse de la façon dont vous vous y êtes pris pour analyser/démontrer le sujet à l'étude. Vous pouvez résumer vos idées principales et les développer quelque peu, mais de manière brève (2 à 3 phrases).

Exemple

> L'intervention directe de Dieu par le biais des anges, à la fin, le révèle comme un être hors du commun et son attitude, empreinte de courage devant la mort, est digne du chevalier de l'épopée médiévale. Par ailleurs, l'importance et la présence du caractère religieux tout au long de l'extrait et la référence aux croisades chrétiennes constituent un autre aspect qui désigne Roland comme un représentant de ce type de héros.

c) L'ouverture

Cette troisième partie, tout comme le sujet amené de l'introduction générale, est un élément très important de l'analyse. Elle est le point final, la dernière touche qui clôt votre démonstration : elle doit donc être faite en beauté.

L'ouverture consiste à « ouvrir » le texte sur une nouvelle piste d'analyse ou de réflexion. Il s'agit donc de faire un lien avec un autre sujet qui aurait pu être abordé pour l'analyse de l'extrait ou avec une autre œuvre qui est étroitement associée à celle que vous avez étudiée et que vous pouvez mettre en comparaison, ou encore de faire une réflexion à propos du contexte.

Dans cette partie, vous devez faire preuve d'originalité.

Exemple

> La lecture de *La Chanson de Roland* permet de bien saisir les qualités, croyances et attitudes que pouvait posséder le chevalier de la première partie du Moyen Âge français. Ce type de personnage qui proposait un modèle guerrier à toute une collectivité va néanmoins évoluer dans la littérature vers un nouveau modèle qui déplacera la fonction même du chevalier. Ce changement du courant épique au courant courtois sera notamment incarné par un personnage tel que Tristan, celui-ci rapprochant le héros médiéval de ce qui deviendra le héros moderne.

À NOTER

Tout comme pour le sujet amené, il faut éviter les phrases ou idées trop larges qui n'apportent rien d'intéressant à votre propos, et surtout éviter de terminer par des questions oiseuses telles que : **Depuis ce temps, l'être humain a-t-il pu faire preuve d'autant de courage ? De nos jours, avons-nous toujours ces valeurs ?**

Une mauvaise ouverture non pertinente et vide de sens nuit à l'ensemble de votre analyse (pensez à l'importance de la fin quand vous regardez un film : si elle est mauvaise ou prévisible, vous ne pourrez pas dire qu'il s'agit d'un bon film).

RÉCAPITULATION DE LA CONCLUSION

Rappel du sujet	À l'aide de l'analyse des laisses 173 à 175 de *La Chanson de Roland*, on a pu constater que le personnage de Roland incarne bien le héros typique de la chanson de geste.
Synthèse	L'intervention directe de Dieu par le biais des anges, à la fin, le révèle comme un être hors du commun et son attitude, empreinte de courage devant la mort, est digne du chevalier de l'épopée médiévale. Par ailleurs, l'importance et la présence du caractère religieux tout au long de l'extrait et la référence aux croisades chrétiennes constituent un autre aspect qui désigne Roland comme un représentant de ce type de héros. La lecture de *La Chanson de Roland* permet de bien saisir les qualités, croyances et attitudes que pouvait posséder le chevalier de la première partie du Moyen Âge
Ouverture	français. Ce type de personnage qui proposait un modèle guerrier à toute une collectivité va néanmoins évoluer dans la littérature vers un nouveau modèle qui déplacera la fonction même du chevalier. Ce changement du courant épique au courant courtois sera notamment incarné par un personnage tel que Tristan, celui-ci rapprochant le héros médiéval de ce qui deviendra le héros moderne.

Dernières remarques à cette étape-ci :

- Soignez votre vocabulaire.
- Évitez les répétitions.
- Demandez-vous si vos phrases sont cohérentes.
- Demandez-vous si vous avez analysé le sujet ou si vous êtes « passé à côté ».
- Avez-vous utilisé le « je » ou le « nous » ?

C. EXERCICE

Faites le plan détaillé d'un deuxième paragraphe de développement sur l'extrait de *La Chanson de Roland*. Appuyez-vous sur ce qu'indique la phrase de mini-conclusion/transition du premier paragraphe de développement (proposé plus haut) ainsi que sur le sujet divisé (voir l'introduction générale) et la synthèse (voir la conclusion).

ALEWYN, Richard. *L'univers du baroque*, trad. par Danièle Bohler, Paris, Éditions Gonthier, coll. «Médiations», 1959.

BALMAS, Enea, et Yves GIRAUD. *De Villon à Ronsard*, Paris, Flammarion, coll. «Histoire de la littérature française», 1997.

BÉNICHOU, Paul. *Morales du Grand Siècle*, Paris, Gallimard, coll. «Bibliothèque des idées», 1948.

CASTEX, Pierre-Georges, et Paul SURER. *Moyen Âge au XIXᵉ siècle*, Paris, Hachette, coll. «Manuel des études littéraires françaises», 1946, 5 vol.

CROIX, Alain, et Jean QUÉNIART. *De la Renaissance à l'aube des Lumières. Histoire culturelle de la France – 2*, Paris, Seuil, coll. «Points/Histoire», 2005.

DARCOS, Xavier. *Histoire de la littérature française*, Paris, Hachette, coll. «Éducation», 1992.

DE BAECQUE, Antoine, et Françoise MÉLONIO. *Lumières et liberté. Histoire culturelle de la France – 3*, Paris, Seuil, coll. «Points/Histoire», 2005.

DELON, Michel, et autres. *De l'*Encyclopédie *aux* Méditations, Paris, Flammarion, coll. «Histoire de la littérature française», 1998.

DESSON, Gérard. *Introduction à l'analyse du poème*, Paris, Dunod, 1991.

DUPRIEZ, Bernard. *Gradus. Les procédés littéraires*, Paris, Éditions 10/18, Département d'Univers Poche, 1984.

ECO, Umberto. *Art et beauté dans l'esthétique médiévale*, trad. par Maurice Javion, Paris, Grasset et Fasquelle, coll. «Le livre de poche», 1997.

FUMAROLI, Marc. *Trois institutions littéraires*, Paris, Gallimard, coll. «Folio/Histoire», 1994.

GAUVIN, Lise. *La fabrique de la langue. De François Rabelais à Réjean Ducharme*, Paris, Seuil, coll. «Points/Essais», 2004.

HORVILLE, Robert. *Histoire de la littérature en France au XVIIᵉ siècle*, Paris, Hatier, coll. «Profil formation», 1985.

HUCHON, Mireille. *Louise Labé. Une créature de papier*, Paris, Droz, 2006.

JARRETY, Michel (dir.). *La poésie française du Moyen Âge au XXᵉ siècle*, Paris, PUF, coll. «Quadrige», 2007.

LAGARDE, André, et Laurent MICHARD. *Moyen Âge. XVIᵉ siècle. XVIIᵉ siècle. XVIIIᵉ siècle. XIXᵉ siècle*, Paris, Bordas, coll. «Textes et littérature», 1963, 5 vol.

LEJEUNE, Philippe. *Le pacte autobiographique*, nouvelle édition augmentée, Paris, Seuil, coll. «Points/Essais», 1996.

MILNER, Max, et Claude PICHOIS. *De Chateaubriand à Baudelaire*, Paris, Flammarion, coll. «Histoire de la littérature française», 1996.

MOLINIÉ, Georges. *Dictionnaire de rhétorique*, Paris, Librairie Générale Française, coll. «Le livre de poche», 1992.

MOLINIÉ, Georges. *La stylistique*, Paris, PUF, coll. «Quadrige», 1993.

MORÇAY, Raoul, et Armand MÜLLER. *La Renaissance*, Paris, Éditions Mondiales – Del Duca, coll. «Histoire de la littérature française», 1960.

MOREL, Jacques. *De Montaigne à Corneille*, Paris, Flammarion, coll. «Histoire de la littérature française», 1997.

PAYEN, Jean-Charles. *Le Moyen Âge*, Paris, Flammarion, coll. «Histoire de la littérature française», 1997.

POMEAU, René, et Jean EHRARD. *De Fénelon à Voltaire*, Paris, Flammarion, coll. «Histoire de la littérature française», 1998.

PRIGENT, Michel (dir.). *Histoire de la France littéraire*, Paris, PUF, coll. «Quadrige/Dico poche», 2006, 3 vol.

QUENEAU, Raymond (dir.). *Histoire des littératures. III. Littératures françaises, connexes et marginales*, Paris, Gallimard, coll. «Encyclopédie de la Pléiade», 1958.

ROUSSET, Jean. *La littérature de l'âge baroque en France*, Paris, Librairie José Corti, 1965.

ROY, Claude. *Les soleils du romantisme*, Paris, Gallimard, coll. «Idées», 1974.

SOT, Michel, et autres. *Le Moyen Âge. Histoire culturelle de la France – 1*, Paris, Seuil, coll. «Points/Histoire», 2005.

STAROBINSKI, Jean. *Le remède dans le mal. Critique et légitimation de l'artifice à l'âge des Lumières*, Paris, Gallimard, coll. «NRF essais», 1989.

TADIÉ, Jean-Yves (dir.). *La littérature française: dynamique et histoire*, Paris, Gallimard, coll. «Folio/essais», 2007, 2 vol.

TODOROV, Tzvetan. *L'esprit des Lumières*, Paris, Éditions Robert Laffont, coll. «Le livre de poche», 2006.

WALTER, Henriette. *Le Français dans tous les sens*, Paris, Éditions Robert Laffont, coll. «Le livre de poche», 1988.

ZUBER, Roger, et Micheline CUÉNIN. *Le classicisme*, Paris, Flammarion, coll. «Histoire de la littérature française», 1998.

Page couverture : Bridgeman Images.

Chapitre 1

Page 1 : akg-images. *Page 3* : © dade72/Fotolia.
Page 6 : Archives Charmet/Bridgeman Images.
Page 11 : akg-images. *Page 12* : Cliché : Bibliothèque
nationale de France. *Le troubadour Guillaume IX
d'Aquitaine – Chansonnier provençal* (XIIIe siècle).
Manuscrits occidentaux, Français 12473, fol. 128.
Page 16 : akg-images. *Pages 22 et 23* : © ark 2013/
Alamy. *Page 28* : akg-images. *Page 34* : *Portrait
de François Villon* (1489, coloration ultérieure).
Bibliothèque nationale de France (Réserve des livres
rares, RES-YE 245, fol. GIIv)/akg-images.

Chapitre 2

Page 37 : © FineArt/Alamy. *Page 39* : akg-images.
Page 40 : akg-images. *Pages 42, 46 et 48* :
© Archivart/Alamy. *Page 50* : akg-images. *Page 52* :
Photo : Stéphane Maréchalle/© RMN-Grand Palais/
Art Resource, NY. *Page 54* : akg-images. *Page 55* :
Bridgeman Images. *Page 56* : akg-images. *Page 58
et 64 (en haut)* : © Classic Image/Alamy. *Page 60* :
© Forget Patrick/Sagaphoto.com/Alamy. *Page 62* :
© North Wind Picture Archives/Alamy. *Page 64
(en bas)* : Bridgeman Images. *Page 66* : © Heritage
Image Partnership Ltd./Alamy.

Chapitre 3

Page 69 : akg-images. *Page 70* : Philippe de
Champaigne (1602-1674). *Portrait du Cardinal
Richelieu* (1642). Musée des Beaux-Arts, Strasbourg,
France/© Peter Horree/Alamy. *Page 72* : © Active
Museum/Alamy. *Page 73* : akg-images. *Page 74* : akg-
images. *Page 76* : Cliché : Bibliothèque nationale
de France. Estampes et photographie, N-2 du Bartas
(Guillaume de Salluste). *Page 78* : Don des héritiers
de Henny, Amsterdam/Rijksmuseum. *Page 80* :
Rijksmuseum. *Page 80* : Bridgeman Images. *Page 82* :
Rijksmuseum. *Page 84* : De Agostini Picture
Library/G. Dagli Orti/Bridgeman Images. *Page 86* :
Rijksmuseum. *Page 88* : Musée du Louvre, Paris/Peter
Willi/SuperStock. *Page 89* : akg-images/VISIOARS.
Page 90 : Don de J.G. de Groot Jamin, Amsterdam/
Rijksmuseum. *Page 92* : Photo : Gérard Blot/Hervé
Lewandowski/© RMN-Grand Palais/Art Resource,
NY. *Pages 94 et 98* : Don de Mme W. Murray Crane/
Gracieuseté de la National Gallery of Art, Washington.
Page 96 : Rijksmuseum. *Page 100* : akg-images.

Page 102 : Cliché : Musée Jean de La Fontaine.
Reproduction interdite. *Pages 104 et 108* :
Rijksmuseum. *Page 106* : akg-images.
Page 110 : Rijksmuseum.

Chapitre 4

Page 113 : National Galleries of Scotland. *Page 114* :
Bridgeman Images. *Page 116* : Don de Mme Mellon
Bruce en mémoire de son père, Andrew W. Mellon/
Gracieuseté de la National Gallery of Art, Washington.
Page 117 : © Wallace Collection/Bridgeman Images.
Pages 118 et 130 (en haut) : akg-images. *Pages 120
(en haut) et 128* : Don de Mme W. Murray Crane/
Gracieuseté de la National Gallery of Art, Washington ;
(en bas) : Gracieuseté du conseil d'administration
du Sir John Soane's Museum, Londres/Bridgeman
Images. *Page 124* : © adoc-photos/Corbis. *Page 126* :
Don de John O'Brien/Gracieuseté de la National
Gallery of Art, Washington. *Page 130 (en bas)* : akg-
images. *Page 132* : Rijksmuseum. *Page 134* : Stefano
Bianchetti/Corbis. *Page 136* : Michael Nicholson/
Corbis. *Page 138* : Samuel H. Kress Collection/
Gracieuseté de la National Gallery of Art, Washington.
Page 140 : Rijksmuseum. *Page 142* : Leonard de Selva/
Corbis.

Chapitre 5

Page 145 : Erich Lessing/Art Resource, NY. *Page 149* :
akg-images. *Page 150* : akg-images. *Page 152* : Auguste
Charpentier (1813-1880). *Portrait d'Aurore Dupin,
baronne Dudevant, dite George Sand* (détail) (1839).
Musée Carnavalet, Paris, France/akg-images.
Pages 154, 158, 168 et 184 : Rijksmuseum. *Page 156* :
© AF archive/Alamy. *Page 160* : akg-images.
Page 162 (en haut) : akg-images ; *(en bas)* : Don de C.D.
Reich/Rijksmuseum. *Page 164* : akg-images.
Page 166 : Timken Collection/Gracieuseté de la
National Gallery of Art, Washington. *Page 170 et 178* :
© Heritage Image Partnership Ltd./Alamy. *Page 172* :
Réunion des Musées nationaux-Grand Palais/Art
Resource, NY. *Page 174* : akg-images. *Page 176
(en haut)* : akg-images ; *(en bas)* : Rosenwald Collection/
Gracieuseté de la National Gallery of Art. *Page 180* :
akg-images. *Page 182* : akg-images.

Annexes

Page 187 : akg-images. *Page 199* : akg-images.
Page 211 : Samuel Uhrdin/Château Skoklosters.

Les folios en caractères gras renvoient à un extrait d'une œuvre de l'auteur.

Les folios en caractères gras renvoient à un extrait de l'œuvre.

INDEX DES ŒUVRES